U0362013

南开大学农业保险研究中心·农业保险系列教材

农业再保险

张仁江　主编

南开大学出版社

天津

图书在版编目(CIP)数据

农业再保险 / 张仁江主编. —天津: 南开大学出版社, 2019.10

南开大学农业保险研究中心·农业保险系列教材

ISBN 978-7-310-05832-7

Ⅰ. ①农… Ⅱ. ①张… Ⅲ. ①农业保险—中国—高等学校—教材 Ⅳ. ①F842.66

中国版本图书馆 CIP 数据核字(2019)第 168012 号

南开大学出版社出版发行

出版人:陈　敬

地址:天津市南开区卫津路 94 号　　邮政编码:300071

营销部电话:(022)23508339　23500755

营销部传真:(022)23508542　邮购部电话:(022)23502200

*

天津市蓟县宏图印务有限公司印刷

全国各地新华书店经销

*

2019 年 10 月第 1 版　　2019 年 10 月第 1 次印刷

260×185 毫米　16 开本　13.25 印张　2 插页　279 千字

定价:32.00 元

如遇图书印装质量问题,请与本社营销部联系调换,电话:(022)23507125

编委会名单

主　任：虞国柱

委　员：（按姓氏笔画排序）

牛国芬　石　践　卢一鸣　冯文丽

朱　航　江生忠　江炳忠　李连芬

李勇权　邱　杨　沈光斌　张　峭

张仁江　张海军　陈元良　周县华

单　鹏　赵　明　段应元　施　辉

姜　华　郭　红

总　序

经南开大学农业保险研究中心（以下简称南开农研中心）将近两年的精心策划、筹备、招标、研讨和各位专家学者的艰苦写作，我国农业保险界第一套专业丛书陆续问世了。这是一件值得农业保险界和保险界高兴和庆贺的事。

中国的农业保险，要从 20 世纪 40 年代的商业性试验算起，到现在已有 70 多年的历史了，但是真正的制度化农业保险的启动、试验和发展过程，只不过 12 年时间。在这 12 年时间里，农业保险学界和业界，在中国农业现代化发展和乡村振兴的背景下，借鉴和吸收不同国家发展农业保险的实践和经验，努力设计出一套有我们自己特色的制度模式和经营方式，开发出自己的丰富多彩的产品体系，在这个领域创造出中国的经验和中国速度。这可能是我们的农业保险界前辈和国际农业保险界做梦也没有想到的。

实践总是理论和政策的先导，理论和政策又进一步指导着实践。这些年里，农业保险的实践不断给农业保险研究提出新课题，推动着农业保险理论的不断探索。同时，我们的实践经验也在一点一滴积累和总结。这套教材，就是政、产、学、研在这几十年里实践和研究成果的结晶，这些成果必定会为农险制度和政策的完善、业务经营和管理的改进提供指导和规范。

几十年来，特别是近 12 年来，我国农业保险的发展走过了一条循序渐进之路。从该业务性质层面，开始是单一的商业化农业保险的试验，后来才走上政策性农业保险和商业性农业保险并行试验和全面实施的阶段。当然，目前的农业保险，政策性业务已经占到农业保险业务 95% 以上的份额。从农业保险的内容层面，也从最初的种植业和养殖业保险，扩大到涉农财产保险的广阔领域。就农业保险产品类别和作业方式层面，我们从最初的以承保少数风险责任的生产成本损失的保障，扩大到承保大多数风险责任的产量和收入的保障。承保方式也从传统的一家一户的承保理赔方式，扩展到以区域天气指数和区域产量的承保和理赔方式。从农业保险制度构建的层面，我们从商业性保险领域分离出来，建立了专门的农业保险制度。这个发展和建设过程虽然不短，但相比其他国家，特别是其他发展中国家，速度是最快的，而且从 2008 年以来我们的农业保险市场规模已经稳居亚洲第一、全球第二了。

随着农险业务和制度的发展变化，我们遇到越来越多法律的、政策的以及上述所有业务拓展领域的理论和实际问题。在商业性农业保险试验屡战屡败的背景下，最早提出来的是"农业保险有什么特殊性质"的问题。随着理论上的认识深化和逐步统一，制度和法律建设问题就提出来了。2007 年政府采纳了农业保险界的意见，开始对农业保险给予保险费补贴。随着这类有财政补贴的政策性农业保险的试验和扩大，业务经营和扩展的问题也逐渐提上议事日程。《农业保险条例》出台之后，随着全国普遍实施政策性农业保险和广大小农户的参保遭遇承保理赔的困境，天气指数保险、区域产量保险等经营方式和产品形态便受到广泛关注和开发。当国家对大宗农产品定价机制改革的政策推出时，作为配套政策的农业收入保险和其他与价格风险相关的保险产品的研究也变得迫切起来。这些年，特别是在这十几年里，制度创新、经营模式创新、组织创新、产品创新等我们需要面对和探讨的课题，就一个一个被提出来了，我们的农险研究在逐步形成的政、产、学、研体制下，广泛地开展起来，参与研究的专家、学者、研究生和广大从业者越来越多，各类成果也就呈几何级数式增长的势头。我们的农业保险相关法律和政策就是在这样的基础上产生并不断完善，推动着我国农业保险的制度建设、业务规模和服务质量的快速推进和发展。

本套丛书既是适应业界业务发展的需要，也是适应学校教学的需要，在保险监管部门的充分肯定和大力支持下，集行业之力，由众多学者、业界专家和研究生们共同努力，一边调研一边讨论，共同撰写出来的。从该创意的提出，题目征集，选题招标，提纲拟定和交流，初稿的讨论，直到审议、修改和定稿，虽然历时不短，但功夫不负有心人，现在丛书终于陆续出版，与读者见面了。我想，所有参加研讨和写作的专家、学者和研究生们，都从这个过程中经受了调研和写作的艰苦，也享受到了获得成果的喜悦。我们相信，这些作品会为我们的农险实践提供帮助和支持。

本套丛书是我国第一套农业保险专业图书，也是我所知道的世界上第一套全方位讨论农业保险的图书，虽然不敢说具有多么高的理论水平和实践价值，但这是一个很好的开头，是我们这些农业保险的热心人对我国农业保险的推进，对世界农业保险发展做出的一点贡献。当然，我们的实践经验不足，理论概括能力也有限，无论观点、论证和叙述都会有很多不足之处甚至谬误，需要今后进一步修正、提高和完善。我们欢迎业界和学界广大同仁和朋友在阅读这些作品后多加批评和指正。

南开农研中心要感谢这套丛书的所有参与者、支持者和关注者，特别是各位主编及其团队，感谢大家对农业保险"基建工程"的钟爱并付出的巨大热情和辛劳，感谢诸多外审专家不辞劳烦悉心审稿。也要感谢南开农研中心所有理事单位对这套丛书的鼎力支持和帮助。南开农研中心也会在总结组织编写这套丛书经验的基础上，继续推出其他系列的农业保险图书，更好地为所有理事单位服务，更好地为整个农业保险界服务，为推动我国农业保险事业的蓬勃发展做出更多的贡献。

南开大学出版社的各位编辑们为第一批图书能赶在 7 月之前出版，加紧审稿，精心设计，付出诸多心血，在此表达我们的深深谢意。

庹国柱

2019 年 5 月于南开大学

前　言

构筑农业风险保障的安全网

农，天下之本，务莫大焉。

我国是农耕文明源远流长的农业大国，重农固本是安民之基、治国之要。党的十九大报告提出"确保国家粮食安全，把中国人的饭碗牢牢端在自己手中"。解决好十几亿人口的吃饭问题、确保粮食安全是关系国民经济发展、社会稳定和国家自立的全局性重大战略问题。然而，农业自身的弱质性导致在生产经营过程中面临着巨大风险，尤其是随着我国农业现代化进程的加快推进，新型农业经营主体面临的规模经营风险日益凸显，亟须现代化的农业风险分散机制。

农业保险作为市场化的风险管理和社会管理手段，在防范农业灾害风险、保护农民根本利益、促进农村创新发展等方面发挥着积极作用，成为我国乡村振兴战略的重要组成部分。自 2007 年中央财政启动农业保险保费补贴试点以来，我国农业保险发展迅速，保费规模已经跻身亚洲第一、世界第二，其中养殖业保险和森林保险业务规模居全球第一。近两年来，全国年均农作物承保面积超过 15 亿亩（1 亩≈0.067 公顷），其中玉米、水稻、小麦三大主粮的覆盖率超过 70%，年均保额达到 3 万亿元以上，年均赔款近 400 亿元，较 2007 年翻了 5~6 番；年均参保农户突破 2 亿户次，是 2007年的 4 倍左右；市场提供的农险产品达到 200 多种，尤其是一些创新型险种的试点和推进颇见成效。农业保险的覆盖面、渗透度、接受度不断提高，农民的安全感、获得感、幸福感显著增强。

农业再保险作为农业保险的保险，是农业保险的"安全阀"和农业保险市场的"调控器"，是农业保险体系稳定运行的中坚力量。作为我国境内最大的再保险市场主体和最早从事农业再保险经营的保险公司，中国再保险（集团）股份有限公司（以下简称"中再集团"）始终坚守国家再保险公司的社会责任和使命担当，主动融入我国农村经济社会发展大局，积极服务乡村振兴战略和农业供给侧结构性改革，深度参与农业保险大灾风险分散机制建设，并自 2014 年中国农业保险再保险共同体成立以来一直担任管理机构。中再集团每年为我国农业再保险市场提供的风险保障占比超过 35%，累计支持开发的地方特色农产品保险、指数保险、完全成本保险、收入保险、"保险+期货"等创新产品超过百余种，在扩大再保险保障、推动行业改革创新、助力农业高质量发展转型、落实国家强农惠农政策和扶贫攻坚战略等方面发挥了积极作用，成为我国农业再保险体系的重要力量。

春种一粒粟，秋收万颗子。经过多年发展，中再集团在农业保险再保险政策研究、经营管理、数据分析、灾害评估、产品创新和人才培养等方面积累了一定经验，在模型搭建、费率厘定和系统开发等方面形成了独特优势。由中再产险总经理张仁江主编的这本《农业再保险》教材，系统梳理了农业再保险的基础理论和技术实务，凝结了中再人长期从事农业再保险实践的经验总结，蕴含着对农业再保险改革发展的探索性思考。

本教材主要有三个特点：一是系统性。这是我国首部农业再保险教材，全面覆盖了农业再保险的概念类别、承保理赔、合同管理、精算定价、财务结算以及国内外发展实践，既有助于了解农业再保险经营的全过程，也有助于了解国内外农业再保险的发展趋势。二是基础性。本教材注重基本概念、基础理论和基本方法，重视通识教育和普遍适用性，既考虑到读者对农业再保险基础知识的准确理解，也考虑到读者学习循序渐进的特点。三是实践性。本教材的编写人员均来自中再集团业务一线，在操作性和实践性上极富经验，本教材在介绍农业再保险主要流程和重要环节的同时，配备了大量鲜活的实际案例，能够为读者提供代入感更强的借鉴参考。

中国再保险，与国同生。在中华人民共和国 70 周年华诞到来之际，中再人秉承"传承有序，继往开来"的精神，将多年的所知所闻、所作所为和所思所悟凝结成册，向祖国母亲深情献礼，并诚挚希望与更多有志之士一道共同推动我国农业保险再保险的改革发展，共同为实现我国保险再保险的强国梦而不懈努力！

和春雷

中国再保险（集团）股份有限公司副董事长、总裁

2019 年 4 月 30 日

目　录

第一章　农业再保险概述 1
　　第一节　农业保险风险及风险分散方式 1
　　第二节　农业再保险概述 6
第二章　农业再保险合同 21
　　第一节　再保险合同的结构及主要条款 22
　　第二节　农业保险比例再保险合同主要条款的应用 34
　　第三节　农业保险超赔再保险合同主要条款的应用 43
第三章　农业保险再保险的分出分入业务 51
　　第一节　农业再保险的分出业务 52
　　第二节　农业再保险的分入业务 61
第四章　农业再保险理赔 70
　　第一节　农业再保险理赔的特点和原则 70
　　第二节　农业再保险理赔的操作流程 74
　　第三节　农业再保险理赔实务 81
第五章　精算定价与准备金管理 96
　　第一节　农业再保险精算定价 96
　　第二节　农业再保险的准备金管理 113
第六章　农业再保险账单管理与会计核算 128
　　第一节　分保账单简介 129
　　第二节　分出业务账单处理 132
　　第三节　分入业务账单处理 143
　　第四节　账单结算管理 147
　　第五节　农业再保险业务会计核算 149
第七章　国外农业再保险发展概况 162
　　第一节　美国农业再保险概述 162
　　第二节　加拿大农业再保险概述 167
　　第三节　西班牙农业再保险概述 170
　　第四节　日本农业再保险概述 175
　　第五节　印度农业再保险概述 178

第八章　我国农业再保险发展概述 ……………………………………… 184

　　第一节　我国农业再保险市场概况 ……………………………… 184

　　第二节　中国农业保险再保险共同体 …………………………… 190

　　第三节　我国农业再保险的主要问题 …………………………… 194

　　第四节　我国农业再保险发展趋势与展望 ……………………… 196

后　记 …………………………………………………………………… 200

第一章　农业再保险概述

【学习目标】

了解农业保险的风险及风险分散方式，掌握农业再保险的概念、基本原则、保障范围、分类及功能作用。

【知识结构图】

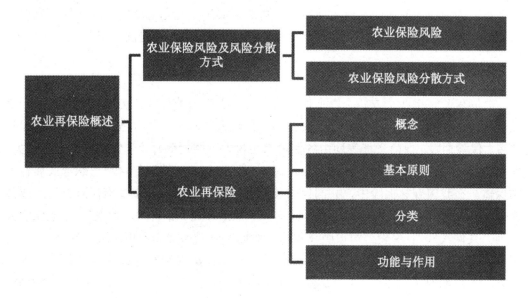

第一节　农业保险风险及风险分散方式

一、农业保险风险概述

农业风险是指人类在农业生产和经营过程中遭受到能够导致损失的不确定性。农业作为基础产业，由于自身的弱质性和生产过程的特殊性，在整个再生产循环过程中面临着许多风险。依据农业风险产生的原因，可将农业风险分为五类：自然风险、社会风险、政治风险、经济风险和技术风险。

农业保险的风险是指通过农业保险方式来分散、减轻或转移农业风险所带来的不确定性，从狭义上讲是因可保农业风险导致损失的不确定性，从广义上讲是保险人经营农业保险所承担的风险，除了可保的自然风险、市场风险外，还包括集聚的巨灾风险、产品的基差风险、农户的逆选择风险、自身的偿付力风险等。农业保险风险有许多不同于其他财产保险和人身保险的地方。其主要特点包括：危险单位大，风险分散难度大；区域相关性特征明显；农业保险风险具有广泛的伴生性；风险事故与风险损失具有非一致性；农业灾害发生的频率较高，损失规模较大。

二、农业保险风险分散方式

正因为农业保险风险具有上述特点，更加需要进行行之有效的风险分散，以保证农业保险体系的稳定运行和农业保险机构的稳健经营。农业保险的风险分散方式如下。

（一）共同保险与再保险

共同保险是指两个或两个以上保险人联合承保同一笔保险业务或共同分担同一笔损失的保险行为，相当于使保险风险在不同保险人之间进行了分散。共同保险的保险费率、保险期限、保险责任等均由各保险人与投保人共同商订。若保险标的发生损失，各保险人按各自承保的比例分摊损失。保险公司参与共同保险的这种组织形式被称为共保体。在我国森林保险中，共同保险的方式得到了运用，即由多家保险公司组成共保体在特定区域开展森林保险业务，其中一家保险公司为"首席承保人"，其他保险公司为"共保人"，各保险公司按照章程约定的比例分摊保费、承担风险。2016 年，我国有浙江省、宁波市①、海南省和云南省采用共保体形式经营森林保险，共保体内的保险公司数量为 2～14 个，4 个共保体共承保了 2.5 亿亩（1 亩≈0.067 公顷，全书同）林地，占全国森林保险承保面积的 12%。

再保险是指保险人在原保险合同的基础上，通过签订分保合同，就其所承保的部分风险和责任向其他保险人进行保险的行为，相当于将一部分保险风险转移给后者。再保险作为保险的保险，是一种十分有效的风险分散机制，它利用大数法则跨越危险单位的限制，在更广泛的区域内分散风险，已经在世界范围内成为农业保险风险分散的通用手段和重要渠道。

共同保险和再保险均为风险分散原则的应用，保险人为实现保险业务收支平衡与稳健经营，使风险的种类、程度、保险金额等尽可能满足大数法则要求，扩大其风险分散的范围，再保险与共同保险是最为有效的手段。共同保险的出现早于再保险，但存在明显的不足：一是要求共同保险人必须在同一地点，只有劳合社等少数保险市场

---

① 宁波为计划单列市，辖内农险业务单独招标，采取共保方式经营。

才能满足这个要求，其他保险市场难以办到；二是共同保险手续烦琐、费时费力，投保人与保险人之间、每个保险人之间均须商洽有关保险事项，因而一般较少采用。相比之下，再保险更富有融通性，而且拥有长期的运作历史和成熟的市场机制，因此更为常用。

（二）巨灾基金

农业保险巨灾基金是指由各级政府参与建立的，用于防范因农业巨灾风险引起的政府或者保险公司超额赔偿风险的一种专项基金，相当于为保险体系能力之上的巨灾风险提供分散渠道。它是一种特殊的巨灾风险损失准备金，不同于一般的责任准备金和赔款准备金。由于农业的特殊性与脆弱性，再加上农业巨灾风险具有区域性强、关联度高的特点，农业巨灾一旦发生就会造成巨大的经济损失，上述特点导致农业巨灾风险可保性弱，保险人承保能力低。这使得农业保险巨灾基金相比商业保险基金，更应具备损失分担主体多样化、较强的集中性、财政支持不可或缺性等特点。

巨灾基金具有供给和需求的双重正外部性，一般由政府组织、保险公司参与，其资金来源多元化，主要包括政府财政拨款、按保费收入或盈余的一定比例提取资金、从资本市场上筹集资金等。巨灾基金的运用主要包括：支付赔款；农业保险经营或管理机构的管理费用；防灾防损；支持农业研究机构的研究项目等。从国际经验来看，建立农业保险巨灾基金是应对农业保险巨灾风险损失的较好选择之一，可以有效提高农业保险体系抵御巨灾风险的能力。与此同时，世界各国还在巨灾基金之上，安排了相关的紧急预案和融资方式，以应对巨灾造成的超出基金赔付能力的极端损失。例如，美国由农业保险经营机构向信贷公司借款，也可以在财政部批准后，发行票据或债券进行融资；加拿大由政府提供无息借款；日本由农业共济基金提供贷款；西班牙由政府紧急注资，或提供紧急贷款。

目前，我国已在公司层面设立了类似的农业保险巨灾基金，即农业保险大灾风险准备金。2013 年 12 月，财政部发布《农业保险大灾风险准备金管理办法》，要求经营政策性农业保险的保险机构从公司层面建立"大灾风险准备金"，在依法提取法定公积金、一般（风险）准备金后，从年度净利润中计提利润准备金，计提标准为超额承保利润的 75%，不得将其用于分红、转增资本。此外，部分省份也建立了农业保险巨灾基金，如江苏的政府巨灾准备金、浙江的政策性农业保险巨灾风险准备金等。

（三）天气衍生品市场

在一些发达国家，以天气指数期货期权产品为代表的天气衍生品，是农业保险经营机构和农户分散农业风险的重要手段。天气衍生品交易最初由美国能源企业在 1996 年推出，以场外交易（OTC）的方式开展起来，逐渐吸引了保险业、零售业、农业、建筑业和基金管理公司的广泛参与。随着天气衍生品交易在 OTC 市场的日益发展和成熟，市场的参与主体越来越多，对标准化天气合约和流动性的要求也越来越高。为了适应市场需求，全球最大的期货交易所——美国芝加哥商品交易所于 1999 年推出了标准化期货交易和期权交易，此后天气衍生品交易量迅速攀高，保险公司也开始参与此类合约的买卖。

天气衍生品的主要参与者包括公用事业公司和保险公司等，它们的成本和收益受天气状况影响较大。天气衍生品的基本运行机制如下：首先，对某一天气指标进行量化，在指标量化的基础上，涉及对应指数的期货产品；其次，由期货交易所或者场外交易平台提供交易场所，市场参与者根据自身不同需求选择买入或卖出天气指数期货合约；最后，通过期货产品来对冲实际天气变化带来的风险。在这一过程中，市场参与者只需通过保证金进行结算。

目前，温度指数期货是天气衍生品交易中最主要的交易品种，其交易规模约占整体规模的 70%。芝加哥商品交易所于 1999 年率先推出的就是温度指数期货，当时仅面向美国纽约、芝加哥等 4 个城市，目前已发展为面向美国、欧洲、加拿大、日本、澳大利亚 5 个国家和地区的 47 个城市提供温度指数期货，并根据不同地区的产品特点和交易习惯，提供 19 种温度指数期货合约类型。农业保险经营机构和农户可以利用附近城市的期货产品来套期保值，分散农业生产和保险风险。

除了温度指数期货以外，其他的天气指数期货产品，如霜冻指数期货、降雪指数期货、降雨指数期货、飓风指数期货等也不断上市，农业气候风险管理工具不断丰富。天气衍生品在金融危机时表现出极好的抵抗力，交易量只增未减，近年来亚洲地区发展势头迅猛，增速已超过欧洲市场。但是，由于我国期货市场发育程度有限，目前还没有进行天气指数期货和天气期货期权挂牌交易，因此农业保险暂时还无法利用该方式进行风险分散。

（四）巨灾风险证券化

巨灾风险证券化是指通过非传统风险转移的方法，把受限于大数法则和流动性的保险产品扩大到资本市场产品，借助专业的发行机构，运用风险证券化的相关技术，通过设计并发行标准化的保险联结型证券，将风险载体范围扩大到资本市场的风险管理工具。主要运作方式如下。

1. 巨灾期货期权

巨灾保险期货是以巨灾风险指数或巨灾损失率为交易标的的期货商品。1992 年，美国芝加哥商品交易所开始对外签订巨灾期货合同，该合同的交易标的是"损失率指数"，即 ISO 指数。该指数用于衡量赔付情况，根据美国保险服务所选定的 22 家巨灾损失报告公司承保的飓风、地震、洪水、暴风雪和冰雹等巨灾赔付情况，按照全国性、东部、西部和中西部等分区计算得到。发生巨灾时，保险公司可以通过在期货市场上的获利冲抵一部分巨灾损失。

由于 ISO 指数巨灾期货存在风险过高等不足，美国芝加哥商品交易所于 1995 年推出巨灾指数期权即 PCS 期权来代替前者，其交易标的是由美国财产理赔服务中心计算的 PCS 指数，该指数包括 3 个州指数、5 个地区性指数和 1 个全国性指数。期权合同给予合同持有者在到期日以执行价格买入或卖出某一资产的权利，包括看涨期权和看跌期权。在巨灾指数期权交易中，保险公司通常是期权的买方，投资者是期权的卖方。PCS 期权推出不久就有不错的成交量，市场反应也不错，在全球巨灾风险金融衍生品中具有代表性，但由于存在指数不准、定价不足等问题在 2000 年后停止交易。芝加哥商品交易所在吸取 ISO 期货和 PCS 期权的经验教训的基础上，于 2007 年 3 月推出了 CHI 飓风指数期货和期权，其所基于的 CHI 指数是一个纯物理性参数指标，由第三方独立机构进行计算，包含 5 个地区 CHI 指数和 1 个综合 CHI 指数，主要以飓风登陆时的最大风力和飓风半径为指标测度投保损失，有效降低了道德风险和基差风险。

2. 巨灾债券

巨灾债券是目前保险风险证券化产品中最成功的典范，其实质是以强大的资本市场资金作为支撑，采用发行收益与特定巨灾损失相关联的债券方式实现风险转移。最早的巨灾债券出现在 1994 年，由汉诺威再保险公司在全球范围内发行，发行规模达 8500 万美元。

巨灾债券的核心概念是触发条件，即发生特定的巨灾风险或达到某种风险程度时，投资者的收益将发生变化。根据债券发行时约定的条款，未达到触发条件，投资者可以按照约定的较高利率收回本金和利息；达到触发条件，投资者可能会损失全部或者部分在剩余时间内应得的利息，还可能会损失全部本金。触发条件主要包括：赔偿金额，基于发起人的实际损失；行业指数，基于行业范围内确定的损失指数；纯参数，基于公共管理部门报告的事件；模型化损失，损失触发原因的确定是将准备的参数通过固定模型计算得到。

由于巨灾债券具有高收益率、低违约风险、与其他证券商品低相关性、可优化投资组合等优点，近年来越来越受到机构投资者的青睐，整体交易量显著提升。据统计，1997—2013 年，巨灾债券与保险连接证券总累积发行额达 548.6 亿美元。截至 2015 年 5 月，流通在外总额达 226.9 亿美元，参与主体和保障对象主要是在欧美市场。2015 年 7 月，中国财产再保险有限责任公司作为发起人，以设在百慕大的特殊目的机构熊猫再保险（Panda Re）为发行主体，在境外发行了国内首支巨灾债券，募集金额达 5 000 万美元。中国财产再保险有限责任公司以再保险转分的方式，将其所承保的部分中国大陆地区地震风险分保给 Panda Re，再由 Panda Re 在境外资本市场发行巨灾债券进行融资，以融资本金为这部分风险提供全额抵押的保险保障，使中国的巨灾风险首次在国际资本市场得以分散。

3. 巨灾互换

巨灾互换是指交易双方约定在未来一段时间内互换双方认为有相同经济价值的巨灾风险责任损失等资产或现金流，最早由美国纽约巨灾风险交易所于 1996 年推出。由于不同地域的巨灾风险类型、发生风险的时间和程度有很大差异，承保不同地区的保险公司可以根据巨灾风险对等原则签订巨灾互换合约，实现承保巨灾风险的多样化、分散化。参与巨灾互换的往往是巨灾风险的承保者,目的是通过相互交换相关性较低的不同地区的风险业务,来降低自身风险组合的损失波动。因此,巨灾互换不同于巨灾债券,后者是风险的单向转移,而前者则是风险在不同地域的分散。

按性质不同,巨灾互换可分为再保险型巨灾互换和纯风险交换型巨灾互换。再保险型巨灾互换类似于再保险协定,即巨灾风险规避者事先支付给巨灾风险交换方一定费用,以获得未来可能的巨灾事件连接赔付。当巨灾发生并满足触发机制条件时,巨灾风险交换方向巨灾规避者支付巨灾赔付。纯风险交换型巨灾互换是目前巨灾互换市场上的主要形式,它通过互换不同巨灾风险暴露所持有的过高单一巨灾风险,达到巨灾风险多元化的目的,按照交易标的物之间的相关性,可以进一步细分为不同地区巨灾互换(包括一对一和多重巨灾互换)和同一地区的巨灾互换(基差风险互换)。

第二节　农业再保险概述

一、农业再保险的概念

(一)农业再保险的定义

农业再保险是农业保险的保险,是农业保险和再保险两个概念的结合。

农业保险有广义和狭义之分,狭义的农业保险包括种植业保险和养殖业保险,广义的农业保险不仅包括农、林、牧、副、渔业的保险,还包括与农业、农户有关的其他财产保险,如农房保险、农机保险、制种保险、食品安全责任险、土地流转履约险、小额信贷保证险等,涉及农业生产、农村生活的各个领域。《农业保险条例》第二条规定:"本条例所称农业保险,是指保险机构根据农业保险合同,对被保险人在种植业、林业、畜牧业和渔业生产中因保险标的遭受约定的自然灾害、意外事故、疫病、疾病等保险事故所造成的财产损失,承担赔偿保险金责任的保险活动。"此外,第三十二条规定:"保险机构经营有政策支持的涉农保险,参照适用本条例有关规定。涉农保险是指农业保险以外、为农民在农业生产生活中提供保险保障的保险,包括农房、农机具、渔船等财产保险,涉及农民的生命和身体等方面的短期意外伤害保险。"

再保险又称为"分保"或"保险的保险",是指保险人在原保险合同的基础上,通过签订分保合同,将其所承保的部分或全部风险责任向其他保险人进行保险的行为。《中华人民共和国保险法》第二十八条规定:"保险人将其承担的保险业务,以分保形式部分转移给其他保险人的,为再保险。"在再保险交易中,分出保险业务的称为原保险人或分出公司,接受保险业务的公司称为再保险人或分保接受人或分入公司;分出业务的公司再保险转嫁风险责任支付的保费称为分保费或再保险费，原保险人在招揽业务过程中支出了一定的费用，由再保险人支付给原保险人的费用报酬称为分保佣金或分保手续费。

综上，可以将农业再保险定义为：对分出公司承保的农业经营主体的农业风险责任提供风险责任分摊的保险。当分出公司承保的农业经营主体的保险标的因自然灾害、意外事故、疫病、疾病等保险事故发生损失，且分出公司的赔偿责任已经发生时，由分入公司按约定比例或者数额承担赔偿责任；或分出公司的赔偿责任超过其自身责任时，由分入公司对超过的部分承担赔偿责任。

（二）农业再保险与原保险的关系

农业再保险与原保险都是保险，两者既相互联系，又相互区别。

1. 农业再保险与原保险的联系

（1）原保险是再保险的基础，再保险是原保险的进一步延续

再保险是再保险人和原保险人之间的合同关系，是原保险人将承保的被保险人的风险转移给再保险人的合同行为，再保险合同是以原保险合同为基础的独立合同。因此，如果原保险不存在，再保险即无从成立。原保险在前，再保险在后。再保险人对原保险人的赔款支出按照一定的方式进行分摊，再保险是原保险的进一步延续，也是保险业务的组成部分。原保险通过再保险，将其风险进行有效分散，两者相辅相成，相互促进，共同发展。

（2）再保险是原保险强有力的后盾

在现代保险经营中，再保险的地位和作用越来越重要，其可以反过来支持原保险业务的发展，甚至对于某些业务，如果没有再保险的支持，保险交易难以达成，再保险已成为原保险的强力后盾。离开再保险的支持，原保险便失去保障，其发展也将受到制约。

（3）再保险是保险人之间的一种业务经营活动

再保险只在保险人之间进行，它承保的是原保险人的责任与风险。在整个再保险经营活动中，再保险人与投保人和被保险人不发生任何直接关系。再保险人无权向投保人收取保险费；同样，发生保险事故时，被保险人也无权向再保险人索赔；原保险人也不得以再保险人还未向其或不向其履行赔偿责任为借口，而拒绝、减少或延迟履行对被保险人的赔偿或给付义务。再保险人与原保险人一样，两者都是保险人，两者的法律地位可以互换，原保险人可以充当再保险人，再保险人也可以充当原保险人。

（4）再保险合同是独立合同

保险是保户将其所承担的风险转移给保险公司，保险公司通过收取保险费的方法，建立保险基金，依据保险合同，对被保险人遭受的经济损失进行补偿。再保险是分出人与接受人之间订立再保险合同，根据这种再保险合同，分保接受人对分出人由于所承担的责任或承保的风险发生赔款而遭受的经济损失给予补偿。再保险也是保险的一

种，它和保险一样，都涉及风险的承担、分散和转让。再保险合同是一种独立合同，它并不依附于任何原保险或其他合同。再保险虽然是建立在原保险的基础上，但是，原保险人是否安排再保险，完全取决于其承担风险的能力和经营情况，因而再保险具有相对的独立性。

2. 农业再保险与原保险的区别

（1）合同的当事人不同

原保险合同的当事人是投保人和保险人；再保险合同的当事人均为保险人，一方是再保险分出人，另一方是再保险接受人，与原投保人无关。

（2）合同的标的不同

在原保险中，保险标的是被保险人的种植物、养殖物等农业生产对象；而在再保险中，保险标的只是原保险人对被保险人承担的风险责任的一部分或全部，即保险合同责任，是非物质的。

（3）费用支付方式不同

在原保险中，投保人向保险人单方面支付保险费；在再保险中，原保险人向再保险人支付分保保险费，而再保险人向原保险人支付分保手续费。

（三）有关基本概念

1. 自留额

自留额就是保险公司承担单一风险或一系列风险、单一损失或一系列损失的限额；也可以表述为，保险公司在将超过其承保能力或承保意愿的风险分给再保险公司后，自身所承担的责任。它通常以货币金额或者风险的百分比表示。在农业保险和再保险实务中，自留额是一个非常关键的概念，它限定了保险人对每一个危险单位所承担的责任。

由于风险的多样性和复杂性，保险公司在确定自留额时虽然也运用了一些数学方法，但可以说，自留额的确定更多的是基于经验的判断。确定自留额一般主要考虑以下几个因素：资本金、自留准备金、偿付能力；业务量、保费、业务成本、利润率；业务险别和风险等级；损失发生的频率和大小；再保险的安排方式；公司的发展战略等。

自留额的确定不仅反映了分出公司的意愿、对业务的负责程度，同时也体现了分出公司的偿付能力。《保险法》第一百零二条规定："经营财产保险业务的保险公司当年自留保险费，不得超过其实有资本金加公积金总和的四倍。"第一百零三条更是对保险公司的自留责任做出了明确的规定："保险公司对每一危险单位，即对一次保险事故可能造成的最大损失范围所承担的责任，不得超过其实有资本金加公积金总和的百分之十；超过的部分应当办理再保险。"

2. 分保限额

分保限额也是分保计划中较为重要的概念，它是指分出公司根据不同的业务成绩和分保计划确定转嫁风险或损失的最高限额，也是分保接受人计算其所承担责任的依据。相对自留额的确定而言，分保限额的确定更为客观一些。

3. 危险单位

危险单位是保险标的发生一次事故可能涉及的损失范围。一次大的灾害事故可能涉及一系列危险单位的责任或损失，保险术语称为"累积责任"。在同一个危险单位内，风险性质和发生概率相似，同类标的保险事故是完全相关或高度相关的；在不同危险单位间，同类标的保险事故完全独立或微弱相关。自留额和分保限额一般是按照危险单位确定的，因此危险单位的划分很重要，同时也很复杂。危险单位通常是根据不同险别来确定的，如船舶险以每一艘船为一个危险单位，汽车险以每一辆汽车为一个危险单位，火险一般以一栋独立的建筑物为一个危险单位。由于危险单位以灾害发生的相关性为划分依据，而农业灾害具有显著的系统性和伴生性，因此农业保险的危险单位相对其他财产保险要大得多。例如，已有专家的实证研究表明，渭南地区一个棉花危险单位包括7个县市。农业保险危险单位的划分需要在省级乃至全国范围内统一进行，但目前这方面的工作尚存空白，因此在实务中还没有以危险单位为基础的农业再保险业务。同时，农业保险危险单位较大的特性，也要求其在尽可能大的空间范围内建立风险分散机制。

4. 分保基础

分保基础就是保险公司在分保时的计算基础，在再保险实务中，不同险种采取多种分保基础，包括保额基础、最大可能损失基础、保单基础、以货仓为基础、以每条船为基础等，农业再保险主要采用前两种。一般情况下，以保额为基础的合同分保和临时分保多是比例再保险业务，以最大可能损失为基础的合同分保和临时分保多是非比例业务。

二、农业再保险的基本原则

在开展农业再保险的过程中，须遵循以下几项基本原则，其中既有保险和再保险所具备的普遍性原则，也有针对农业再保险的特殊性要求。

（一）最大诚信原则

最大诚信原则要求保险活动当事人要向对方充分而准确地告知与保险相关的重要事实，保险活动中对当事人诚信的要求要高于一般的民事活动。合同当事人都应遵循诚实信用的原则，订立合同的任何一方，对于实质性的情况如有隐瞒和误述，合同可归于无效。在订立保险合同时，被保险人具有将有关情况告知保险人的责任。因为对于保险标的的情况，最为熟知的是被保险人，而保险人则对其缺乏了解。因此，在订立保险合同前，被保险人必须将影响是否承保和确定费率的实质性情况告知保险人。

在订立再保险合同时，这种向接受人告知实质性情况的责任在于分出人，并且其有效期不仅限于订立合同之前，还应延续到合同有效期内。在再保险中，这种实质性情况是指，分出人的承保条件、经营方法，以及合同的自留额、保险费和以往赔款记录等影响接受人是否接受和接受额度的重要情况。当再保险是经由经纪人安排时，则作为分出人的经纪人也有责任告知接受人实质性的情况，如有隐瞒和误述，其也应负有责任。

（二）保险利益原则

保险利益原则要求投保人对保险标的应当具有保险利益。《保险法》第十二条规定："人身保险的投保人在保险合同订立时，对被保险人应当具有保险利益。财产保险的被保险人在保险事故发生时，对保险标的应当具有保险利益。人身保险是以人的寿命和身体为保险标的的保险。财产保险是以财产及其有关利益为保险标的的保险。被保险人是指其财产或者人身受保险合同保障，享有保险金请求权的人。投保人可以为被保险人。保险利益是指投保人或者被保险人对保险标的的具有的法律上承认的利益。"

因此，保险利益的含义体现在两个方面：一是在法律上，被保险人对于保险标的必须具有法律所承认的某种权利，如所有权等；二是在经济上，保险标的是否安全，对于被保险人来说有经济上的利害关系。如果被保险人对保险标的不具有保险利益，保险合同就无效。就再保险而言，再保险合同的保险标的即为保险人在保险合同项下所承担的责任，对于这种责任，保险人具有保险利益，即受法律所承认并有经济上的利害关系，才可以对其办理再保险。

（三）损害补偿原则

损害补偿原则要求保险人在其责任范围内对被保险人所遭受的实际损失进行补偿。在直接业务方面，这项原则仅适用于财产险合同，并有两层含义：一是依据保险合同双方当事人权利义务的关系，补偿即为保险人对被保险人所承担的义务；二是为了防止被保险人从保险补偿中获利，补偿具有限制的含义，即保险人对被保险人的补偿是以保险标的所遭受的实际损失为限。实际损失是按保险标的遭受损失时的同类物品、同等新旧程度的市场价格来确定。在财产险中，损害补偿仅限于财产的实际价值，最高补偿金不得超过保险金额，财产险合同是一种补偿性合同。而人身险中，由于人的生命、身体无法用金钱衡量或转化为货币形式，补偿的金额通常是合同事先约定的，是保险人对受益人的给付，人身险合同是一种给付性合同。

在再保险业务方面，损害补偿原则不仅适用于财产险分保合同，也适用于人身险分保合同。这是因为，二者都是接受人对分出人所承担责任的补偿，补偿的限额以分出人所遭受的实际损失为考量，最高补偿金不得超过再保险合同项下的保障金额。

三、农业再保险的分类

根据不同的分类标准，农业再保险的分类方式也有所不同。

（一）种植业保险、养殖业保险与森林保险的再保险

按照保障对象划分，可将农业再保险分为种植业保险、养殖业保险与森林保险的再保险等。

种植业保险的再保险，是指对分出公司承保的种植业风险责任提供风险保障的再保险。在这里，种植业保险是指以种植的农作物等为保险标的，对在生产或初加工过程中发生约定的灾害事故造成的经济损失承担赔偿责任的保险，主要包括粮食作物保险、经济作物保险、林果保险等。

养殖业保险的再保险，是指对分出公司承保的农业经营主体的养殖业风险责任提供风险保障的再保险。在这里，养殖业保险以有生命的动物为保险标的，对饲养期间遭受保险责任范围内的自然灾害、意外事故和疾病引起的损失给予补偿的保险，主要包括畜禽养殖保险、水产养殖保险、特种养殖保险等。

森林保险的再保险，是指对分出公司承保的农业经营主体的森林生产风险责任提供风险保障的再保险。在这里，森林保险是指森林经营者按照一定的标准缴纳保险费以在森林遭受灾害时获得保险企业提供的经济补偿的保险，主要包括公益林保险和商业林保险。

根据上述险种的再保险安排，当分出公司承保的农业经营主体的种植业、养殖业、森林保险标的因自然灾害、意外事故、疫病等保险事故遭受约定灾害事故造成的损失，且分出公司的赔偿责任已经发生时，由分入公司按比例承担赔偿责任；或分出公司的赔偿责任超过其自身约定的赔偿责任时，由分入公司对超过的部分承担约定的赔偿责任。

此外，随着农业保险产品创新的不断深入，一些公司将创新型产品单独组建再保险合约，专门为其提供再保险保障，形成了针对农业价格保险、农业收入保险、农业天气指数保险等的再保险。

（二）农业比例再保险与非比例再保险

按照分保责任划分，可将农业再保险分为农业比例再保险与非比例再保险。

1. 农业比例再保险

比例再保险是以保险金额为计算基础安排的分保方式，其最大的特点就是分出人和接受人按照比例分享保费、分担责任，并按照同一比例分担赔款，同时接受人按照比例支付手续费。比例再保险又可分为成数分保和溢额分保。

（1）成数分保

成数分保是分出人和接受人在分保合同中规定一个比例，分出人按此比例将保费分给接受人，接受人按同样的比例承担分出人的保险责任和赔款。成数分保方式适用于保险业务量较大或赔款频繁的业务。

【案例分析 1-1】

分出人按照 50% 的比例向接受人分出其种植险业务。假定原保费总收入是 10 000元，则分出人直接将 5 000 元保费分给接受人；假定分保手续费率是 20%，则接受人向分出人支付 1 000 元手续费，接受人实得 4 000 元分保费；假定最终保险赔付 6 000元，则接受人需要向分出人摊回 3 000 元赔款。

（2）溢额分保

溢额分保是分出人先确定每一危险单位自身承担的自留额，保险责任超过自留额的部分称为溢额，分出人将溢额部分办理再保险。分出人和接受人以每一危险单位的自留额和分保限额占保险金额的比例计算分享保费，分摊责任和赔款。由于农业保险的危险单位难以划分，因此该分保方式在农业再保险中基本不使用。

成数分保和溢额分保的共同之处包括：都以保额为基础来确定分保关系，自留额与分出额都表示成保额的一定比例关系。但它们的区别在于，溢额分保的自留额是一个确定的数额，不随保额大小而变动，而成数分保的自留额表现为保额的固定百分比，随保额的大小而变动。目前在我国的农业再保险中，成数分保的应用更为普遍。

2. 农业非比例再保险

非比例再保险是以赔款金额为计算基础安排的分保方式，又称为超赔损失分保，它先规定一个由分出人自己负担的赔款额度，超过这一额度的赔款才由接受人承担配成责任，二者无比例关系。非比例再保险又可分为险位超赔再保险、事故超赔再保险和赔付率超赔再保险。

（1）险位超赔再保险

险位超赔再保险是以每次保险事故中每一危险单位所发生的赔款来计算自负责任额和接受人再保险责任额的。假若一个危险单位的赔款总金额不超过自负责任额，则全部损失由分出人赔付；若一个危险单位的赔款总金额超过自负责任额，则超过部分由接受人负责约定限额。不过，由于农业保险的危险单位往往很大且难以划分，因此较少采用险位超赔再保险。

（2）事故超赔再保险

事故超赔再保险是以一次巨灾事故所发生的赔款总和来计算分出公司自负责任额和接受人再保责任额的。这种再保险方式是以一次事故、群体风险所导致的总赔款为基础，不管列入摊赔的保单数目有多少、保额有多大，其目的是保障一次事故造成的责任累积。在安排事故超赔再保险时，为方便接受人选择，同时降低分出人的成本，分出人会将自己所需的保障金额分若干层来购买。

【案例分析1-2】

某分出人针对自己承保的森林险业务安排了一个三层的事故超赔再保险计划，具体如下。

第一层：超过100万元以上的400万元（分出人自留100万元，购买400万元的赔款保障），简写为：400万元 XS 100万元。

第二层：超过500万元以上的500万元（以第一层为基础，购买500万元的赔款保障），简写为：500万元 XS 500万元。

第三层：超过1 000万元以上的1 000万元（以前两层为基础，购买1 000万元的赔款保障），简写为：1 000万元 XS 1 000万元。

也就是说，分出人自留100万元，分三层购买了1 900万元的超额赔款保障，总计保险限额为2 000万元。分出人可以针对每一层选择不同的接受人，并根据风险对价与接受人商定该层的再保险费率，接受人也可以根据自身情况选择承保其中一层或多层。假定某事故最终造成1 500万元赔款，则分出人承担100万元，第一层接受人承担400万元，第二层接受人承担500万元，第三层接受人承担500万元。

经营农业保险的直保公司，从防范农业巨灾事故的角度出发，会采用事故超赔再保险的方式，通过支付一定数额的再保险费，将自身承担的损失限制在可以承受的自留额之内，而将超额赔款损失转嫁给再保险接受人，从而维持其经营的稳定性。

（3）赔付率超赔再保险

赔付率超赔再保险是以一定时期（一般为1年）的累积责任赔付率为基础计算责任限额，即当实际赔付率超过约定的赔付率时，超过分出人赔付责任以上的约定份额。在这种再保险中，合理确定赔付率限额是十分重要的，因为只有分出人的赔付率超过规定的赔付率限额时，接受人才予以赔偿。由于赔付率超赔再保险可以将分出人某一年度的赔付率控制在一定的范围之内，所以从分出人角度来说，它又可称为停止损失再保险。

【案例分析1-3】

某分出人为自己某年度的养殖险业务购买超过100%赔付率的50%的赔付率超赔再保险，假定最终该年度森林险业务赔付率为80%，则赔款由分出人全部承担，接受人不承担赔付；假定最终该年度森林险业务赔付率为130%，则分出人承担100%赔付率以内对应的赔款，接受人承担30%赔付率对应的赔款；假定最终该年度森林险业务赔付率为160%，则分出人承担100%赔付率以内对应的赔款，接受人承担50%赔付率对应的赔款，超出的10%赔付率对应的赔款由分出人自己承担，或安排更高层的赔付率超赔再保险承担。与事故超赔再保险相同，赔付率超赔再保险也可以根据需要安排多个层次，分别对应不同水平的赔付率风险保障。

对于小额损失集中、发生损失频率高的保险业务，采用这种再保险方式比较多。

因为小额损失多且频繁，若采用事故超赔再保险，则起赔点要定得特别低，但这就需要支付大量的再保险费。因而最经济且简便的办法是安排赔付率超赔再保险，这样既可节省保费，又能保障自身不致发生严重亏损。由于农业保险，特别是农作物保险具有小额损失多且频繁的特点，所以赔付率超赔再保险在农业再保险中的运用比较普遍。

比例和非比例分保方式的比较，如表 1-1 所示。

表 1-1　比例和非比例分保方式对比

比例分保	非比例分保
续转时可维持原分保条件	续转时要重新商谈承保条件
以保险金额计算分保保障	以赔款金额计算分保保障
保费是原始保单的一定比例，接受人须向分出人支付手续费	保费根据赔款的历史记录厘定，接受人无须向分出人支付费用
赔款按照自留和分保比例分担，一般赔款无须提前告知	赔款按照超赔条件摊付，需摊付的赔款应提前通知
除了现金赔款，保费和赔款按照季度或规定的期间做账并支付	保费在合同起期时按约定支付，年终可根据实际情况调整
责任期较长，特别是合同业务	一般在年终可以清楚计算分保责任

（三）农业再保险中的合同分保与临时分保

按照分保安排划分，可将农业再保险分为合同分保和临时分保，二者的比较如表 1-2 所示。

1. 合同分保

合同分保是由分出人与接受人以签订合同的方式确定双方的再保险关系，在一定时期内对一宗或一类业务，根据合同中双方同意及约定的条件，再保险分出人有义务分出、再保险接受人亦有义务接受合同限定范围内的农业保险业务。合同分保是一种对双方缔约人有约束力的再保险。分保合同是长期有效的，除非缔约双方的任何一方根据合同注销条款的规定，在事前通知对方注销合同。合同分保在农业再保险实务中内被广泛应用，无论其合约数量还是保费占比，都远远高于临时分保。

合同再保险的特点包括：对于分出人和接受人在合同范围内均具有约束力；一般是不定期或者期限较长，分保条件比较优越；以分出人某种险别的全部业务为基础。合同再保险的安排大体上与临时再保险相同，区别在于合同分保是按照业务年度或会计年度安排分保的，而临时分保则是逐笔分保的。合同分保涉及的是一定时期内的一宗或一类业务，缔约人之间的再保险关系是有约束力的，因此协议过程要比临时分保复杂得多。

2. 临时分保

临时分保是逐笔成交的、具有可选择性的分保安排方式，它常用于单一风险的分保安排。临时分保的特点包括：分出人和接受人有自由选择权；临时再保险以个别保单或危险单位为基础；业务条件清楚，分保费支付及时；手续烦琐，时效性强。由于这些特点，农险临时分保适用于以下三类业务：新开办的或者不稳定的业务，合同规定的除外业务或不愿置于合同内的业务；超过合同分保的限额或需要更高保障的业务。

临时分保手续较为烦琐，分出人必须逐笔将分保条件及时通知接受人，而对方是否接受事先难以判断，如果不能迅速安排分保就会影响业务的承保或对已承保的业务承担超出自身能力的风险责任。为此，在农业再保险临时分保中，采用较多的是类合约业务（Facility），它不同于传统的临分业务（Faculty），分保双方提前就某类型业务的临时分保达成合作约定，在合作期间分出人可将属于此类型的多笔业务纳入该临分合约，不用再逐单进行临时分保安排，而接受人可以自行决定是否接受各笔业务，接受的则直接采用此前约定的合约结构和分保条件，不接受的则由分出人重新安排临时分保。

除了临时分保和合同分保，还有一种介于二者之间的再保险安排，即预约分保。它是由分出人和接受人订立预约分保合同，事先约定再保险的险种、责任范围、地区范围、保险期限、保险金额、赔款分摊、承保条件等事项，只要在该合同规定的范围内，分出人可以选择是否或何时将承保业务纳入合同，如确定分保，则接受人必须按合同约定接受。预约分保在农业再保险实务中运用较少。

表1-2　临时分保和合同分保对比

临时分保	合同分保
临时性，再保险人可以接受或拒绝	约束性，再保险人必须接受规定的业务
单个风险（与保单一致）	大量风险
必须告知风险的细节情况	不必详细告知风险细节，除非是特殊业务或按合同规定提供报表
时间和经济成本均较高	时间和经济成本相对较低
每一风险必须单独安排，没有市场承诺的分保保障	合同事先安排，保险人承保的业务将自动得到分保保障

四、农业再保险的职能与作用

再保险机制的建立对于保险业务的稳定健康发展十分重要，对于农业保险尤为关键。

（一）农业再保险的职能

《中国再保险市场发展规划》（保监发〔2007〕50号）指出，再保险市场作为保险市场的重要组成部分，与直接保险市场相互依存、相互促进，并首次提出再保险具有资本融通、风险分散和技术传导三大核心功能。

1. 资本融通

农业再保险通过国内和国际的再保险活动，将各保险人及国内外分散的、彼此独立的、数量较少的保险基金联合起来，形成一个巨额的、全球性的保险基金，虽然这种联合没有明文规定，但通过再保险的分出、分入业务，客观上起到了联合保险基金、融通保险资本的作用。有了这种联合的、巨额的、全球性的农业保险基金，就可以承保一家保险公司或一国保险市场无法承担的巨额风险，满足现代化农业生产和高新技术发展对农业保险的需要，使得保险中的资金从生产率较低的部门（个人）流向生产率较高的部门（具有规模经济的生产部门），从而提高了保险资源配置的效率，增加了整个社会的福利。此外，再保险机制还能充分发挥在改善直接保险公司偿付能力状况、扩大承保能力、缓解资本约束等方面的作用，保证偿付能力监管制度的有效实施。因此，资本融通功能是农业再保险的基本功能之一。

2. 风险分散

直接保险公司对再保险的需求，就如同人们需要获得直接保险的保障一样，都是出于分散自身风险的考虑。如果直保公司自行承担所积累的全部风险责任，且不论保险监管机构许可与否，对于其本身来说也是非常不安全的，因此需要找到向同业分散风险的方法，保障其承保业务即使遭受损失，也不致负担过重。农险分保接受人从更大范围来考虑业务的稳定性和风险的分散，因此，同直接保险一样，农业再保险的基本职能是分散风险。在风险管理方面，应充分发挥农业再保险机制在管理保险业务组合，从整体上分析和把握业务风险状况和特征的优势，采取积极的风险管理措施，督促和指导直接保险公司加强承保、理赔管理，改善业务质量，提高风险管理技术，降低经营风险。

3. 技术传导

再保险人可以充分发挥其在数据积累、风险识别与防范、风险定价等方面的技术优势，探索新的风险转移技术，通过技术传导，推动农业保险行业技术进步和服务水平的全面提升。此外，由于再保险具有国际性、开放性的特点，因此通过国内外的业务交流与合作，农业再保险可以发挥技术传导的纽带与桥梁作用，将国际先进的农业保险风险管理理念与实践引入中国，为直接保险市场提供丰富的再保险技术支持和风险管理服务，促进中国农业保险行业专业技术、服务与创新水平的提升。农业再保险通过和直接保险之间的技术传导，提升了农业保险行业的风险管理水平，促进了行业规范与标准的健全完善，以及直接保险公司的业务结构优化和风险防控加强，有效引导和支持了直接保险市场的健康发展。

（二）农业再保险的作用

农业再保险的作用可以从微观角度和宏观角度来概括：

1. 农业再保险的微观作用

从微观的角度来看，农业再保险对保险人起着积极的作用。经营农业保险的直接保险公司通过再保险，可以达到业务上、财务上和管理上的目标，这也是农业再保险作用的具体体现。

（1）对保险人业务上的作用

一是农业再保险可以扩大保险人的承保能力，增加业务量。保险人的承保能力是受其资本金、公积金等财务状况限制的。保险人通过再保险，将超过自身财力部分的业务分给接受人，这样就可以在不增加资金的前提下，扩大自身的承保能力，从而承保原本没有能力承保的保险标的。

二是农业再保险可以控制保险人的责任，保证其经营稳定。农业再保险使保险人可以根据自身的技术、资金能力确定自留额，从而控制保险责任，保证经营的稳定性与安全性。特别是农业保险对巨灾风险的累积较多、对平稳经营的要求较高，因此更离不开再保险的机制作用，须将自身承担的保险责任控制在合理水平。

三是农业再保险可以均衡保险人的业务结构，分散风险。根据大数法则的要求，承保的保险标的数量越多，保险金额越均匀，风险就越分散。为了达到保险业务结构的均衡化，保险人可以通过农业再保险，将同类业务中超过平均保险金额水平的业务分给接受人，以保证保险金额的相对均匀，减少保险经营中的不确定性因素。

（2）对保险人财务上的作用

一是农业再保险可以降低保险人的经营成本。保险人的经营成本主要是赔款成本和营业成本。在赔款成本上，再保险一方面通过风险分散降低了赔付率，另一方面会向保险人摊回赔款。在营业成本上，再保险一方面参与保险人营业费用的分摊，另一方面通过规模经济效应降低了边际营业费用率。

二是农业再保险可以增加保险人的可运用资金。对于农业再保险合同业务来说，保险人在收到投保人支付的原保费之后，并不是立即按比例向接受人分出保费（比例分保）或按费率向接受人支付再保险费（非比例分保），而是随着业务进展和账务结算逐步完成支付，一般较收到原保费延迟一个季度或半年。在此时间间隔内，这些保费就成为保险人暂时可运用的资金。

三是农业再保险可以增加保险人的佣金收入。在比例再保险业务中，分保接受人须支付一定比例的分保手续费（分保佣金），作为对保险人营业费用的补偿。此外，有些比例再保险合同还约定了纯益手续费（盈余佣金），即当分出业务产生盈余时，接受人还须向保险人支付一定比例的纯益手续费。

（3）对保险人管理上的作用

农业再保险对保险人管理上的作用主要表现在可以促进保险人加强管理。保险人在办理再保险业务时，不仅要正确评估自身承保的风险，为合理确定自留额和分保额提供依据，而且要把握国内外再保险市场信息，为寻找合适的分保接受人、进行合理的再保险安排提供保证，这对保险人在自身管理和专业能力上提出了更高的要求。

2. 农业再保险的宏观作用

从宏观的角度来看，农业再保险主要对保险业、国民经济和社会公众起到积极的作用。

（1）对保险业的作用

农业再保险对保险业的作用主要是为农业保险的健康发展提供保障，是农业保险的"安全阀"和保险市场的"调控器"。一是保障农业保险市场安全，使大数法则跨越经营机构和危险单位的限制，在更广泛的区域内分散农险行业的风险，减少重大灾害对整个行业的冲击。二是辅助农业保险市场调控。拥有行业风险数据优势和引导产品定价功能，能客观评估市场风险状况并提供相关技术和信息，有利于监管机构监督和指导直接保险公司规避风险。三是强化农险行业风险管理。可通过价格杠杆和风险评估促进直接保险公司完善治理结构和内控制度，同时以准备金形式积累起大量资金，有助于防范和分散农险行业风险。

（2）对国民经济的作用

农业再保险对国民经济的作用主要体现为促进国民经济的发展。一是农业再保险有助于国家农业支持政策目标的实现。目前，大多数农业保险发展比较成熟的国家，都普遍建立了政府参与或主导的农业再保险体系，使国家农业再保险机构成为政府的一致行动人，通过再保险支持前端业务、调整利益分配、放大财政资金作用，保证农险政策目标的实现。二是农业再保险有助于加强与国际保险市场的联系。再保险是我国金融对外开放的"桥头堡"，通过再保险业务往来，可以密切同国外同业之间的联系，学习和引进国际先进经营管理理念和承保技术，推进业务、机构、技术、资金的"引进来"和"走出去"。三是农业再保险为国民经济发展集聚资金。通过再保险集聚的再保险费和准备金因获取和支付之间存在时间间隔，均可以被适当地运用到国民经济建设中，再保险资金运用为国民经济提供了一定的资金来源。

（3）对社会公众的作用

农业再保险对公众的作用主要是为广大农民提供保障。一方面，农业再保险保障了广大农民的利益。再保险是保险的保险，是对保险人偿付能力的一种保障。保险人的偿付能力得到了有效保障，被保险人也就是广大农民的利益也就得到了真正的保障。另一方面，农业再保险方便广大农民转移风险。农业保险是广大农民转移风险的有效措施之一，如果没有再保险，对于一些创新型和高风险业务，保险人可能仅选择部分开展甚至不愿开展。有了再保险的支持，广大农民特别是新型经营主体便可以更方便、更充分、更多样地获得农业保险的风险保障。

【本章小结】

农业既是基础产业，又是高风险行业，面临着自然、社会、政治、经济和技术等各方面风险。在农业生产经营过程中，农业风险管理手段是必不可少的，主要包括预防、转嫁、救灾和救济等。农业保险就是农业风险转嫁的一种重要手段。农业保险风险是指可通过农业保险方式来分散、减轻或转移的农业风险，它不仅体现了对农业风险转嫁方式的区分，也体现了对农业风险可保性的衡量。农业保险风险的特点包括：

危险单位大，风险分散难度大；区域相关性特征明显；农业保险风险具有广泛的伴生性；风险事故与风险损失的非一致性；农业灾害发生的频率较高，损失规模较大。正因为农业保险风险具有上述特点，就更加需要对其进行行之有效的风险分散，以保证农业保险体系的稳定运行和农业保险机构的稳健经营。本章主要介绍了共同保险与再保险、巨灾基金、天气衍生品市场、巨灾资产证券化等常见的农业保险风险分散方式。

在上述农业保险风险分散方式中，再保险是最为常用且最为重要的方式。农业再保险就是对农业保险的再保险，是指对分出公司承保的农业经营主体的农业风险责任提供保障的再保险。农业再保险与原保险都是一种保险合同关系，两者既相互联系，又相互区别。在农业再保险中，分出人、接受人、分保费、手续费、自留额、分保限额、危险单位、分保基础等基本概念需要大家理解和掌握。在开展农业再保险的过程中，须遵循最大诚信原则、保险利益原则、损害补偿原则、政府参与原则等基本原则。根据不同的分类标准，农业再保险的分类方式也有所不同。按照保障对象划分，可将农业再保险分为种植险、养殖险与森林险的再保险等；按照分保责任划分，可将农业再保险分为农业比例再保险与非比例再保险；按照分保安排划分，可将农业再保险分为农业临时再保险与合同再保险。农业再保险具有资本融通、风险分散和技术传导三大核心功能，并在微观上对保险人业务、财务和管理发挥重要作用，在宏观上对保险业、国民经济和社会公众起到积极作用。

【重要概念】

农业风险 农业保险风险 农业再保险 自留额 最大诚信原则 农业比例再保险 非比例再保险

【思考与练习】

1. 农业保险风险的主要分散方式有哪些？

2. 农业再保险的定义是什么？农业再保险的主要分类有哪些？

3. 简述农业比例再保险与非比例再保险的异同，并分析其适用的业务类型。

4. 简述再保险的核心功能在农业再保险中的体现，并分别从微观和宏观的角度分析农业再保险的作用。

5. 与共同保险、巨灾基金、天气衍生品市场、巨灾资产证券化等其他农业保险风险分散方式相比，农业再保险的优势在哪里？

【主要参考文献】

[1] 巴曙松. 对我国农业保险风险管理创新问题的几点看法[J]. 保险研究，2013（2）：13。

[2] 陈文辉. 中国农业保险发展改革理论与实践研究[M]. 北京：中国金融出版社，2015：20-22.

[3] 戴凤举. 现代再保险理论与实务[M]. 北京：中国商业出版社，2003：20-25，89-92.

[4] 杜鹃. 再保险[M]. 上海：上海财经大学出版社，2015：6-12.

[5] 刘金章. 再保险理论与实务[M]. 北京：清华大学出版社，北京交通大学出版社，2016：12-15.

[6] 庹国柱，李军. 农业保险[M]. 北京：中国人民大学出版社，2005：13-32，436-444.

[7] 庹国柱，朱俊生. 农业保险巨灾风险分散制度的比较与选择[J]. 保险研究，2010（9）：49-50。

[8] 夏逊敏. 政策性农业保险风险分散研究——以宁波为例[D]. 宁波：宁波大学，2012：30-31。

第二章　农业再保险合同

【学习目标】

　　了解再保险合同的结构、订立流程和一般性条款，掌握农业保险比例再保险合同中保费、手续费、赔款、账务等主要条款和非比例再保险合同中起期和止期、最终净损失、净自留成分等主要条款的应用。

【知识结构图】

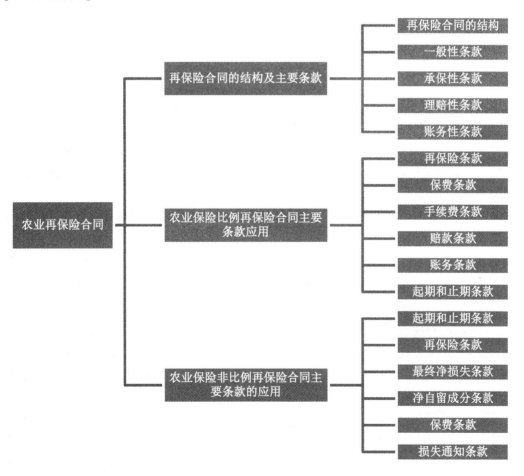

第一节　再保险合同的结构及主要条款

再保险合同又称为分保合同，是分出公司和分入公司为实现分保目的而订立的一种在法律上具有约束力的协议。再保险合同是保险合同形式的一种，其约定了再保险关系双方的权利和义务，即分出公司必须按合同的规定将其承担的保险责任风险的一部分或全部转移给分入公司，并支付相应的再保险费；分入公司向分出公司承诺承担在其原保险合同项下所发生的对被保险人的赔付，并按照再保险合同的条款和应由其负责的金额给予经济补偿。

一、再保险合同的结构

（一）再保险合同的基本属性

原保险合同的风险责任的转移与分散是再保险经济关系建立的核心，因此可以说再保险合同是一种性质特殊的责任保险合同。

再保险合同的标的是分出公司承担的损失补偿责任或给付责任，为再保险合同的客体。分入公司不是直接对原保险合同标的的损失给予补偿，而是对分出公司所承担的责任给予补偿。

再保险合同具有与一般保险合同，如射幸合同、补偿性合同和诚信合同等相似的特点。

再保险合同可以依据不同的分类基础进行相应分类，如按照责任分配方式分为比例再保险合同和非比例再保险合同，按照再保险安排方式分为临时再保险合同、合约再保险合同和预约再保险合同等，以及按照分保对象或责任转移目的进行的分类等。

国内农险再保险合同同样分为比例再保险合同和非比例再保险合同。

比例再保险合同通常为成数再保险，可按照合约项下业务同一比例分出，与再保人共担风险；也可按照险种和地区风险不同分为不同部分，各部分可设置不同的分出比例以体现个性化的分出需求，同时各部分亦可约定不同的分出条件。

非比例再保险合同以赔付率超赔合同为主，赔付率的基础结构既可以按种植险、养殖险、森林险等大类险种分类确定，也可以按不同地区分类确定；部分非比例再保险合同为伞状超赔合同，即在以地区或险种分类的基础上，设置各部分的约定赔付率起赔点，对于超过各部分起赔点的风险共享同一固定风险额度；少部分非比例再保险合同为事故超赔合同，主要为针对某一区域的森林火灾事故超赔风险。

（二）再保险合同双方的权利和义务

1. 分出公司的权利和义务

分出公司的权利包括全权负责处理再保险事务、决定或划分危险单位、依照再保险合同在约定保险赔偿责任发生时向分入公司摊回保险赔款、向分入公司收取再保险手续费等；义务则包括对分入公司的告知（通知）义务、在保险事故发生时防止损失扩大和通知分入公司的义务、向分入公司支付再保险费、在安排再保险时必须先做自留、不得以被保险人的理由拒绝或延迟履行其对分入公司负有的义务（或不得以分入公司的理由拒绝或延迟履行其对被保险人负有的义务）、如有损余收回或第三方追偿时应按照分入公司分保比例予以退回等。

2. 分入公司的权利和义务

分入公司的权利包括检查权利和指示权利，即分入公司享有随时对分出公司有关再保险的事务进行检查的权利以及分入公司在必要时可指示分出公司采取防止损失扩大与减轻措施的权利；义务则包括接受分保额、进行损失补偿、支付再保险佣金与盈余佣金、提存和管理保费准备金、接受再保险金额及再保险费减额请求、承担保全与行使代位权所需费用等。

（三）再保险合同的订立

再保险合同的订立需要经过一定的程序。再保险合同通常是由合同双方共同约定合同的主要条款，经双方签署后生效。在合同拟定前，对于再保险的主要条件，通常由分出公司以分保条款或摘要表等文件形式递送给分入公司，作为缔约根据。再保险合同的缔约双方以最大诚信原则为基础，必须遵守合同中规定的订约双方的权利和义务，若任何一方不遵守最大诚信原则或违反合同的规定，另一方就可宣布合同无效或合同违约终止。

1. 要约与承诺

保险合同的订立一般要经过两个步骤：要约与承诺。要约即当事人一方向另一方提出订约的意思表示，希望另一方接受；承诺是当事人一方对对方提出的要约表示接受。再保险合同的订立也要经过这两个步骤，分出公司提出分保建议是要约的过程，分入公司提出修改和改善的条件是反要约。要约和反要约的过程就是分出公司和分入公司协商条件的过程，直至达成协议，再保险合同即告成立。再保险合同的订立一般采取书面形式。

2. 信息提供与告知

分出公司提出分保建议一般应尽量将分入公司希望了解的情况详细地提供给分入公司，特别是合同的承保范围和地区范围，此外还包括分出公司的经营方法、合同的自留额、保费和以往的赔款记录等实质性事实信息。因为分入公司不可能实地调查风险，完全凭借分出公司提供的信息决定是否接受承保。完整、明确的信息能够避免误解或进一步查询而耽误对方复证的时间。所以分出公司提供的信息越详尽，资料的质量越高，越有利于接受人做出决定，缩短安排分保的时间。

不仅在再保险合同订立之前，分出公司应向接受人告知实质性情况，在整个合同有效期间，分出公司都要履行该项义务。

3. 合同文件签订

再保险合同一般由合同文本、分保条及附约组成，它们都是再保险活动中的法律性文本。双方对合同的主要条款达成一致后，合同就宣告成立，即具有法律约束力。双方必须全面履行合同规定的义务，任何一方无权单独变更或解除合同。

（1）合同文本

合同文本是分出公司与分入公司之间签订的正式合同文件，一般由分出公司根据双方已经达成的协议，参照国际保险市场惯例起草并寄送对方。在双方对文本中的各项条款和内容达成一致的情况下由双方被授权的代表签字，至少一式两份，各执一份。

合同文本包括合同必须具备的主要条款，其一经签订，则作为明确再保险双方的权利义务的法律依据。由于各保险公司的要求和再保险方式存在差异，同时也由于各国保险监管部门对保险公司、自留保费、赔款准备金等规定的差异，目前国际上再保险合同并无统一标准；而具有一定规模的分入公司都有自己的一套适用于各种再保险格式的标准文本，包括不同要求的批改条文。尽管各保险公司所使用的合同文本在内容和文字上不尽相同，但都包括以下基本内容：缔约双方的名称、合同开始日期、执行条款、除外责任、保费条款、手续费条款、赔款条款、账务条款、仲裁条款、合同终止条款、货币条款等。具体条款内容将在后续章节中逐条详细介绍。

（2）分保条与附约

在合约再保险中，分保条（Slip）是分出公司编制并提供给其意向分入公司的具有要约性质的文件，是再保险合同文本的细化或补充。其主要内容包括：分出公司名称、合同名称、合同期限、分保业务的险别及地区范围、分保方式、合同限额和自留责任额、分保费率、分保手续费率及盈余手续费率、现金赔款、除外责任等。分入方可根据这些内容判断分保条件是否合适，并决定是否接受分出公司拟分出的分保业务。如果分入方决定接受分出公司拟分出的全部或部分业务，并以书面函电形式加以确认，则意味着分入方对分出公司的要约做出承诺，其与分出公司之间的分保关系已经成立；后续双方完成正式文本的审核确认和签字，以形成正式的再保险合同。

在临时再保险中，分保条经合同双方当事人签字即可作为正式的合同文件。其主要内容包括合同名称、分出公司和分入公司名称、保险类型、责任范围、除外责任、保险金额（赔偿限额）、地区限制、保险期限、保险费率、保费支付方式、分保费率等。

附约（包括批单）是合同签订后对合同内容进行修改的文件。合同签订后，合同双方当事人必须遵守合同的规定，不得单方面修改和变动合同内容。如果一方当事人要修改合同内容，必须征得对方同意，并以附约（或批单）的形式进行修改，且经双方当事人签字后才能生效。

二、一般性条款

（一）共命运条款

该条款通常表述为："基于本协议的条款和条件，对于分出公司通过保险合同所承担的风险，分入公司与分出公司同一命运。协议项下分出业务的所有取消、减少、删除、变更或修改，对分入公司具有同样约束力。分出公司可以自由地处理索赔，其行为如同没有再保险一样，且分出公司已经或即将支付必要的赔款给被保险人；基于上述情况，分出公司的所有行动将根据本协议和原保单的条款规定对分入公司具有约束力。对于分出公司向被保险人支付的、不应由分入公司承担的赔款（如宽容赔付等），仅当该付款事先得到分入公司同意的情况下，才对分入公司具有约束力。"

根据该条款，分入公司与分出公司在利益和义务方面共命运；但对于因分出公司单方面利益产生的费用，分入公司无须共担。同时，共命运是基于再保险合同基础上的保险命运，而非分出公司财务上的问题引起的其自身的商业命运。

（二）错误和遗漏条款

该条款通常表述为："分入公司与分出公司任何一方发生善意的延迟、错误和遗漏，不会免除其在上述延迟、错误和遗漏没有发生的情况下另一方依据本合同应当承担的责任，且该延迟、错误和遗漏一经发现应立即及时更正。尽管如此，本条款不应当被认为优先于本合同约定的条件，且不得使任何一方承担比未发生延迟、错误和遗漏情形更重的责任。"

该条款的主要目的在于对再保险合同双方由于偶然的、非故意的过失和疏忽造成的错误、遗漏或延迟给予弥补的机会，以利于再保险业务的发展。

（三）仲裁条款

国内条款常见表述为："凡合同双方因本合同引起或者产生与本合同相关的任何争议，涉及合同的签署和效力，不论是否发生在本合同的存续期间，如果不能通过友好协商进行解决，均应提交至中国国际经济贸易仲裁委员会，按照申请仲裁时该会现行有效的仲裁规则进行仲裁。仲裁庭应当由 3 名仲裁员组成，除非合同双方另有约定，仲裁庭应当由具有 10 年以上参与国际保险或者再保险业务或者为该等业务提供专业服务经验的仲裁员组成。如果中国国际经济贸易仲裁委员会的仲裁员名录里面无该等人选，则可以任命名录以外的仲裁员。仲裁语言为中文。仲裁裁决为终局裁决且对各方均具有拘束力。即便本合同被宣告或者被认为无效，仲裁协议效力不受影响。"

再保险仲裁是解决再保险争议的一种通用方式。在再保险交易中，交易各方往往分处不同国家或地区，合同的履行在很大程度上受各国政治、经济和自然条件等因素的影响，情况复杂多变，双方当事人在执行合同的过程中发生各种各样的争议是难以避免的。仲裁条款为解决争议提供了一种双方认可的准则。

再保险仲裁地点通常约定为分出公司所在地，我国常设的仲裁机构主要为中国国际经济贸易仲裁委员会。

（四）检查条款

该条款常见表述为："分入公司或其正式授权代表，在送达表明查验意图的书面通知两周后，可随时在正常办公时间内，自付费用检查和复印分出公司与本合同保障的保单种类有关的记录和文件。兹经双方同意，再保公司的查验权利将持续至任何一方因本合同产生对另一方的索赔。分出公司应当允许再保公司或其代表为查验目的进入其经营场所。"

再保险合同赋予缔约双方不同的权利，这些权利以条款形式明确，以保护双方权利的实现。分入公司赋予分出公司选择承保标的、制订费率和处理赔款等权利，也是出于对分出公司的充分信任，避免双方之间反复周折，便于再保险交易有效顺利进行。分出公司赋予分入公司查核账单及其他相关业务文件的权利，有利于分入公司能够更好地了解分出业务经营管理、承保风险和赔款处理、损失记录等情况，有利于掌握与其他业务的累积责任，同时也有利于保证再保险交易的公平进行，防止出现对分入公司不利的结果。

（五）保密条款

该条款主要对再保险业务中分入公司对分出公司提供的详细业务数据及信息的保存和使用方面进行了规范。常见表述如下：

"分入公司同意对本合同以及合同项下相关的所有信息（以下简称'保密信息'）予以严格保密。分入公司应将本合同和本合同项下的所有业务往来信息作为保密信息。分入公司同意，未经分出公司事先书面同意，分入公司不得在合同有效期内或合同终止后基于本协议以外的目的直接或间接地使用保密信息。分入公司可以在本协议履行所需的必要限度内使用保密信息，包括但不限于因业务管理、风险管理、赔案处理、会计账务的需要在 IT 系统中存储和处理保密信息。

分入公司保证，任何依照约定可以接触到保密信息的相关方，包括但不限于相关董事、监事、高级管理人员和雇员依其职责要求获知或者处理保密信息，分入公司应当告知上述人员本协议项下的保密义务，并严格执行该保密义务。保密信息不包括：① 分入公司按照本协议从分出公司处获悉之前已经合法知悉的信息；② 分入公司从第三方获得的信息，且该第三方的披露不违反任何法律义务；③ 分入公司独立开发的信息；④ 依据本协议进行披露时已经公开的信息。

分入公司进一步保证，未经分出公司事先书面同意，不会对保密信息进行披露，但基于知情的需要，向转分接受人、董事、雇员、审计师或外部专业顾问、集团公司系统内的其他机构提供保密信息除外。相关法律、法规、法院命令，政府机关或者法律法规授权的组织要求接受方披露保密信息，接受方披露该信息不受本协议的约束。"

（六）变更条款

该条款适用于再保险合同签订之后，为合同更改提供了可能。常见表述为："双方同意，任何经双方认可的信件或批单中对本合同的修改都作为合同的组成部分。如需要，可出具合同修改证明文件。"

（七）连带责任条款

再保险合同中，分出公司分出的业务通常由多个分入公司共同承担，各分入公司分别按照其接受份额承担相应责任。该条款常见表述为："分入公司根据本合同约定分入再保险责任是按份责任且非连带的，分入公司以其分入份额为限承担责任。分入公司不承担其他分入公司因任何原因不能承担的责任。"

（八）最大诚信条款

该条款是对再保险最大诚信原则的具体说明；条款主要内容为分出公司应按照如同没有再保险协议的情况去经营业务，同时其应按照相关市场的保险业务惯例开展尽职调查，即分出公司的经营行为应符合按照相关市场惯例下的尽职标准，不因再保险协议的存在而发生变化。

（九）中间人条款

由于再保险业务具有很强的国际性和专业性，通常会通过专业的中间人来沟通与办理。目前国内再保险中间人主要指再保险的经纪人。

通过经纪人办理的再保险合同，通常写明中间人条款，该条款表述如下："……作为中间人参与本协议项下所有业务的协商谈判。一切有关本协议的通信往来（包括但不限于通知、声明、保费、退回保费、佣金、税收、损失、损失调整费用、抢救、损失结付）等，应通过该中间人在分出公司和分入公司之间传达。"

再保险经纪人受分出公司或再保险接受人的委托，办理或接受再保险业务的手续，代委托人结算账务、收集赔款等，但经纪人一般不代表委托人办理分保手续。经纪人的权利应在授权的范围内行使，且因经纪人的疏忽和过失导致的损失应由其自己负责。

同时在实践中，如果中间人特别是经纪人不能如期将再保险费划至分入公司账户上时，分入公司也不能因此而免除再保险费到账前期间的再保险责任。

三、承保性条款

（一）再保险条款

该条款主要明确合同双方的义务、再保安排的方法、分保业务的种类和范围、地区范围、责任限额等内容。早期文本通常逐项清晰表述分出公司和分入公司在分保业务上的相应权利和义务；近年来，在实际应用中，再保险条款逐步简化，部分协议甚至仅在分保条或风险明细中分项列明各项内容具体条件，如再保方式（成数或赔付率超赔等）、承保范围（明确合同项下所承保的业务险种和类型）、地区范围（合同范围内业务的承保区域或标的地区范围）、责任限额（比例合同的分保比例和分出公司自留比例/非比例合同的起赔点和赔偿限额）等。

同时，按照比例和非比例再保险安排的不同，在措辞上也有不同。以比例合同为例，常见简约条款表述为："分出公司和分入公司均同意按照再保险的方式分出和分入一定比例的业务，而不考虑该业务是分出公司直接承保业务或者共保参与业务；具体业务情况参照风险明细所述，并共同构成本协议的一部分"。

以非比例合同为例，常见条款表述为："分入公司同意对分出公司最终净损失中超过本合同风险明细中所列明起赔点的部分进行赔偿，但赔偿总额不超过风险明细中所列明的限额"。

（二）除外责任条款

该条款主要载明再保险合同不保障的危险和责任。除外责任条款因国家、地区、业务种类及分保方式的不同而有所差异，但大多数再保险合同都包括以下除外责任：

（1）战争、类似战争行为、敌对行为、武装冲突、罢工、暴动和民变等引起的损失。

（2）直接或间接由于核反应、核辐射和放射性污染引起的损失。

（3）政府当局的没收、征用等命令造成的损失。

（4）被保险人及其代表的故意行为及重大过失引起的损失。

此外，该条款一般也包括对分入公司明显不利、合同签订时明确除外的责任，如宽容赔付、法定分入或临分分入业务等。

（三）起期与终止条款

该条款规定了合约生效日期、可能的终止日期、特殊终止情形、合约终止后未了责任处理等内容。

通常合约风险明细中会列明合约的起止日期，正常情况下合约按照上述起止日期生效和终止；但对于受一些特殊情形影响，如法律变化导致合约无法成立、经营问题导致合约无法存续以及战争等情形，则需要在特定情况发生时立即终止。近年来，部分合约文本中也会将特殊取消条款合并进来，即当发生约定特殊情形（通常不如上述情况严重，但可对再保险合同存续产生部分影响）时，合约一方可选择取消合约。

早期再保险合同多为长期连续合同，因此为维持订约双方的弹性，该条款中还包括临时注销通知（PNOC）的表述。但由于现有国内再保险合同多为一年期，因此在合约条款中也就很少体现临时注销通知。

合约对于未了责任的处理采取自然期满和结清处理两种方式：自然期满指合约终止后，合约范围内的业务自然发展到全部保障责任结束且无未决和新增赔款的方式；结清是指在合约到期后分入公司按照保费和未决赔款的一定比例来分别提取转让未满期保费和未决赔款金额的方式。

现有常见文本条款表述为："本协议适用于风险明细所述期限内承担的风险对应发生的损失。虽有前述事项，在遇到下列情形时，分出公司或分入公司有权立即撤销本协议并告知另一方：

（1）如果该协议的全部或任何部分的履行被法律所禁止或事实上无法继续。

（2）另一方已破产、资不抵债或丧失实收资本金。

（3）另一方的所有权或控制权有重大变动。

（4）双方所在国发生战争。

（5）如果另一方不遵守本协议的任何条款和条件。

本条规定的撤销通知书，应当以书面方式发送至另一方所在地或其他事先指定地址；当该通知一经发出则视为已送达，即使在传输过程中中断。

除非分出公司和分入公司相互同意：

（1）按照上述规定办理的取消通知，自通知之日起生效，而合约将自始即取消。

（2）双方根据本协议的条款支付的任何和全部款额应由各自当事人立即返还给对方。

根据上述取消规定，分入公司的赔款应全部返还，且其在本协议项下的所有责任和义务将全部取消。"

（四）净自留成分条款

该条款适用于非比例再保险合同，即该再保险合同仅针对当前合同启动前分出公司的自负责任提供协议规定下的保障。常见条款为："本合同仅对分出人自己负责的原保险或先于本合同的再保险净自留成分提供再保险保障。分入公司的责任不因任何过失、疏忽所致该净自留额增大而增大，不因分出人由于失误未能办理再保险或未能按已经确定的惯例保持应有的再保险所致该净自留额增大而增大，也不因分出人无法向其他分入公司应收而未收的再保险赔款所致该净自留额增大而增大。"

（五）最终净损失条款

该条款适用于非比例再保险合同。该条款的设立是为了明确保险标的损失发生后，作为非比例再保险合同项下分出公司与分入公司分摊责任对象的赔款，应该是分出公司在此合同项下分摊赔款前承担的最后净损失。

常见条款表述为：" '最终净损失' 是指分出公司根据其保单支付的实际损失，应包括诉讼和法律费用（如有）和其他一切损失费用（但不包括分出公司的雇员工资或任何正常间接费用，如租金、邮政费、照明费、清洁费、取暖费等），但应扣除残余价值、追偿和从其他所有再保险中摊回款项。但是，本条款中的任何内容都不意味着分出公司不能在最终净损失确定之前申请本合同项下的损失摊回。

如果分出公司因对原索赔提出异议而产生诉讼费用，且分出公司认为该诉讼费用已经最终确定，那么当且仅当该诉讼未导致本合同项下摊回费用增加的情况下，该项诉讼费用可纳入本合同的摊回。

本合同项下与损失结算有关的任何残余价值、追偿、赔款返还或摊回，都应视同发生在上述结算之前，双方应据此进行所有必要的调整。

尽管有上述规定，基础或横向特定超赔再保险项下的摊回仅适用于分出公司的利益，不应在计算本合同附带的最终净损失或超额损失时考虑，也不得以任何方式损害分出公司在本合同项下的摊回。"

（六）损失事故定义条款

该条款主要适用于事故超赔类非比例再保险合同。事故损失指任何一次事故或源于同一原因的一系列事故造成的全部个别损失的总和。由于在灾害事故在发生后，可能会持续或长或短的时间，由此造成的损失也会随着灾害事故持续时间的延长而增加，因此需要划定事故波及时间，以便确认再保险合约是否波及，并界定分入公司赔偿额度的大小。

常见条款表述为：" '损失事故' 是指一次事故造成的所有个别损失。然而，对于 '损失事故' 的持续时间和范围的界定应限于如下情况：

（1）台风、风暴、暴雨灾害持续 72 小时，除非损失事故中包括洪水造成损失。

（2）冰雹、霜冻、暴风雪持续 72 小时。

（3）洪水或与上文（1）所述危险相结合的洪水持续 168 小时。

（4）泥石流持续 168 小时，干旱持续 336 小时。

（5）关于森林火灾，分出公司可以自由选定任何半径 35 公里范围内连续 240 小时内发生的所有个别损失。但本协议项下，个别损失不能列入一个以上的 '损失事故'。

（6）上述（1）和（2）条中，任何风险持续 72 小时内造成的损失或个别损失之和。

在上述期间或地区以外发生的任何保险事故造成的个别损失，均不得计入本次 '损失事故' 之内。

分入公司可选择任何此类连续小时的开始日期和时间，如果任何事件的持续时间大于上述期间，分入公司可将该事件划分为两个或多个'损失事件'，前提是两个期间不重叠，且任何期间的开始时间不得早于灾难事件中分入公司第一次记录的损失发生的日期和时间。"

（七）承保政策条款

再保险协议达成中，分出公司提供的要约材料是分入公司对再保合约风险评估的重要依据，因此分出公司应按照既定的承保政策（条款）去开展业务。当承保政策发生变化时，对应的业务经营风险也将发生变化，连带影响分入公司对于再保合约的风险估计，因此再保险合同中设定本条款，即为约束分出公司不能任意变更承保政策。

该条款通常表述为："就本协议项下的业务种类，分出公司承诺在未经分入公司批准的情况下，不对其已确定的承保政策做任何实质性改变；与本协议有关的任何再保险安排，均应保持或被视为保持不变。"

四、理赔性条款

（一）赔款条款

再保险理赔的重点在于分出公司向分入公司进行赔款摊赔的过程及赔款的范围。理赔条款也可视作共命运条款的具体表现。

基于最大诚信原则，分出公司可全权处理合约项下业务赔案的定损、谈判及相关费用支出等，但所有的处理方式应按照有利于合约双方的原则执行。分入公司按照协议条款约定，承担其项下份额内的上述所有费用，但通常约定该费用不包括分出公司自身的日常支出等；同时，分入公司也有权获得赔案相关的所有追偿或损失补助等。

该条款在比例合同和非比例合同中均有表述，但略有差异。其中比例再保险合同中，赔款跟随账单由分出公司按照约定周期发送给分入公司，而赔款计算也是按照分入公司承担的份额等比例计算；在遇到重大损失情况时，原保险可以现金赔款的方式摊赔，后续条件就此进行专门约定。非比例再保险合同，则在赔款达到分入公司约定承担的损失程度时，由分出公司即时出具赔款账单及关于赔款数额的合理佐证材料，分入公司方对赔款进行确认摊赔；此外，非比例合同中，更为强调分入公司负担的不同赔款。

（二）损失通知和现金摊赔条款

该条款主要用于比例再保险合同。由于比例再保险中，赔款的分摊随周期账单发给分入公司；但当发生大型赔案时，分出公司或分入公司都需要一定的时间准备赔款现金，同时大型赔案对于合约经营结果有重大影响，分入公司也需要及时了解赔案情况，因此本条款中的损失通知部分常规定：当赔案超过约定额度时，分出公司须发出出险通知书或损失报告，告知分入公司相关损失情况。

同时，在上述大型赔案发生时，分出公司也可要求分入公司对上述赔案立即进行现金摊赔，无须按照正常账单期进行结算，上述情况即是现金摊赔条款的主要内容。

（三）赔案通知条款

该条款主要用于非比例再保险合同。在非比例再保险合同中，当且仅当合约触发赔付时，分入公司才按照协议规定向分出公司摊赔。因此，该条款主要内容为：分出公司在可能发生合约摊赔情形时及时告知分入公司相关情况及分入公司可能承担的赔款预计，以便分入公司有所准备；同时，分出公司须随时向分入公司通报所有后续发展情况。

（四）理赔协作条款

该条款适用于非比例再保险合同，主要目的为在合约发生损失已经达到或即将达到合约约定的起赔点时，分出公司应及时告知分入公司并应分入公司的要求提供相应损失材料并与分入公司共同参与理赔过程。常见条款表述为："不管本再保险合同中是否有任何相反的规定，但只有在满足以下条件时，分入公司才对任何索赔负责：

（1）当分出公司知悉或基于特定情况可以明确判断，任何损失或者累计损失将超过合约起赔点时，分出公司应立即书面通知分入公司相关情况。

（2）分出公司应根据分入公司的要求，向其提供与上述损失或可能损失有关的所有信息、所有相关文件的副本及后续发展情况。

（3）在上述情形的查勘理赔中，分出公司应根据分入公司的要求，与分入公司及其指定代表保持充分合作。

在满足上述三点的情况下，分入公司应接受分出公司根据本再保险合同规定及项下业务的条款提出的所有索赔。"

（五）损失分摊条款

该条款主要作为比例再保险合同的附加条件条款。即当再保险协议项下业务的赔付率达到某一特定值时，对于该约定值以上的损失，由分出公司承担一定比例。

五、账务性条款

（一）账务条款

该条款主要明确了比例再保险合同项下，账单的制作周期（一般为分季度）、每期账单的出具时间和确认支付时间、账单的货币类型等。常见条款表述为："分出公司应在每个季度结束后的 45 天内编制业务账单寄送分入公司。分入公司在收到账单后应尽快确认，最晚不超过季度结束后的 60 天。账单按原币编制并按原币结算。"

（二）报表条款

报表即业务明细表，主要由分出公司提供给分入公司，作为分出业务的风险、保费和赔款的业务记录。但现有再保险合同中多提供简化版本，部分合同仅提供给首席分入公司。

（三）保费条款

该条款主要介绍了再保险合同项下保费的定义，在比例和非比例再保险合同中也不尽相同。

比例再保险合同中，保费指分出公司将全部承保保费按照分入公司在合约项下的份额对应比例分给分入公司的部分，其中在计算全部承保保费时，应扣除注销和退还部分的保费。

非比例再保险合同中，保费指分出公司按照协议保障范围内的保费收入（即总净保费收入）与再保费率相乘得到的再保险保费；由于总净保费收入需要等到合约结束后才能确定，因此分出公司须先行支付预付保费，同时规定最低保费（通常合并为最低预付保费），并在合约结束后尽快按照前述计算公式对再保险保费进行调整；总净保费收入通常须扣除注销和退还部分的保费以及其他再保险协议项下保费。

（四）分保手续费条款

分保手续费是从分入公司的角度出发，从分出公司处获取业务的一种价格表现；通常按照上述保费条款中的保费的一定比例（即分保手续费率）支付，以分担分出公司为招揽业务及业务经营管理等所产生的费用开支。

分保手续费率作为比例再保险合同的重要条件，在风险明细中会有详细列明。根据其方式不同，分为固定手续费和浮动手续费两种，将在后续章节中详细介绍。

（五）利润手续费条款

利润手续费，又称为纯益手续费，是在合同有盈余时，分入公司按照其年度利润的一定比率支付给分出公司的手续费。利润手续费的给付是为了鼓励分出公司谨慎地选择原保险合同所承保的业务。

利润手续费的计算方法，通常在协议中有详细说明；通常为收入项目（当年保险费）减去所列支出项目（分保手续费、已付赔款、未决赔款准备金、分入公司管理费等）后的余额。对于当年利润手续费为负的情况，通常可将该亏损滚存计入下一年度的支出项目中，可滚存至自然结束，也可约定滚存年限。

（六）货币条款

由于再保险业务的国际性，分出公司和分入公司多处于不同国家，其使用的结算货币也有所不同。为避免结付时不同货币之间汇率变化带来的兑换风险，常常需要对合约结算使用的货币进行明确；如果合约约定结算的货币不止一种时，还需要对不同货币之间的汇率进行约定，如按照账单日的汇率或者按照赔款支付时间的汇率等。国内再保险合约一般以人民币为结算货币，部分采用人民币和美元两种。

（七）担保条款

中国保险监管机构已正式实施"中国风险导向的偿付能力体系"，对于交易对手违约风险评估方面，提高了对于境外再保分入人交易信用风险的权重，并按照有无担保措施进行区分。受此影响，2016年以来，我国境内再保险协议中大多增加了主要针对境外再保人的担保条款。常见表述为："按照中国保监会实施中国风险导向偿付能力体系的要求，特此声明并约定分出公司有权保留分入公司应付赔款和（或）保费的准备保证金；分入公司也可选择提供信用证作为担保抵押的方式，以应对本合同条款下任何可能赔款所产生的信用风险。本条款仅适用于海外再保险公司，按照'偿二代'相关规定实施。"

（八）轧差条款

对于再保险中分出公司和分入公司之间存在需要双方相互结付的情况，为简化结算流程，常采用多笔业务轧差处理。

该条款常见表述为："本协议的任何一方可就本协议项下或在双方之间任何其他协议之下，酌情决定与另一方的应收金额进行轧差处理。本协议或双方之间的其他业务关系终止后，本权利仍然存在。

如果本协议的任何一方发起破产或清算程序，则另一方可将本协议项下的所有应收或即将应收金额进行轧差。当发生特殊取消条款中所列明的特殊终止情况时，本协议的任何一方均可行使该权利。"

第二节　农业保险比例再保险合同主要条款的应用

同其他再保险合同一样，农业保险比例再保险合同一般情况下由分保条、主要条款和附约三部分组成。其中主要条款是再保险合同按照法律规定或分保合同的性质所必须具备的条款，分保条是对保险期限、责任范围、再保险手续费等具体条件的细化、补充或说明。在临时分保的情况下，实务操作中往往不具备主要条款，而是利用分保条将分保条件一一列明。

比例再保险的形式主要包括成数（Quota Share）再保险和溢额（Surplus）再保险两种，也可以将二者进行组合安排。对于农业保险而言，由于承保标的往往是成片的农田、林地或规模集约程度较高的养殖场，危险单位的划分十分复杂且实际操作困难。因此，在实务操作中，农业保险比例再保险安排广泛采用成数再保险的形式来进行。

一、再保险条款

比例再保险合约所涉及的基本承保事项，会通过再保险条款进行规范，包括再保险安排的方法、成数分出比例、分保业务的种类、分保业务的地区范围等内容。早期的再保险条款一般会详细对以上信息进行规范，但随着保险市场的不断发展，农业保险直保端保险产品的多样性日益增强，不同类型业务的风险差异化也十分明显。因此，在进行成数再保险安排时，往往需要对不同风险的业务采取差异化的安排，如在合约中设置相应的章节（Section）对风险加以区分。在这种情形之下，利用简要的语句来对基本的承保事项进行说明就十分困难了，因为各类业务的分出比例、业务种类和业务地区范围等都会有所区别。在这种背景下，近年来，在实务操作中对再保险条款的文本进行简化，仅对再保险分出人和再保险接受人基本的权利和义务进行规定，而具体的再保险安排则在合约的风险明细（Risk Details）或分保条（Slip）中进行详细描述，条款示例如下：

"The reinsured agrees to cede and the reinsurers agree to accept by way of reinsurance a share of business, whether direct or as coinsurance underwritten by the Reinsured, as set out in the risk details attached to and forming part of this agreement (hereinafter referred to as 'the risk details') on risks situated in the People's Republic of China."

正如示例文本中所提到的，再保险安排方式、承保范围、地区范围、分出比例等具体内容均在风险明细或分保明细中进行说明。

二、再保险保费条款

农业保险比例再保险保费条款一般与再保险手续费条款并列。如前所述，农业保险比例再保险的分出方式一般选择成数再保险，这种分出方式的保费计算非常简单，即毛净原始保费（Gross Net Original Premium）乘以分出比例即可。由于目前中国农业保险是免税险种，在一般情况下，毛净原始保费等于原始毛保费减去注销与退保保费。保费的费率和货币币制与原保单保持一致。条款示例如下：

"The premium payable to the reinsurers under this agreement shall be a proportionate share of the original gross premiums accounted by the reinsured in respect of the business covered hereunder, less only the reinsurers' proportion of any cancellations or returns of premium. The rates of premium payable to the reinsurer shall be the same as per original policy."

三、再保险手续费条款

再保险手续费又称为再保险分保佣金，可以视为再保险接受人自再保险分出人获取业务的一种"价格象征"。再保险手续费是再保人分担分出公司业务拓展及经营管理费用的一种形式，或者说是再保险接受人向分出公司支付的一种"劳务费用"。在实际操作中，手续费的支付比例没有固定的数字，而是双方基于互惠互利的原则，根据业务的风险实际情况"议价"确定的。农业保险比例再保险常用的手续费形式包括固定手续费、滑动手续费和纯益手续费三种。

（一）固定手续费条款（Fixed Commission Clause）

固定手续费是最为基础的手续费形式之一，即按照毛净原始保费的一定比例由再保险分入公司向再保险分出公司进行摊回。在实务操作中，固定手续费条款常常与保费条款合并。条款示例如下：

"The reinsurer shall pay to the reinsured a commission at the rates of _____% on the reinsurance premiums ceded to the reinsurer."

（二）滑动手续费条款（Sliding Commission Clause）

滑动手续费又称为梯次佣金、超额累计佣金等，即规定一个最低的手续费率和一个最高的手续费率，并给出两者所对应的赔付率，在两个手续费率之间，手续费率随赔付率的升高而降低，是一种促进再保险分出人加强经营风险管理的手段。

一般滑动手续费条款包含以下四个内容：

（1）最高手续费率及其对应的最低赔付率阈值

当赔付率小于或等于此阈值时，再保险分入公司均按最高手续费率水平向再保险分出公司支付手续费。

（2）最低手续费率及其对应的最高赔付率阈值

当赔付率大于或等于此阈值时，再保险分入公司均按最低手续费率水平向再保险分出公司支付手续费。

（3）赔付率的计算方法

赔付率的一般定义为已发生赔款/已确定保费，但由于统计口径的不同，赔付率的计算结果也有一定的差异。

（4）预付手续费率及调整方式

再保险分入公司先按某一手续费率向再保险分出公司支付，双方约定在某一日期按照实际赔付率的结果对手续费率进行重新调整。

例如，赔付率≥70%，对应手续费率 25%；赔付率≤50%，对应手续费率 35%；赔付率为 50%～70%，赔付率每增加 1%则手续费减少 0.5%，条款示例如下：

"Sliding scale commission 25% to 35%(including tax, if applicable) with loss ratio 70% to 50%, as per appendix.

Within the above range, every 1% drop in loss ratio corresponds to 0.50% increase in commission.

Provisional commission 35% including tax, if applicable.

Commission is to be provisionally adjusted at the end of the second years of each underwriting year, and finally adjusted at the natural expiry of each underwriting year unless otherwise mutually agreed.

The loss ratio shall be calculated as follows:

$$Loss\ Ratio = \frac{Paid\ Loss + Outstanding\ Loss}{Gross\ Premium\ of\ the\ Treaty} \times 100\% ."$$

（三）纯益手续费条款（Profit Commission Clause）

纯益手续费是再保险手续费中一种特殊的形态。纯益手续费一般由两部分组成：固定手续费和承保利润比例。其核心意义是再保险分入公司将承保利润的一部分退还给再保险分出公司，一方面鼓励其谨慎核保控制风险，另一方面是对分出公司努力获得利润的回报。纯益手续费条款需要规定合同利润或纯益的计算方式，以及哪些因素属于收入项（如保费、滚转计算方式下的历史盈余等），哪些因素属于支出项（如手续费、赔款、再保险分入公司要求的管理费用等）。

纯益手续费的计算方法一般有三种。

（1）一年基准法：这种方式按每一个年度计算合同利润，并依据此利润计算纯益手续费。但由于农业比例再保险合约的承保利润年际波动较大，这种方法会导致一个多年平均亏损合约在某一年度支付大额分保手续费的不合理情况，故在实际操作中一般很少采用。

（2）数年平均法：这种方法是将当年的合同利润与过去数年的合同净利润予以平均，按此平均利润计算纯益手续费，是一种常见的计算方式。农业保险比例再保险实务中，平均年数一般根据合约风险情况、历史经营结果、合约的长期稳定性和再保险交易双方的预期等因素综合考虑确定，目前市场上常采用 3 年平均或 5 年平均的计算方法。

（3）亏损转移法：这种方法是将任一年度的亏损继续转入次一年度以计算纯益，一直到该项亏损全部消失为止。倘若次一年度亏损增加，则全部的亏损继续转入下一年度。可约定累计滚转年限，也可不约定具体年限直至无亏损为止。

以滚转 5 年为例，条款示例如下：

"The Reinsurers shall allow the reinsured a profit commission on the combined results of all classes of business ceded hereunder at the rate of ___% on the actual net profit to the reinsurers for each underwriting year. Such profit commission shall be calculated on the dates specified in the risk details for each underwriting year, in accordance with the following formula.

Income:

1) Losses outstanding from the previous profit commission statement for the underwriting year under consideration;

2) Gross Premiums for the current year;

3) Premium Reserve, if any, brought forward from the previous profit commission statement for the underwriting year under consideration.

Outgo:

1) The total deductions specified in the risk details;

2) Losses and loss expenses paid during the current year on business falling within the underwriting year under consideration;

3) Losses outstanding at the end of the current year for the underwriting year under consideration;

4) Premium reserve, if any, at the end of the current year;

5) Reinsurers' management expenses calculated at the percentage specified in the risk details.

The excess of income over outgo, calculated as above, represents the net profit upon which the profit commission shall be paid.

Should the transactions of any underwriting year result in a loss for any profit sharing period, the total amount of such loss shall appear as a further item of outgo in the profit sharing account of the ensuing year of years until such loss is carried forward for the subsequent five years by subsequent profit.

In the event of this agreement being terminated in accordance with the special cancellation provisions of attachment and termination clause, no further profit commission shall be payable until all liablity hereunder has been determined.

It shall be noted that the first profit commission statement shall be calculated twenty-four months after inception of the respective underwriting year and shall be annually adjusted thereafter until all liabilities under the underwriting year under consideration have been extinguished and deficits under any of the preceding profit commission calculations have been finally established."

四、赔款条款

（一）赔款的确定（Claim Settlement）

理赔条款规定了再保险分出公司与分入公司之间进行赔款摊赔的过程以及摊赔范围。一般情况下，农业保险比例再保险合同规定，分出公司对于赔款具有全权处理的权利，包括全部赔付、部分赔付以及拒绝赔付等。再保险分出人有权自主决定所有索赔或赔款的理算以及偿付，接受人同意按分出人决定办理。分出人做出的理算、偿付和（或）通融赔付行为对再保险人具有约束力。同样，再保险分出人有权自主决定开始、继续、抗辩、和解、了解或撤回诉讼，并且有权做出一切其认为有利于或应该做出的与索赔或赔款有关的行为。再保险接受人应按比例分担由此产生的所有款项和费用（不包括再保险分出人职员的办公费用和工资）；同时，再保险接受人还应按其权益比例分享再保险分出人因赔款收回的所有款项。

条款示例如下：

"All settlements, compromises and expenses, in consequence of losses on business ceded under this agreement will be under the sole management and discretion of the reinsured which will be at liberty to commence, defend, settle or withdraw from legal actions, suits and prosecutions and adopt any other means in connection with the adjustment of claims as it is beneficial and/or expedient to the reinsured and reinsurers."

（二）重大损失通知（Claim and Loss Reporting）

当出现超过双方约定金额的重大损失时，再保险分出公司应当按此条款的约定向再保险分入公司发送重大损失通知。这是再保险分出公司告知与说明义务的具体体现。条款示例如下：

"It is a condition precedent to the reinsurer's liability that the reinsured shall give immediate written notice of any claim or loss where its estimated amount exceeds or may possibly exceed 10,000,000 CNY.

Notice shall include information about facts, claim or loss assessment and estimated amount of loss. After such notice the reinsured shall keep the reinsurer informed about the development of any such claim or loss."

（三）现金摊赔条款（Cash Loss Clause）

再保险交易双方可事先约定一个损失金额，当出现超过这个约定损失金额的重大损失时，再保险分出公司有权立即从再保险分入公司处获得现金援助，而无须等待正常期限的账款收付。同时，条款也规定再保险分出人在使用现金摊赔条款时应当提供相关的损失报告进行说明。条款示例如下：

"Whenever the amount of the actual or anticipated insurance compensation exceeds the figure set out in the risk details, the reinsured may ask the reinsurer for payment of reinsurance compensation within ten working days after receipt of such request.

However, it is a condition precedent to the reinsurer's duty to pay within such time limit, that the reinsured (I) has paid or is about to pay the insured the relevant insurance loss; and (II) has provided the reinsurer with all related facts, claim or loss assessment and adjusting reports."

五、账务条款

在再保险实务当中，账务结算是最为繁重的工作之一，同时也是再保险交易的归结，深受再保险交易双方的关注和重视。再保险合同中的账务条款规定了分保账单编送的周期、再保险分入人对账单的复证时效，以及账单经确认后的结算日期、结算币种等。

（一）账单的编制、确认和结算条款

在农业保险比例再保险相关实务中，分保账单的编送通常按季度来进行。在较为特殊的情况下，特别是对于临时分保，也会出现按月、按半年或按年办理的情况。以季度账单为例，在账务条款中一般要明确规定分出公司需要在季度结束后多少日之内完成季度账单的编送。在再保险分出公司编制完成账单后，再保险接受人要对账单进行复证，再保险接受人完成复证后需要对账单进行签署并寄回。账务条款一般会规定一个复证的时限，逾期未反馈复证结果则认为确认账单。在确认账单后，需要由账务条款规定一个时限（一般为 30 天），账单欠方需要在此时限内向收方进行结算。账单的编制和计算按合同规定的货币办理，若需要转换为其他币制，则按照汇率条款中的约定汇率进行折算。以农业保险比例再保险常用的季度账单为例，条款示例如下：

"The reinsured shall provide the reinsurer with an account by the dates within 45 days from close of each calendar quarter falling within the reinsurance period. Unless otherwise stated hereunder, the reinsured shall be responsible for all taxes and all other commissions, duties, levies and charges imposed upon the reinsured in relation to any policy or its business generally. The reinsurance premium, commission and limit amounts as set out in this agreement are stated on a net basis free of all such taxes and charges.

Each account shall include such reinsurance premiums, reinsurance compensations, commissions and other items as appropriate.

Each account provided by the reinsured pursuant to this article shall be rendered in the original currency and broken down by line of business. amounts paid in a currency other than the original currency shall be converted at the official rate of exchange on the day of the respective payment. The official rate of exchange applied shall be stated in the account. The reinsurer shall confirm the account or object to it within 15 days. If the reinsurer objects to the account, the reinsured shall provide the reinsurer with an adjusted account. Any balance due under the account shall be paid within 90 days after the confirmation. Any balance paid by the reinsurer shall be deemed as confirmation of the respective account."

（二）报表条款（Bordereau Clause）

此处的报表实际是指业务明细表，业务明细表是再保险人对业务进行查对的重要记录。业务明细表的编制是再保险分出人告知与通知义务的具体体现。再保险明细表有业务明细表与损失明细表两大类。业务明细表可分为初步业务明细表（Preliminary or Provisional Bord.①）、确定业务明细表（Definite or Final Bord.）和业务变动明细表（Alteration Bord.）。损失明细表又可分为初步明细表（Preliminary Claims Bord.）以及确定赔款明细表（Definite Claims Bord.）。

由于明细表的编制需要花费大量的人力、物力，且涉及前端商业机密，因此目前在实务中仅向首席再保人进行编送，编送周期与账单保持一致。条款示例如下：

"A claims and underwriting bordereau shall be provided by the reinsured to the leading reinsurer within 45 days of the end of each calendar quarter falling within the reinsurance period. The bordereau shall include the following information:

1）Policies written during the calendar quarter(including details of gross written premium, expenses, commissions and taxes thereon);

2）Insurance compensation amounts that have been paid or have become payable during the calendar quarter on policies including those details about facts, claim or loss assessment and estimated amount of loss;

3）Details of outstanding losses."

六、起期与止期条款

这一条款规定了合约的起始日期、终止日期以及相应的终止方式。对于农业保险比例再保险而言，再保险合约的有效期通常为1年，按照我国农业生产的特点，常见的合同起期为1月1日、4月1日和6月1日等。合约的终止方式包括期满终止、通知终止和特殊终止。农业保险比例再保险由于使用自然期满（Run-off）的结清方式，因此一般采用期满终止的方式进行合约终止，但在条款中仍然应当就通知终止和特殊终止做出相应的规定。

---

① Bord.为Bordereau（报表）的简写，下同。

（一）合约起期与止期的条款

合约起期与止期的条款示例如下：

"This contract shall apply to losses occurring on risks attaching during the period specified under the period heading herein.

Date of inception: January 1st, 2018 inclusive local standard time.

Date of termination: December 31th, 2018 inclusive local standard time."

（二）特殊终止条款

特殊终止条款应用于一些由于特殊因素所造成的，合约双方无法正常履行的情况，如一方破产、一方内部重大变更造成无法结付、战争等。条款示例如下：

"Reinsurers shall have the right to cancel this contract immediately by giving the other party notice in any of the following events:

1) If the performance of the whole or any part of this contract be prohibited or rendered impossible de jure or de facto in particular and without prejudice to the generality of the preceding words in consequence of any law or regulation which is or shall be in force in any country or territory or if any law or regulation shall prevent directly or indirectly the remittance of any, or all, or any part of the balance of payments due to or from either party;

2) If the other party has become insolvent or unable to pay its debts or has lost the whole any part of its paid up capital;

3) If there is any material change in the ownership or control of the other party;

4) In the event of war arising between the People's Republic of China and the reinsurer's country of domicile the liability of the reinsurer's under this contract shall cease as from the date of the outbreak of war;

5) If the other party shall have failed seriously to comply with any of the terms and conditions of this Contract.

All notices of cancellation served in accordance with any of the provisions of this paragraph shall be in writing and shall be addressed to the party concerned at its head office or at any other address previously designated by that party."

（三）临时终止条款

在早期财产再保险实务操作中，为保证再保合约的长期性和稳定性，很多情况下合约仅规定起始日期，而不规定终止日期，这表明合约长期有效；但为了保持双方合约签订的弹性，可通过临时终止（Provisional Notice of Cancellation）来调整。当双方均提出终止通知，合约即为终止。由于农业保险比例再保险广泛采用 1 年合约有效期，因此临时终止条款的使用机会较小，并逐渐在合同实务中淡化，但一些完整的合同仍会对此条进行保留，且临时终止须在合同规定的止期前一段时间（一般为 3 个月）提出。条款示例如下：

"This contract will remain in force for subsequent underwriting years until such time as one party gives to the other party 3 months prior notice of cancellation, such notice to be in writing and to expire on 30th September in any year."

第三节　农业保险超赔再保险合同主要条款的应用

超赔再保险是以损失为基础来确定再保险当事人双方的责任，按照衡量损失的基准不同，分为事故超赔再保险、险位超赔再保险和累积损失超赔再保险（含赔付率超赔再保险）三大类。结合农业生产实际，农业超赔再保险以赔付率超赔再保险和事故超赔再保险两种方式为主。

超赔再保险合同的一般性条款和内容，如业务范围和地区范围、除外责任、检查、错误和遗漏、仲裁等，在第一节中已有介绍。本节主要就赔付率超赔再保险、事故超赔再保险合同中比较重要和特有的条款加以说明。

一、起期与止期条款

按照衡量损失的标准不同，起期与止期条款分为两类。

（一）保单责任制

按照一定期限内所承保的保单的最终赔付率为衡量损失的基准；起止期限需要覆盖再保险合同涉及业务保单的全部起保时间，即再保险合同所要保障的所有业务的起保时间需要在合同起期和止期内。一般情况下，该期限以一整年为单位；对于部分承保时间季节性明显的业务，也可按照实际情况设置为数月。

条款示例如下：

"Risks attaching during 12 months from June 1, 2017 to May 31, 2018 both days inclusive, local standard time, subject to the terms and conditions of the duration and termination clause as detailed under the conditions heading herein."

（二）损失发生制

按照一定期限内所发生的指定类型事故的损失额作为衡量损失的基准；起止期限需要覆盖再保险合同保障的事故发生的时间段，通常期限为一整年，但起期时间可根据各合约建立的时间不同而有所差异。

条款示例如下：

"Losses occurring during 12 months from May 1, 2018 to April 30, 2019 both days inclusive, local standard time, subject to the terms and conditions of the special cancellation clause as detailed under the general conditions heading herein."

二、超赔再保险条款

该条款明确了分入公司所要承担的损失风险区间。损失风险区间在合同中由对应的损失和起赔点条款专门明确；损失区间可用指定的损失金额（如事故损失超赔再保险）表达，也可用指定的赔付率（赔付率超赔再保险）表达。对于赔付率表达的超赔合同，由于其所覆盖风险与计算赔付率时作为分母的总净自留保费的大小有直接关系，通常针对预计的总净自留保费设置一定的保费调整因子（Buffer）来对分入公司所承担的损失总量进行界定。

【案例分析 2-1】

某再保险合同中，分出公司总净自留保费 100 万元，超赔再保险保障赔付率超过 100% 之后 50% 的损失风险，Buffer 为 20%。则分入公司所要承担的风险为起赔点最低 80 万元 $[100×（1-20\%）×100\%]$，赔偿限额不超过 60 万元 $[100×（1+20\%）×50\%]$。

条款示例如下：

"The reinsurers agree to indemnify the reinsured for that part of the reinsured's ultimate net losses which exceed the percentage of Gross Net Retained Premium Income (GNRPI) or monetary amount whichever the greater, specified under limit & excess in the risk details attached hereto, up to and including the percentage of GNRPI or monetary amount, whichever the lesser specified under limit & excess in the risk details attached hereto.
Ultimate net losses are as defined under the ultimate net loss article herein. Gross net retained premium income is as defined under the premium article herein."

三、最终净损失条款

超赔再保险是以赔款金额为基础的再保险方式。最终净损失条款的设立是为了明确原保险标的损失发生后，作为超赔再保险合同项下分出公司与分入公司分摊责任对象的赔款，应该是分出公司在此合同项下分摊赔款前承担的最后净损失，即最后净赔款。其为分出公司在此合同项下分摊赔款前的其他再保险赔案的理赔工作已经全部结束时，分出公司对于本超赔再保险合同项下的损失事故所应承担的赔款和相关费用的总额。只有分出公司所承担的最后净赔款超过合同规定的分出公司的自负责任额时，分入公司才对超过的部分承担赔偿责任。

对于不同的超赔再保险形式，最终净损失有不同含义。对于事故超赔再保险，它是按事故超赔再保险合同项下的各次事故分别计算的最终净损失；对于赔付率超赔再保险，它是按赔付率超赔再保险合同保障期限内全部赔款计算的最终净损失。但无论是哪一种超赔再保险合同项下的最终净损失，都等于分出公司的赔款总额加上处理赔款有关的法律费用和其他外部直接费用，减去足以减少分出公司赔款的各种收入，如残值、追偿款项，以及此前从其他再保险摊回的赔款。

公式如下：

最终净损失=赔款总额+法律费用+其他外部直接费用（如外聘专家费用、公估费等，但分出公司职员的日常办公和工资等内部费用除外）－残值－追偿－从其他分入公司摊回的赔款。

【案例分析 2-2】

某公司种植险 2017 年度再保方案如下：首先安排 50%成数合约，然后对剩下全部自留部分安排保障结构为 50% XS 100%的赔付率超赔合约；最终该公司种植险实收保费 200 万元，总赔款 180 万元，外聘专家查勘费 30 万元，固定损标准异议产生诉讼费用 5 万元，公司理赔部门人员参与查勘理赔支出 10 万元。则赔付率超赔合约项下最终净损失应为：180+30+5－（180+30+5）×50%=107.5（万元）。对应超赔合约项下赔付率 107.5%，超过起赔点赔付率 100%，分入公司应摊赔 7.5 万元。

【案例分析 2-3】

某公司 2017 年度森林火灾事故超赔再保险，总保费 100 万元，保障结构为火灾事故 200 万元 XS 200 万元。合约期限内发生一次重大火灾，直接赔款 300 万元，聘请第三方公估公司查勘定损费用 50 万元，保险公司火灾抢救费用 50 万元，则该合约项下最终净损失为：300+50+50=400（万元），超过起赔点，再保赔付 200 万元。

最终净损失的确定，通常需要相当长的时间，分出公司可以就初步确定的超过起赔点的赔款，要求分入公司先行支付，待最终净损失确定以后再行调整。

条款示例如下：

"The term 'ultimate net loss' shall mean the actual loss or losses paid by the reinsured under its policies, such loss or losses to include expenses of litigation and legal costs, if any, and all other loss expenses of the reinsured (excluding, however, salaries of the reinsured's officials or any normal overhead charges, such as rent, postal, lighting, cleaning, heating, etc.) less deductions for all recoveries (including amounts recoverable under other reinsurance) and salvages actually made by the reinsured. However, nothing in this clause shall be construed to mean that losses under this contract are not recoverable until the reinsured's ultimate net loss has been ascertained. Where the reinsured has incurred legal costs arising from contesting an original claim, which if it had been settled would have, in the opinion of the reinsured, resulted in a recovery hereunder, such legal costs may be recovered hereunder in the absence of any recovery arising from the original loss.

All salvages, recoveries and payments recovered or received subsequent to a loss settlement under this contract shall be applied as if recovered or received prior to the said settlement and all necessary adjustments shall be made by the parties hereto.

Notwithstanding the above, recoveries under underlying and/or lateral specific excess of loss reinsurances are for the sole benefit of the reinsured and shall not be taken into account in computing the ultimate net loss or losses in excess of which this contract attaches, nor in any way prejudice the reinsured's right of recovery hereunder."

四、净自留成分条款

超赔再保险合同的责任包括分出公司的自负责任和分入公司的分保责任两部分。在超赔再保险合同项下由分入公司承担的赔款,必须是超赔再保险合同实际启动前(利用超赔再保险合同条件划分分出公司和分入公司的实际赔款责任前)分出公司所承担的最终净赔款超过分出公司自负责任额的部分。分出公司的自负责任额是划分分出公司和分入公司赔款责任的界限。在分出公司的自负责任额已经由超赔再保险合同确定下来的条件下,超赔再保险合同实际启动前分出公司所承担的最终净赔款的确定,是划分分出公司与分入公司涉及赔款责任的前提。净自留成分条款就是用来规定分出公司的最终净赔款究竟是何种层次合同的净赔款;其含义就是分出公司的最终净赔款应是其净自留成分内的净赔款。净自留成分是超赔再保险合同实际启动前分出公司的自负责任。

【案例分析 2-4】

某公司某年度承保的蔬菜大棚保险业务,总保额 1000 万元,总保费 50 万元,最终净赔款 80 万元。假定该公司购买了超赔再保险合同,保障结构为 50% XS 100% 的赔付率超赔合同;如果该再保合同启动前,无其他再保合同存在,则超赔合同项下赔款为 25 万元。

如果在该超赔再保险合同前,该公司安排了 40% 的成数分出,则超赔再保险合同项下净自留成分为全部责任的 60%,即对应赔款 15 万元;即使成数合同没有完全排分,超赔再保险合同项下净自留成分仍为全部责任的 60%。

如果在该超赔再保险合同外,该公司还购买了低层赔付率超赔再保险合同,保障结构为 30% XS 70%,而且该层保障结构只购买(或排分)50% 份额;那么在计算上层超赔合同的责任时,依然不考虑由于低层超赔合同未 100% 排分致使该公司的自留责任增加部分,即上层赔款仍为 25 万元。

条款示例如下：

"Except as otherwise provided in the ultimate net loss clause, this contract applies only to that portion of any insurance or reinsurance which the reinsured retains net for its own account. In calculating the amount of any loss hereunder and also in computing the amount in excess of which this contract attaches, only loss or losses in respect of that portion of any insurance or reinsurance which the reinsured retains net for its own account shall be included.

The amount of the reinsurers' liability hereunder in respect of any loss or losses shall not be increased by reason of the inability of the reinsured to collect from any insurer or reinsurer (whether specific or general) any amounts which may have become due from them, whether such inability arises from the insolvency of such other reinsurers or otherwise."

五、保费条款

超赔再保险合同中的再保险保费条款较为特别，原则上由独立的再保险费率与合约保障范围内的保险费收入共同决定。即按照如下公式：

再保费=保障范围内的保险费收入×再保险费率。

其中，保障范围内的保险费收入通常按照总净保费收入（GNPI）计算，即合约期限内分出公司承保的毛保费扣除注销和退还的保费，再扣除前置再保险的再保费后余下的保费收入。

再保险费率作为超赔再保险合约的重要价格条件，代表着分入公司参与超赔再保险合约所承担风险的成本。再保险费率通常为固定值；在部分合约中也以浮动值体现，主要针对合约是否触发，设置高低不等的再保险费率，其目的在于激励分出公司在实际经营中良好把控合约业务风险。

在合约开始后，分入公司即开始承担约定风险，并可能需要支付经纪费或转移巨灾风险的成本等；因此分出公司须先行支付预付保费，并约定最低保费（实务中，两者经常合并为一项，即最低预付保费）。由于总净保费收入须在合约结束之后方能确定，因此最低预付保费往往按照分出公司预计的总净保费收入与再保险费率计算出的再保险保费的一定比例支付，一般比例为70%~80%。

当合约结束后，根据总净保费收入和再保险费率计算并调整合约实际再保险保费；当实际再保险保费高于最低预付保费时，分出公司需要补足差额；当实际再保险保费低于最低预付保费时，分入公司无须退还差额。

【案例分析 2-5】

某超赔再保险合同，合约签订时，分出公司预计总净保费收入 1 000 万元，再保险费率为 5%，最低预付保费为 40 万元。

如果合约到期后，最终总净保费收入为 1 200 万元，则分出公司需要支付给分入公司差额 20 万元（1 200×5%-40）。

如果合约到期后，最终总净保费收入为 700 万元，则对应再保险费为 35 万元，低于最低预付保费 40 万元，分入公司无须退回差额。

条款示例如下：

"The reinsured shall pay to the reinsurers a deposit premium of the amount as specified in the placement slip under premium, payable as specified in the placement slip under premium.

As soon as possible following the expiry of this contract the deposit premium shall be adjusted by applying the rate as specified in the placement slip under premium to the reinsured's Gross Net Premium Income (GNPI) as defined hereunder, subject however to the minimum premium specified in the placement slip under premium. The amount of any adjustment due between the parties shall thereupon become payable forthwith.

The term 'Gross Net Premium Income' (GNPI) shall mean the original gross net premium income of the reinsured on business protected hereunder, less only returned premiums and cancellations and premiums paid for reinsurances, recoveries under which inure to the benefit of the reinsurers hereunder."

六、损失通知条款

对于超赔再保险合同而言，只有在合约项下业务损失金额达到约定起赔点时，分入公司才负担对应的损失，而分出公司才向分入公司提出摊回；同时一旦合约触发，分入公司需要支付的赔款数额往往较大。

基于分入公司对业务知情权、参与理赔协助和提前做好赔付准备的需要，分出公司应在合约损失超过起赔点或者受某次重大灾害影响合约损失预计将超过起赔点时，及时将相关情况告知分入公司；告知情况通常包括灾害发生情况、预计损失情况、合约项下总净保费收入情况。例如，2016 年 7 月，某种植险超赔再保险合同受连续强降雨引发的洪涝灾害影响，极大可能触发再保赔付。分出公司在了解情况后第一时间告知分入公司，并提供洪涝灾害发生的具体区域和程度、合约项下标的的损失情况、合约项下承保保费情况等；分入公司派出代表协助分出公司参与灾情现场查勘，有效推动了合约赔款的摊回。

条款示例如下：

"The reinsured shall advise the reinsurers as soon as possible of any circumstances likely to give rise to a claim hereunder together with an estimate of the likely cost to reinsurers and will keep the reinsurers informed of all subsequent developments."

【本章小结】

再保险合同约定了再保险关系双方的权利和义务。合同的订立要经过要约与承诺两个步骤；再保险合同一般由合同文本、分保条及附约组成，它们都是再保险活动中具有法律约束力的文件。合同的主要条款都应包括在合同文本中，分保条是合同文本的细化或补充，附约是对文本或摘要表的修改变更或注销。

再保险合同文本主要条款按照内容分为一般性条款、承保性条款、理赔性条款和账务性条款。一般性条款包括共命运条款、错误和遗漏条款、仲裁条款、检查条款、保密条款、变更条款、连带责任条款、最大诚信条款和中间人条款；承保性条款包括再保条款、除外责任条款、起期与止期条款、最终净损失条款、损失事故定义条款和承保政策条款；理赔性条款包括赔款条款、损失通知和现金摊赔条款、赔案通知条款、理赔协作条款、损失分摊条款；账务性条款包括账务条款、报表条款、保费条款、分保手续费条款、利润手续费条款、货币条款、担保条款、对冲条款。

农业保险比例再保险广泛采用成数再保险的形式，其合同文本中需要对再保险的主要方式、保费范围、分保手续费条件及计算方式、赔款的处置和摊回、账单的编制和结付、合约起止期限及未到期责任计算等内容进行明确的表述；相应主要条款包括再保险条款、保费条款、手续费条款、赔款条款、账务条款和起期与止期条款。

农业保险超赔再保险是以损失为基础来确定合同双方责任划分的，实际应用中以赔付率超赔再保险和事故超赔再保险两种形式为主；在合同文本中需要明确合约的起止期限、损失计算基础、再保合约责任划分和损失赔款计算范围、分保手续费条件和损失触发通知等内容，主要条款包括起期与止期条款、再保险条款、最终净损失条款、净自留成分条款、保费条款和损失通知条款。

【重要概念】

再保险合同　权利与义务　分保条　附约　共命运　检查　最大诚信　仲裁　对冲分保手续费　滑动手续费　纯益手续费　账单　报表　结清方式　事故超赔再保险赔付率超赔再保险　最终净损失　净自留成分

【思考与练习】

1. 简述再保险合同的性质及其与原保险合同的区别。
2. 简述再保险合同双方的权利和义务。
3. 再保险合同中的哪些条款是最大诚信原则的具体体现？
4. 再保险合同中的哪些条款是保险补偿原则的具体体现？
5. 农业保险比例再保险合同中的手续费有哪几种形式？其主要应用的场景是什么？
6. 农业保险比例再保险常用的账务条款的主要内容包含哪些？

7. 农业再保险中常用的结清方式是什么？对再保险合同实务中的条款带来何种影响？

8. 农业保险超赔再保险合同事故发生制和保单责任制在损失理赔上有什么区别？

9. 简述农业保险比例再保险和超赔再保险在索赔上的异同。

【主要参考文献】

[1] 戴凤举. 现代再保险理论与实务[M]. 北京：中国商业出版社，2003：83-141.

[2] 戴凤举. 再保险合同实务[M]. 北京：中国商业出版社，1999：14-30，119-145.

[3] 胡炳志，陈之楚. 再保险（第二版）[M]. 北京：中国金融出版社，2007：29-55.

[4] 赵苑达. 再保险学[M]. 北京：中国金融出版社，2003：17-31，73-79，94-99.

[5] 郑镇梁，丁文城. 再保险实务[M]. 台北：五南图书出版股份有限公司，2005：215-351.

第三章　农业保险再保险的分出分入业务

【学习目标】

　　了解农业保险分出业务与分入业务的基本概念、经营主体；了解分出农险业务的整体规划、分出目标和分出策略；了解分入业务的特点、整体规划和承保步骤；了解农业再保险的创新模式。

【知识结构图】

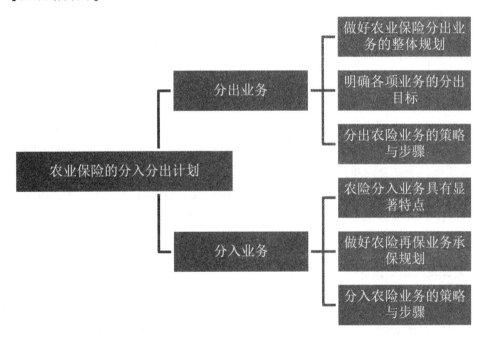

第一节　农业再保险的分出业务

一、制订分出业务的整体规划

对于保险公司来说，农业再保险在防范巨灾风险、扩大承保能力、改善偿付能力、共享技术优势等方面有较为显著的作用。保险公司将超过自己承受意愿或能力的风险责任分散出去，不仅有利于自身整体风险管理与业务经营，也进一步为广大农户提供了更加完善的承保能力与服务资源。直保公司安排农险再保时须考虑以下事宜。

（一）做好再保险战略管理

农业保险再保险战略应从转移重大风险、扩大承保能力、稳定公司经营、提升业务技术水平等方面予以制订。一方面，应从发展战略层面明确再保险在公司经营中的地位，充分发挥再保险在资本融通、风险管理和技术创新方面的作用，使得公司业务结构得以优化，风险得以分散，为实现公司稳健经营和可持续发展提供强有力的技术保障。另一方面，根据自身业务发展规划和风险管控的需要，科学合理地设定再保险管理的总体目标、制订公司再保险计划、再保险安排方式和再保险管控的关键点，科学安排公司内部再保险管理的分工，明确设定再保险内部管理流程和相应权限。此外，还应加强农业巨灾风险的识别管理原则和方法，结合地区、标的类型、气候条件等因素，制订相关管理原则与制度。

（二）做好再保险运营管理

保险公司应配备专门人员负责农业再保险的安排与管理。建立包括再保险接受人选择原则、再保方案设计、自留责任管理和应急预案在内的业务安全机制；建立再保险日常管理制度，确保日常事务的有序、有效和及时开展；开发适合自身业务特点的（农业）再保险业务 IT 系统，包括合约和临时分保系统、分出和分入系统等，并根据实际运行情况进行动态完善；建立应收账款管理机制，加强对应收账款的管理，定期与再保险接受人和分出人核实再保险业务的应收款项，严格控制应收账款的规模、期限，避免应收款项形成坏账并造成损失，导致公司资金成本和管理成本增加，甚至引起公司偿付能力的下降；按照全面性和规范性原则建立档案管理制度，对合约文本、账单、赔案资料、往来传真扫描件、邮件等资料进行记录和管理；加强再保险业务的数据管理和存档，特别是保费、已决赔款、巨灾损失、合同修改或变动情况等数据；建立顺畅高效的内部信息沟通机制；重视精算在再保险风险管控中的重要作用，明确精算责任，向精算人员提供必要的再保险相关信息及资料，充分发挥精算技术在准备金评估、产品定价、风险累积管控、重大保险风险测试和再保险风险评估中的作用。

（三）做好再保险资信管理

保险公司应建立较为完备的再保险资信管理系统，管理对象包括再保险接受人及相关经纪人。一方面，保险公司应对再保险接受人和再保险经纪人的资信进行专业化管理与监控，建立再保险接受人和经纪人信息库，并进行动态更新、跟踪和管理，有效控制再保人的信用风险可能给公司造成的损失。另一方面，保险公司应根据接受人、经纪人的基本情况、发展沿革、技术背景以及双方历史合作情况等，对再保接受人的风险偏好进行管理和研判，从而有针对性地为不同类型业务寻求合适的再保险接受市场和分出渠道，提高分保安排的效率与效果。

具体来看，对再保人的资信评估可参考以下指标：一是监管指标，如偿付能力水平、重大风险事件防御能力；二是市场指标，如业务规模、市场参与度、合约结构和报价稳定性等；三是信誉指标，如国际公认的信用机构评级、诚信及专业水准、长期合作关系等。

（四）做好再保险业务评估

保险公司应建立再保险安排的评估与回溯机制，定期对再保险安排进行全面评估，结合自身业务与行业损失情况，对分出安排的效果进行情景假设与回溯分析，及时发现并解决以往年度遇到的问题，为提高今后再保险安排及管理的科学性、合理性和规范性打好基础，真正发挥再保险在公司风险管理中的作用。

二、明确各项业务的分出目标

再保险具有转移业务风险、扩大承保能力、改善偿付能力等作用。农业保险自身的风险特性，以及在支持农业发展等方面日益重要的政策工具角色，决定了农业保险对再保险分出的需求更大、要求更严。分出人可利用再保险共担巨灾风险、共享技术成果、提高业务能力和服务水平。分出公司对农险业务再保险安排一般要达到以下目标。

（一）防范巨灾风险，减少业务波动

农业风险具有系统性特征，体现为在广泛的区域内、不同的险种间，都可能在一段时间内同时遭受不利的天气条件导致的损失，如洪涝、干旱等大范围灾害，一旦发生则涉及数个省区。根据外国学者的测算，经营农业保险的公司所面临的系统性风险是一般保险公司的10倍左右。因此，农险业务尤其需要通过再保险的方式降低自留风险规模，平抑经营波动，防范大灾风险。

（二）改善偿付能力，释放资金压力

中国第二代偿付能力监管制度体系（简称"偿二代"）已经实施，该体系是以风险为导向的偿付能力管理体系，取代了以规模为导向的"偿一代"，首次提出了对巨灾风险的最低资本要求。"偿二代"要求产险公司应对车险、财产险和农险三类业务计提巨灾最低资本，业务风险越大，对资本金的占有量的要求越高。农业保险标的多暴露于野外，极易因天灾人祸发生集中连片的损失，故而对资本金的要求更高。根据相关研究，"偿二代"对几家专业农险公司的最低资本金要求均大幅提高。在此背景下，再保险尤其是成数再保险可以通过减少自留业务所需资本的方式，使保险公司在自有资本不变的情况下提高偿付能力

【知识链接 3-1】通过再保险改善偿付能力有哪些优势？

再保险尤其是成数分保可以通过减少所需资本的方式，使保险公司在自有资本不变的情况下提高偿付能力。再保方式具有以下优势：一是再保险的安排可以在几天之内完成，这是其他资本补充方法不可比拟的。尤其在季度末、年末等财务节点时尤为有用。二是再保险是双方达成的分摊保险风险的协议，只要是协议保障范围内的保险风险均可纳入。三是再保险种类形式多样，保险公司可以根据自身业务与经营情况量体裁衣，如结合对现金流需求、资本占用规模等个性化要素设计方案。四是作为再保险合同，有效转移重大风险是合同有效性的基本前提，也是保险公司选择再保险形式转移风险的主要原因。对于一些未知的突发事件、巨灾事故，再保险合同的保障作用是非常重要的。五是在信贷紧缩时期，再保险在释放偿付能力压力的成本方面与其他方式相比更具竞争力。

（三）扩大承保能力，提高竞争优势

农业保险具有政策属性，享受财政保费补贴，对保险机构经营资质与服务能力的要求较高。一般来说，不仅需要国务院保险监管部门颁发的经营许可，还须经由业务所在地的地方政府许可方能开展业务，因此保险公司对获取资质、开拓市场格外重视。一方面，承保能力是获取资质的重要参考，周详的再保安排可提高直保公司的业务竞争力与承保能力；另一方面，新进入市场的业务在规模、风险上往往具有不确定性，经营主体须更为关注承保能力即资金的充足性和自身风险的管控。保险公司可通过适当的再保策略，如通过成数分出一部分业务或分出安排一定赔付率区间的超赔保障，从而有效控制规模和风险。如在合约保障范围之外承保了新业务，还可通过临时分保的方式与再保人共担责任。

【知识链接 3-2】我国《农业保险条例》中对农险经营主体资质的要求

根据 2016 年最新修订的《农业保险条例》，保险机构经营农业保险业务，应当符

合下列条件：① 有完善的基层服务网络；② 有专门的农业保险经营部门并配备相应的专业人员；③ 有完善的农业保险内控制度；④ 有稳健的农业再保险和大灾风险安排以及风险应对预案；⑤ 偿付能力符合国务院保险监督管理机构的规定；⑥ 国务院保险监督管理机构规定的其他条件。除保险机构外，任何单位和个人不得经营农业保险业务。

（四）共享技术优势，合作开发产品

分出人和再保人不仅仅是买方与卖方的关系，双方更是密切的业务合作伙伴。一方面，分出人可利用再保人的全局视野和专业优势，合作开发创新产品，如农业保险领域的各类气象指数、价格指数、收入保险产品；对于合作开发的产品，可通过大比例的成数分保等形式，与再保人共担损益，提升自身开拓新产品的积极性。另一方面，除产品外，双方在技术、服务等方面也有较为广阔的合作空间，再保公司可为直保公司提供综合性、定制化、差异化的增值服务，如运用先进技术协助承保和勘察定损，实现共享共赢。

（五）强化区域均衡，平衡业务结构

我国幅员辽阔，自然环境差异较大，自然灾害种类较多，各区域间主要灾害影响存在较大差异；因农业生产结构和种植业结构不同，风险存在较大差异；加之各地区农业保险的深度和密度不同、覆盖区域和覆盖品种均有较大差异，造成农业保险风险不同、损失结果不同，且损失具有较大的波动性。分出公司一方面可利用再保险方式调节自留业务组合情况，降低自留风险集中度，提高风险的区域平衡性；另一方面可以对部分险种、创新业务、保费集中区域等单独进行再保安排，通过控制高风险业务的自留风险规模，进一步提高自身业务的均衡性。

（六）落实惠农政策，稳定财政支出

从农业保险的政策工具功能看，农业保险可以为农户提供部分产量损失和收入损失的风险保障，具有助力脱贫攻坚、实践乡村振兴战略和维护国家粮食安全等重要作用，实际上协助地方政府履行了部分社会管理和经济调控职能。因此，各级政府有动力也有必要通过补贴保费、联办共保、带头推广、协助承保理赔等多种形式积极推动当地农业保险事业的发展。与此同时，若各级政府仅推动农险直保发展，缺乏在再保和大灾风险分散机制上的支持，保险公司应对农业大灾风险的能力将大打折扣，间接影响服务广大农户的能力和积极性；而若地方政府采取联办共保等"深度介入"方式与商业公司分担风险，或采用"一刀切"的财政兜底方式，一旦遭遇大灾，财政相关支出剧增，则会加剧财政支出的波动性。因此，地方政府可通过代为购买、再保补贴、税费减免等方式，支持直保公司购买再保险保障，用每年稳定的财政支出换取大灾年份来自再保险方的充足补偿，对落实惠农政策、平抑财政支出波动有明显的积极作用。

【案例分析 3-1】部分经济发达的地区政府直接购买超赔再保险

北京、上海、大连等经济较发达地区的政府以直接出资或再保补贴等形式，为当地农业保险经营主体购买了再保险，并列入当年财政预算。赔付率多为 150%～300%。以北京为例，政府直接出资以全市政策性农业保险业务为一个整体，向再保人购买赔付率超赔合约，在北京地区经营农险业务的各家直保公司在赔付率超过 150% 之后，均可通过本再保险合约直接向再保险公司申请赔偿，再保险公司的赔付限额为赔付率 300%，超过部分再由巨灾风险准备金承担。此外还有一些地区，将农业保险风险在各家主体共同组建的共保体和政府之间分担，共保体就自留风险单独购买再保险保障。

三、分出农险业务的策略与步骤

（一）坚持互信原则，与再保人共成长

直保公司（分出人）应持续充分关注再保市场动态，坚持与技术水平高、信誉良好、承保能力强的再保人建立长期合作关系，从而保障自身业务获得稳定的再保支持。对此，分出公司首先需要加强自身信用建设，避免交易违约及账款结付延迟等情况，减少分出业务过程中的道德风险和逆选择，与再保人充分分享信息，坦诚沟通；其次，分出人应重点与信誉资质良好的再保人合作，可以参考国际著名评级机构如标准普尔、惠誉等公司对各再保人的资信评级；再次，由于农业保险涉及国家农业及粮食安全、国土数据秘密等相关敏感信息，须统筹考虑再保人的选择问题，并在同国际再保人合作时谨慎提供有关数据资料；又次，分出公司在分出业务操作中应做到均衡分出业务结构、平衡自留与分出风险，追求长期稳定的合作，避免短期逐利行为，与再保人共担风险、共享收益，与再保人同命运、共发展；最后，分出公司应本着维持再保成本和承保能力稳定的初衷，注重维护再保市场秩序，不盲目以最低成本选择再保人，为给予公司长期支持的再保人提供更多机会，保持和优质再保人的良好关系，从而保障自身业务获得相对稳定的再保支持。

（二）分析业务风险，合理确定目标

分出公司的再保部门应与业务部门充分沟通，仔细分析公司农险业务中各地区、各细分险种业务的风险特征，明确重点和优先分出目标，并依次确定大致的再保分出计划。根据再保险相关基本原则，再保人不会与原保单投保人直接发生关系，其关于业务的全部信息都源于直保公司，这使得分出人与再保人在同一再保业务中的信息不对称性较高。同时，农险又具有标的分散、地区差异大、业务风险变化显著的特点，农险经营实际情况、年际间的业务风险变化、投保人详细信息与投保情况等往往由直保公司端掌握，数据颗粒度较细，这些信息随着数据汇总、信息整合而丢失细节，再

保端难以通过汇总性数据分析出业务风险的变化情况。因此，分出人应秉承最大诚信原则，与再保人充分沟通，达成对业务风险的统一认识，建立互信关系，促成长期合作关系的形成。

（三）综合业务目标，确定分出渠道和方式

从分出渠道看，分出人可以选择直接分保或通过经纪人分保。再保险经纪人是为原保险人与再保险人安排再保险业务提供中介服务，并按约定收取中介费用的机构。随着再保市场的发展，由于保险人与再保人之间互不了解，需要富有信誉声望和业务资源的经纪人起到居间作用。经纪人可为分出人设计分保规划、推荐再保接受人、配合议定合约条件、处理财务结算、管理数据账单等信息。目前，我国农险市场中，国内再保主体市场份额较大，直保人与再保人之间的了解程度相对较高，业务渠道较为稳定，故多数合约由分出人和直保人直接签订。

【知识链接 3-3】再保险经纪人制度的发展

再保险市场发展初期，中间人的作用不大，再保险交易主要通过分出人和接受人直接联系，只有少数受尊敬、长期从事此项工作并具有一定信誉声望的主体，从中发挥居间作用。到了 1870 年，有几家业内闻名的小经纪公司专门经营分保经纪业务，随后参与主体数量逐渐增加，其始终主导着伦敦市场的业务流动。伦敦市场劳合社的业务大多通过再保险经纪人进行再保险交易。

从分出方式看，分出人可选择采用合约分保或临时分保的方式，其中合约分保是指由保险人与再保险人以签订合约的方式确立再保险关系，对合同保障范围内的业务进行统一的风险转移，一般是按照业务年度安排分保，合约事先安排，保险人承保的业务将自动得到分保保障。相比合约分保，临时分保是逐笔成交，每一个危险单位单独安排，具有自由、可选择特征的分保安排方式。根据统计，合约分保是我国农险市场的主要分保方式，保费占比在 95% 以上；分出公司将规模较大、风险相对稳定、发展较为成熟、与再保人有过合作基础的业务纳入合约中保障。在农险领域，临时分保主要用于新业务、高风险业务或暂时无法纳入合约的业务，并会随着业务经营成熟而纳入合约。

【案例分析 3-2】直保公司通过临时分保保障非传统业务

某直保公司在 2015 年承保了一笔非传统农险业务，被保险人是某旅游文化公司，标的是该公司旗下生态园内参与娱乐表演的动物，保险责任是标的遭遇疾病和意外事故导致死亡。直保保费约为 60 万元，保额超过 1 500 万元。面对这笔新业务，直保公司认为风险较为集中且复杂、业务情况未知、单一标的保额较大。考虑到既有农险再保合约的保障范围不包括此类标的，故该公司通过临时分保向再保人成数分出一部分业务风险。当年 6~9 月，陆续有数只保险标的海豹、海狮因疾病死亡，再保人根据约

定为直保公司摊回大量赔款。

（四）沟通分保形式，确定成数或超赔结构

根据再保险基本规则，合约的分保形式包括比例再保险与非比例再保险，农险领域也概莫能外。其中，比例再保险是以保险金额为计算基础安排的分保方式，其最大特点就是保险人和再保人按照比例分享保费、分担责任，并按照同一比例分担赔款，同时再保人按照比例支付再保险手续费。相对而言，非比例再保险是以赔款金额作为计算自留额和分保限额基础的，在安排超赔保障时，为方便接受人选择，同时降低分出人成本，分出人会将自己所需的保障金额分若干层来购买。一般而言，比例再保险分为成数、溢额等具体形式，非比例再保险分为险位超赔、事故超赔、赔付率超赔等形式，但在农业再保险中通常采用成数再保险与赔付率超赔两种形式，近年来也出现了伞状超赔合约，事故超赔仅在森林险再保中有所涉及。

【知识链接 3-4】为什么农业再保险多采用成数与赔付率超赔两种形式？

在农业再保险的实践中，最为常见的比例分保形式为成数再保险，最常见的非比例分保形式为赔付率超赔，近几年也有分出公司安排了伞状超赔合约，其他形式较为少见。其原因在于，对于比例分保中的溢额分保，分出公司须先确定每一个危险单位的自留额。对于非比例分保中的险位超赔，要求有可以明确划分出的危险单位，危险单位是指一次风险事故所造成的损失范围，但农业风险的系统性特征使农业保险的实际风险单位及其对应的总保险金额/最大可能损失规模过大，而且难以准确定义及划分边界，因此以上两种涉及危险单位划分的再保险形式对农业再保险并不适用。对于非比例分保中的事故超赔，要求对事故的性质和时间有明确定义（例如，对于飓风、台风、地震和火山爆发等自然灾害规定为持续 72 小时），但大部分农业气象灾害的事故性质、持续时间、致损结果都难以明确，在实务中，除森林险事故超赔外，事故超赔再保险在农险中几乎没有应用。

成数分保是缔约双方对一类业务中涉及的每一份保单，均按一个固定的百分比进行再保险安排，分出公司按此比例分出，接受人也按此比例接受。成数合约是最能体现直保与再保双方共命运的分保方式，在农险领域中，对于直保与再保人已建立长期合作、相互了解的业务领域，或创新类、新地区或新险种业务，直保公司常选用成数分保对业务加以保障。一方面，周详的再保安排有利于提高直保公司的承保能力和抗风险水平，从而提高公司的业务竞争力；另一方面，大比例的成数分保和分出高赔付率区间责任可有效降低新业务、新市场风险，推动公司创新发展。分出公司应在充分准确地分析业务风险的基础上，制订再保方案，期间可与再保人反复沟通，以获得最佳保障。

【案例分析 3-3】成数分保助专业农险公司实现快速理赔

2017 年 8 月底，"天鸽"和"帕卡"两次台风相继登陆广东，给广东农业造成重创。某专业农险公司在广东省开展的大部分业务为涉农保险，因承保林地面积较大，为"天鸽""帕卡"台风中涉农特别是森林保险赔付最高的保险企业之一，其在广东省的林木综合保险总承保面积超过 900 万亩（60 万公顷），赔付率超过 400%；在林木受灾最为严重的江门，该公司的预期赔付近 7 000 万元，估损赔付率预计超过 1 350%。幸而该公司购买了再保合约，成数分出 40% 的业务，因此，再保市场向其摊回数千万赔款，有效降低了直保公司的损失。受益于政策性农险的推广、先进的勘察理赔技术以及直保、再保的通力合作，当地林农的损失得到了及时赔付，农民的保险意识也因此次灾害得到了明显提高。

赔付率超赔再保险，即合同的自留额和再保限额是以一定期限内损失率的形式体现和计算的再保险形式。例如，合同规定保障区间为超过赔付率 100% 后的 50%，其含义是当赔付率在合约保障期间内超过 100%，再保人将承担赔付率为 100%～150% 的损失，若同时还有限额规定，则再保人承担不超过限额的损失，此后分出人继续承担赔付率在 150% 之上的损失。分出人可以根据业务情况综合考虑再保成本，设置合适的起赔点和保障区间；还可采用分层分出的结构，为各层选择最佳条件与价格。在实践中，保费规模较大的综合性公司以成数与超赔分保相结合为主；保费规模较小的区域性公司考虑到自身业务吸引力、再保安排成本及效率等因素，多选择成数或超赔分保形式中的某一种。超赔合约起赔点多在赔付率 100% 或以上，从而有效保障和稳定公司农险业务的整体经营。

【案例分析 3-4】超赔再保险助力直保公司应对巨额赔付

2017 年 6 月，北京市大兴、房山两区部分乡镇出现强对流天气，大雨伴随着冰雹和 6～8 级大风，此次冰雹灾害共造成两区 16 个乡镇 200 多个村的近 7 万亩（4 666.67 公顷）果树和农田受灾，直接经济损失达 1.7 亿元。此次雹灾全区林业产业受灾面积达近 3.9 万亩（2 600 公顷），受灾最为严重的梨树有约 37% 的面积购买了政策保险。在此区域开办农险业务的某保险公司，因向再保人购买了赔付率 100% 以上 15% 的赔付率超赔合约，再保人为其摊回数千万元赔款。

2016 年，内蒙古地区出现严重干旱，玉米、小麦、花生等作物均大幅减产，多地农作物绝收，农民损失严重。该区域的经营主体向再保人购买了伞状超赔合约，内蒙古地区赔付率超过 100% 时即触发赔付，全国共享数亿元的责任限额。在伞状超赔合约下，直保公司获得亿元摊回赔款，稳定了直保经营，保障了农民生产生活。

（五）商谈合约条件，合理确定价格

在分保形式确定后，分出公司须确定拟分保的风险规模、再保分出后的自留额度和对应的分出结构。对于分保规模及自留额度，原则上应与公司的偿付能力保持适当关系，满足监管机构的相关要求。在满足风险转移目标的同时，还须满足业务发展预期及年度财务结果等方面的要求。此外，考虑到再保险合作的实际情况，建议自留一定比例或规模的业务，从而体现与再保人共担风险的初衷，增强彼此互信。

在分出结构上，在满足自身分出风险规模等目标的前提下，建议在年际间保持结构的相对稳定，从而进一步提高直保及再保历史数据的参考性，便于直保与再保双方对本年度业务情况及其风险形成统一认识，降低再保定价中对不确定因素的附加，分出人可获得更好的再保分出条件。对于不同区域和不同险种的业务，建立在年际间保持相对集中和稳定的分出比例与结构，有利于分出风险和自留风险相对均衡，减少直保与再保间的逆选择情况，提高双方共命运程度，促进建立长期稳定的合作关系。

在合约条件上，直保与再保双方应充分、坦诚沟通彼此意见，将对风险的统一认识作为商谈合约条件的首要基础。对于成数合约，若分出业务风险历史经营情况及未来预期均较为稳定，可首先考虑采取固定手续费方式以保障经营费用的补偿水平；若合约历史盈利情况较好，可在此基础上考虑一定比例的纯益手续费条件；若历史经营情况波动较大、合约风险集中度较高或风险预期难以达成一致，可考虑设置损失共担、滑动手续费等具体条款。对于超赔合约，一方面应结合自身风险分散需求选取适合的超赔限额和分层，另一方面应在精算分析的基础上，与再保人沟通，商定费率即再保成本水平；此外，还可根据业务质量和平衡业务风险等因素，增加无赔款/低赔款优待、与实际赔付水平挂钩的浮动费率等条件。对于经营范围相对广阔的公司来说，不同区域的业务往往呈现不同的经营结果，既因为地区之间存在风险差异，也与各地区经营机构的风控能力、管理水平和竞争格局不同有关。根据再保双方合作的本质，再保合约中的一些条件对分出人控制风险、改善业务质量有激励作用，如比例再保合约中的损失共担条款，通过提高分出人对分出业务赔付的参与及承担程度，推动改善前端业务质量；又如在再保合约中采取滑动手续费、无赔款/低赔款优待、纯益手续费等条件，在激励分出公司改善业务质量的同时，从再保经营效益角度对经营结构较好的业务给予正向反馈，间接促进各经营区域风险管控的整体性提高。

在合约定价上，分出人应通过经验判断、历史数据回溯、精算模型分析等手段，与再保人反复沟通，商定适合的再保价格。需要注意的是，分出人应注重维护再保市场秩序，注重风险和价格的匹配，保持与优质再保人的长期合作关系，以期获得长期稳定的保障。

第二节　农业再保险的分入业务

一、农业再保险分入业务的主要特点

分入业务与分出业务、直接业务相比，有如下显著特点：

第一，信息占有量上的不对称性。经营农险直保业务的保险人可以通过业务实际承保理赔的过程，对承保业务的风险状况和被保险人的经营管理状况有最直接的感性了解和相对可靠的理性分析；特别是对于农业保险来说，标的分布广泛，风险状况与各地农产品特点、当地气象情况、农业生产条件等息息相关，直保公司拥有的信息优势更大。分出公司通过对其业务大范围的统计分析和对市场前景的预测分析，谋求以最小的分出成本换取最大的分保保障。而在再保经营的博弈各方中，经营分入业务的再保人只能基于分保要约的简短信息基础，通过展业部门人员的频繁走访和邮电往来，对不同区域农险直保市场的风险状况和费率走向以及特定公司的经营方针、经营状况和风险偏好做出相对粗略的判断，最终通过对上述信息的综合分析，向分出人反馈再保分入意见。

第二，经营结果上的不完全一致性。直接业务和分入业务的经营结果，既可能是相对一致的，也可能是不尽一致甚至完全相反的。这与再保业务的分保方式、分保结构、合约条件都有密切关系。根据近年来的实际经营案例，分保方式上，若分出人采取超赔形式分出业务且起赔点低于100%赔付率，即使遭遇一定程度的灾害，分出人也有可能实现自留业务的盈亏平衡；分保结构上，即使以成数形式分出业务，若分出人采取非均衡分出的安排，如选择分出高风险险种和地区，也有可能造成直保和再保经营结果上的不一致；合约条件上，分保手续费、纯益手续费、损失封顶等条件的设置可能造成直保与再保在盈余与亏损上的承担比例不同，因而造成经营结果差异。

第三，目标和价值取向不同。分出公司安排分出农险业务，其目的是保障业务经营的稳定性、扩大承保能力和转嫁部分风险；分入公司接受业务，其目的一是分享直保业务收益，二是利用保费和赔付的时间差，通过资金运用获得收益。因此，在商谈业务阶段，需要双方反复沟通，找到利益的契合点，实现互利共赢。

二、农业保险再保险业务承保规划

首先，再保人应根据自身承保能力，结合风险偏好及公司内部规定等，确定接受限额。再保人农险业务的接受限额，取决于其承保能力和当年的转分保计划安排，其

承保能力又取决于资本金、准备金和保险监管政策；如果承保能力有限，则须提前安排好转分保计划。对于农险在总承保能力中的分配，再保人须结合自身风险偏好，明确不同险种、区域农险业务的最大可能损失或最高限额，特别是高风险区域、高风险业务（如价格指数类保险），须对总额进行限制，以避免自身承担过大的系统性风险或单一险种风险，使业务风险在地域、风险性质、时间等多个维度上尽可能得到充分分散。

【知识链接 3-5】农业保险大灾准备金的计提和使用

　　根据财政部颁布的《农业保险大灾风险准备金管理办法》，保险机构经营农业保险实现年度及累计承保盈利，且满足以下条件的，其总部应当在依法提取法定公积金、一般（风险）准备金后，从年度净利润中计提利润准备金，计提标准为超额承保利润的 75%（如不足超额承保利润的 75%，则全额计提），不得将其用于分红、转增资本：①保险机构农业保险的整体承保利润率超过其自身财产险业务承保利润率，且农业保险综合赔付率低于 70%；②专业农业保险机构的整体承保利润率超过其自身与财产险行业承保利润率的均值，且其综合赔付率低于 70%；③前两款中，保险机构自身财产险业务承保利润率、专业农业保险机构自身与财产险行业承保利润率的均值为负的，按照其近 3 年的均值（如近 3 年均值为负或不足 3 年则按 0 确定），计算应当计提的利润准备金。

　　当出现以下情形时，保险机构可以使用大灾准备金：①保险机构相关省级分支机构或总部，其当年 6 月末、12 月末的农业保险大类险种综合赔付率超过 75%（具体由保险机构结合实际确定，以下简称大灾赔付率），且已决赔案中至少有 1 次赔案的事故年度已报告赔付率不低于大灾赔付率，可以在再保险的基础上，使用本机构本地区的保费准备金。②根据前款规定不足以支付赔款的，保险机构总部可以动用利润准备金；仍不足的，可以通过统筹其各省级分支机构大灾准备金，以及其他方式支付赔款。

　　其次，再保人应对不同类型业务的保费及责任有大致规划。尽管对于再保人来说，分入业务时考虑更多的是业务风险情况，但具体到特定的分入人，由于业务规模、承保风格不同，会偏好不同的业务安排方式。成数业务对再保人保持分入业务规模很重要，能够在直保公司拓展业务初期提供重要支持，有利于培养与直保人的长期合作；但与此同时，成数业务占用资本较多，也较为依赖直保公司的经营情况，在成熟市场中总体盈利水平一般稳定在较低水平。超赔业务的保费规模相对较小，单一业务的经营结果波动较大，但对资本及承保能力的占用也相对较小，并有机会获得较高盈利。此外，临分业务往往保费量小、风险大，但具有获得更高盈利情况的可能；同时，再保人可借此拓展客户、开拓新的业务领域，并通过向客户提供临分支持来换取一些紧俏合约业务上的份额。

　　最后，再保人应在充分了解业务风险的基础上，提供合理报价。一方面，再保人的定价标准应在年际间、业务间保持相对一致，以形成稳定的报价逻辑与市场反馈，有利于在市场中形成正面影响力；另一方面，报价应建立在与分出人充分沟通的基础上，运用经验分析与精算分析，并综合市场整体情况得出，应注重风险与价格的匹配，切忌为短期争夺业务份额而主动恶性压价，否则不但无法保持业务来源的长期稳定优质，也难以获得多数分出人的认可。

【案例分析 3-5】农共体为农险产品改革提供有力支撑

2015 年，中国农业保险再保险共同体（简称"农共体"）因东北干旱、"灿鸿"台风、"彩虹"台风等重大灾害支付赔款 6 亿元，占当地农险赔付 40% 以上；2016 年因东北特大干旱、南方特大洪涝等极端天气灾害支付赔款近 20 亿元，占当地农险赔付的 35% 以上，有效发挥了农业保险市场的稳定器作用。农共体联合成员公司在河北康保县、内蒙古太仆寺旗、河南汝南县等 10 个国家级重点贫困县打造保险扶贫基层共建网点，进一步加大对贫困地区农业保险的再保险支持和技术服务力度。在服务新型农业经营主体方面，通过创新开发专属农险产品，为黑龙江省 11.3 万户种粮大户 3 255 万亩（约 217 万公顷）主要农作物提供了再保险保障；配合成员公司为安徽、河南等地 2000 多家新型经营主体提供涉农贷款保证保险，帮助解决融资难、融资贵问题。在推进创新型保险产品试点方面，为国内主要生猪产区的生猪价格、部分省份的绿叶菜、大蒜等主要蔬菜价格等创新型价格保险产品提供再保险支持和技术服务；同时配合直保公司设计开发气象指数保险产品，为行业累计提供风险责任赔款 20 亿元以上，有力地支持了行业天气指数保险、价格保险、收入保险等方面的创新发展。

三、分入农险业务的策略与步骤

（一）前端业务风险情况分析

承保农业再保险业务的第一步，是根据分出公司的业务资料和数据，分析其直保业务风险。一是观察历年直保经营情况，分析赔付水平和发展趋势并与同业相比较，找出高赔付年份的致损原因，研判承保业务的整体风险水平、评估公司的风险管控能力。二是了解业务发展、保费增速和保费完成情况，分析分出公司对农险业务的整体规划，预测业务增长点和未来发展方向，测算保费增幅并评估业务规模变化对风险水平的影响。三是分析直保业务的集中度，测算分出公司的经营险种、经营地域的集中度及变化，分析主营险种、主要地区的核心风险点和历史经营情况，评估新业务、新区域带来的风险变化。四是分析创新型业务的增长及风险情况，评估可行性及分出公司对新业务的把控能力。五是分析宏观环境的影响，如直保保单条款及其费率的整体变化、气候的整体趋势、农业生产技术的应用、国家农业政策及农业保险政策的变动，以及新险种的试点等。例如，2015 年农险直保开展了全面的产品条款改革，主要险种产品的保险责任、保额、费率等都有调整，同等条件下拉高了行业的整体赔付率；近年来，厄尔尼诺和拉尼娜现象频繁出现，极端天气频发，较早地了解气候特征有助于把握整年气候趋势和农业生产状况；农业生产技术如喷灌设施的完善，可以减少旱灾对农业的影响，减小经营波动。

尤其应该对分出公司的业务能力、风控能力、风险偏好及相关行为加以考察，应分析的内容包括：市场占有率和绝对业务量、经营管理水平和高管人员业务素质、业务管理制度和风险管理水平、专业承保人员素质、业务管理水平和市场服务态度、其他再保合约安排情况和首席再保人选择方式等。

（二）再保合约风险情况分析

在分析直保经营情况的基础上，须仔细分析分出人提出的再保需求，一是要分析本年度分出人提出的再保方式、分出结构与往年的差异变化及其原因；二是要分析再保业务质量和直保的差异，包括分出安排对分出公司自留风险的影响情况；三是要分析双方反馈的再保条件的合理性及预期盈亏情况，并测算再保业务巨灾风险水平。具体步骤如下：

1. 分析合约历史经营情况

在比例合同承保分析中，这是非常关键的分析对象之一，它反映了分出人业务经营稳定情况和合同业绩的变化趋势。如果历年经营结果波动较小，或者未来预期呈趋势性好转，则可选择介入。

2. 分析分出需求及变化情况

首先，要总结分出业务历史再保条件，包括年度、合约结构、合约首席再保人、保费规模及完成情况、险种分布等信息，分析分出条件的变化趋势及其原因。其次，分析分出公司本年度的再保需求，包括分出保费、地区和险种分布、分出结构及风险变化等，剖析分出人拟定相关分出计划的原因。再保条件包括比例合约的手续费水平，以及其他非手续费条件；非比例业务的保障结构、费率及其他限制条件等；险种分析包括不同风险类型业务的保费及风险占比，如大宗作物与非大宗作物、中央财政补贴业务与地方补贴/商业类业务、指数类与非指数类业务的占比及变化情况；地域分析包括不同风险等级地域的业务占比。最后，可结合分出结构的变化及相应精算分析结果，对合约预期经营结果情况进行初步分析。

3. 分析直保与再保的平衡情况

在分析分出需求的变化情况时，可重点分析分出业务的区域集中度及险种集中度，同直保业务分布及以往年度情况进行比较，分析高风险险种、高风险地区的集中度以及整体分出风险与分保条件的匹配度是否有变化。对于首次分出的险种、新承保区域或保费规模增速很高的业务，也需要保持密切关注。若合约分出结构不平衡、承保理赔条件有显著变化，则可能放大合约的尾部风险及大灾年份的波动幅度，将直保赔付上升的压力进一步传导至再保，因此要格外注意。

4. 累积责任控制

除业务的分析外，再保人还应当对分入业务整体进行责任累计管理与控制。分入业务的责任累计控制，与直接业务一样，都是风险控制和管理的重要内容。对于单一分出人、单一市场、巨灾风险以及再保人的业务总体，都应当设置相应的责任限额。如果再保人的承保能力有限，需提前安排好转分保计划。

（三）再保市场整体情况分析

除直保业务风险、再保合约结构外，农险再保市场供需结构的调整也是影响再保合约条件的重要因素。一方面，我国农险再保市场开放度高，市场上不乏外资再保人，因此，农险再保市场在一定程度上呈现出与其他再保市场相似的状况；另一方面，农业保险的政策属性及国内农险市场格局决定了农险再保市场呈现出自身的特征。

1. 再保险市场情况

再保险的买方主要是直保公司，但再保公司也可通过转分保分出业务；再保险市场的卖方有再保险公司、兼营再保险业务的保险公司、劳合社承保人等。买方的原保费规模、业务的区域和险种集中度、风险承担能力、自留责任限额、分出规划以及卖方投入的资本总额、保费收入和总准备金、风险态度是决定再保险市场分出需求和承保能力的主要因素。

在国际再保险市场，再保经纪人发挥了重要作用。再保经纪人的发展已有超过100年的历史，目前在国际再保市场上仍然十分活跃。资料显示，大约有一半以上的比例再保险和超过 90%的超赔再保险业务经由再保经纪人排分。经纪人熟悉直保公司和再保市场情况，在设计和优化再保方案、争取优厚再保条件方面具备较强的技术咨询能力。

再保供求关系与直保分出规模、再保市场承保能力、往年再保经营情况、灾害预期、业务趋势研判都有紧密联系。其中，再保接受人的承保能力是指根据资本金、公司规模、业务规划而确定的风险承担限额，所有再保接受人的承保能力之和即为市场总的再保承保能力。根据市场规律，在遭遇大灾事故后，再保市场的承保能力往往遭到冲击，承保能力降低使得再保供给减少，风险预期的增加则会提高再保需求，再保市场形成供小于求的局面，再保价格上涨；价格上涨推动新的再保主体加入，承保能力逐渐恢复，同时分出公司的需求趋于平稳，新的供需平衡形成，再保价格回归稳定。再保市场的供求与价格正是在不断的震荡和博弈中达到平衡。

2. 我国农业再保险市场情况

市场供需格局上，我国开展财政补贴型农业保险之后，海外再保人不断涌入，我国农业再保险主要经历了两个发展阶段：

一是纯商业化运作阶段。2014 年之前，我国农业保险采用纯商业化运作方式进行再保险安排。这个阶段的分保结构、分保价格完全取决于分出公司、再保险公司之间的商业谈判能力，分保价格高，分保不确定性强。就当时我国实际情况来看，少数大型综合性公司有其他非农险再保业务作为补充，农险再保险谈判能力尚可；但部分小型区域性公司受制于农险经营区域和险种，农险再保险谈判能力弱，分保价格高且面临较大的分保不确定性。例如，2007 年东北特大旱灾后，某家外资再保人退出当地一家专业农险公司的再保险业务。

二是中国农业保险再保险共同体建立后的农险再保新阶段。2014 年 11 月，在原中国保监会的支持指导下，由 23 家具有农业保险经营资质的保险公司和中再财险共同发起的风险分散平台——中国农业保险再保险共同体（以下简称"农共体"）建立。以农共体为主的政府引导分保阶段呈现以下特点：第一，形成以农共体为主体的农业再保险体系，农共体在我国农业再保险市场份额保持在 50% 以上，发挥着我国农业保险大灾风险分散的主渠道作用。第二，分保结构整体保持平稳，主要公司的农险分保形式和结构在年际间基本保持稳定，大型综合性公司以成数与超赔分保相结合为主，小型区域性公司以超赔分保为主。第三，分保需求稳中有增，各公司的风险识别与管控的意识显著增强，行业再保分出率连续 4 年稳定在 20% 以上。第四，分保需求趋于个性化，综合性、全国性公司对各省分出比例等进行了相对统一的调整，区域性公司结合自身风险判断适当调整超赔合约保障限额，部分主体针对新险种、新产品做出单独的再保安排，如玉米收入保险再保险、烟草种植保险再保险、蔬菜价格指数再保险等。第五，农共体各公司在国际再保市场的谈判能力逐渐增强，在部分连续遭遇特大自然灾害的区域，再保险业务费率没有较大浮动，有效克服了以往国际市场的波动性、短期性对国内农业保险市场的影响，确保了国内农险再保险分散渠道及成本的相对稳定。

（四）长期合作关系

承保农业再保险业务须考虑长期合作关系。一方面，再保合约连接的是直保公司和再保人，如果能和直保公司建立长期合作关系，再保人可对直保公司的业务内容、管理水平、发展规划都有深入的了解，双方在合作中也能建立互信关系，双方可相互支持，共同成长。另一方面，我国农险市场仍然有大量业务通过经纪人分出，再保人也要注重和专业可靠、信誉良好的经纪公司建立长期合作关系，以获得分出业务风险的准确信息并优先获得意向业务的份额安排。再保人与直保公司、经纪公司建立长期合作关系时，须考虑公司整体的运行模式、管理能力、结付效率、风控能力等，同时需要业务人员对合作关系加以管理与维系。

（五）承保策略与报价方案

1. 根据业务质量决定是否承保

再保公司的业务团队需要根据分出公司提供的业务资料与数据，结合分出需求，通过经验判断和精算分析，初步得出对本业务的承保意愿以及是否担任首席再保人的初步判断。

首席再保人制度首创于伦敦，分出公司可参考各家再保人开具的再保条件、再保价格，在考量再保人信誉、长期合作关系的基础上，选择再保合约的首席再保人；首席再保人一经确认，即默认采用首席的合约条件，首席再保人一般会写入较大的合约份额；首席之外的其他再保人可根据自身情况，在首席确定的合约条件下写入合适份额。

2. 与客户沟通分出结构和合约条件

若决定承保，再保人可就业务情况与客户公司充分沟通，协商确定分出方式和分出结构，设定合约条件。对农险成数合约来说，若业务质量不高，可通过降低手续费、损失封顶、损失分担等方式控制风险；若业务质量有一定波动，可通过滑动手续费、纯益手续费等方式，激励分出公司通过改善合约经营结果分享合约利润；若业务质量较好，则可通过提高手续费或考虑纯益手续费等方式予以肯定。对于农险超赔合约，若业务质量不高，则要谨慎选择超赔结构，特别是防范低层结构，如起赔点在赔付率100%以下的分层；若业务质量较好，则可通过无赔款返还、低赔款折扣等方式激励分出公司。在沟通合约条件时，特别要注意风险和价格的匹配，对于区域集中度和险种集中度较高的业务，由于风险过于集中导致波动性增大，因此要适当添加风险附加；对于业务质量或合约结构较往年有明显变化的业务，也应从合约条件和费率上加以匹配。

3. 精算分析与报价

再保人须根据业务资料，在与客户沟通和经验判断的基础上，通过专业精算人员，利用定价系统和定价模型，分别计算各种合约条件下的风险保费、手续费率、预定的利润空间等，再结合市场情况，最终给出报价。风险保费的计算方法包括经验费率方法（Burning Cost）、风险费率方法以及两者的结合。其中，经验费率适用于损失记录较全的超赔合同，须计算每个保障层次的估测损失，结合通货膨胀率和业务组合变化，预测同样的损失发生在当前所需的赔偿金额，再据此计算成本。风险费率法适用于损失记录较少或新设计的合同，首先须选择合适的分布模型；其次须依据模型模拟损失的分布情况，注意在超赔合同中要将保额按超赔合同每个保障层次的免赔额和限额加以区分，得出每个部分的风险费率；最后叠加浮动费率、经纪人手续费率、管理费率和预定利率等，得到每个保障层次理论上的最终报价费率。对于农险业务，由于涉及巨灾风险，通常还要利用巨灾模型，才能得到较为科学的精算定价结果。

精算分析通常包括以下内容：一是要评估合同的经营情况，测算预期赔付率；二是分析合约最大可能损失，通过压力测试评估该合约对公司经营稳定性的影响；三是要评价合同的整体营利性，包括承保预期利润率和亏损概率，还要考虑现金流的投资收益。在精算分析的基础上，结合经验判断和客户公司信誉，根据市场目标给出报价。

4. 根据市场情况确定最终条件和价格

再保险与直接保险相似，承保过程也须经历要约、反要约和反复沟通的过程，且由于直保公司与再保人双方的背景和实力相当，谈判过程的内容丰富、历时较长，往往须经历多轮询价与报价，双方可就存疑问题反复沟通，直到达成一致。对于承保农险业务的再保人，在沟通过程中，应充分了解分出公司意图，了解市场上其他再保人的报价和市场整体态度，沟通分出公司业务的排分情况，并不断调整自身的报价策略。

【本章小结】

保险早已走进千家万户，但为保险行业提供风险保障的再保行业却并不为人熟知。为揭开再保险尤其是农业再保险的神秘面纱，本章介绍了直保公司分出农险业务和再保公司接受农险再保业务的规划、希望达到的目标、分出和分入的策略和步骤等。

本章第一节立足分出公司视角，首先介绍了分出农险业务的整体规划，包括做好再保险战略管理、运营管理、战略管理和资信评估；其次介绍了分出农险业务拟达到的目标，包括防范巨灾风险、改善偿付能力、扩大承保能力、共享技术优势、强化业务的区域平衡等，对政府来说，还有落实惠农政策、稳定财政支出的作用；最后介绍了分出农险业务的策略和步骤，包括坚持互信原则、全面分析风险、确定分保渠道和形式、商谈合约条件、选择合适报价。需要注意的是，直保公司应注重建立与优质再保人的长期合作关系，坦诚沟通，不盲目选择低价，以期获得再保市场的长期稳定保障。

本章第二节立足分入公司视角，首先概述了农险分入业务区别于分出业务及直保业务的特点，包括信息不对称、经营结果不一致、目标价值不统一；其次介绍了农险再保业务的承保规划，包括限制累计责任、规划不同类型业务占比及建立一致的定价标准和报价风格；最后介绍了分入农险业务的策略和步骤，包括分析前端业务风险，分析再保合约风险，综合考虑再保市场格局、政策因素及长期合作关系，最后给出承保策略与报价方案。

本章还提供了多个案例分析和知识链接，旨在加深读者印象，创造良好的阅读环境，同时注重知识点间的衔接，使读者在读完本章后对农险再保业务有更深入的理解。

【重要概念】

农业再保险　分入业务　分出业务　再保人　互利共赢　再保险模式创新

【思考与练习】

1. 简述分出和分入农业再保险的整体规划。
2. 简述分出农业再保险的主要目标。
3. 概述分出农业再保险的策略和步骤。
4. 概述农业再保险分入业务的主要特点及其与直保业务的差异。
5. 概述再保人承保农险业务的策略和步骤。

【主要参考文献】

[1] 戴凤举. 现代再保险理论与实务[M]. 北京：中国商业出版社，2003：142-250.

[2] 丁少群，冯文丽. 农业保险学[M]. 北京：中国金融出版社，2015.

[3] 李亚茹，孙蓉. 农产品期货价格保险及其在价格机制改革中的作用[J]. 保险研究，2017（3）.

[4] 戚梦圆. C-ROSS 规则下我国财险公司最低偿付能力研究[D]. 郑州：郑州大学，2017.

[5] 庹国柱，王克，等. 中国农业保险大灾风险分散制度及大灾风险基金规模研究[J]. 保险研究，2013（6）.

第四章　农业再保险理赔

【学习目标】

　　通过学习，重点掌握农业再保险理赔的基本概念和原则，熟悉具体流程，了解农险再保险理赔与直保理赔的衔接，掌握主要再保险业务的理赔原理，最后通过再保理赔案例分析，加强对农险再保理赔实务操作的认识。

【知识结构图】

　　为达到上述学习目标，本章阐述的内容主要基于农险再保理赔原则、操作流程和实务案例分析这三个角度，具体知识结构如下所示。

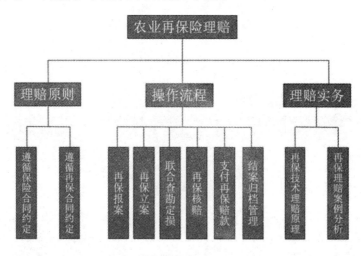

第一节　农业再保险理赔的特点和原则

　　农业保险理赔是保险公司专为从事种植业、林业、畜牧业和渔业等生产的农业生产者在生产过程中，遭受自然灾害、意外事故、疾病等保险事故所造成的经济损失承担赔偿责任的具体体现。农业再保险理赔是指再保人根据再保险合同约定，对再保分入的农险业务保险事故进行定责和定损的过程。本质上，农险的再保险理赔包括两个环节，一是审核原保险人理赔结果的准确合理性，二是核定再保险责任和理算再保摊赔款。

一、农业保险理赔的特点

要做好农险再保理赔，首先必须了解农业保险理赔的特点。不同于其他财产险险种理赔，农业保险理赔有三个鲜明的特点，具体阐述如下。

（一）复杂程度高

主要体现在业务开展区域差异大，不同地区的农业气象及灾害情况、农产品种类、参保农户综合素质、当地政府参与度及监管环境等各有不同；险种差异大，种植业、林业、畜牧业和渔业等理赔过程大不相同，要求保险人具备全面、专业的农业知识和查勘定损技能；致损原因多样；农业灾害预防难度大；面临风险复杂，须应对潜在自然风险、道德风险、心理风险和政策风险；沟通和管理难度大，参保农户收入水平较低，风险承受能力较弱，信息相对闭塞，对保险缺乏深入理解，保险人需要加强宣传沟通和业务管理能力。

（二）标的分布广

农业保险覆盖地域广，标的种类多，季节性强；被保险人数量多，赔案数量大；标的出险时间和空间分散。

（三）社会影响大

理赔环节参与主体多，包括农户、保险人、政府、农业专家或第三方公估机构；社会影响大，相对而言，农户属于较弱势群体，农险理赔无小事，一旦出现重大自然灾害、重大疫情或严重保险事故，将引发社会和政府密切关注；农险理赔属于政府重点监管领域，严格要求合规性。

了解了农险理赔特点后，本章将从再保险理赔的管理和实务出发，介绍农险再保理赔的原则、操作流程和典型案例。

二、农业再保险理赔的原则

农业再保险理赔的主要原则：一是遵循保险合同约定原则，保障农户合法权益；二是遵循再保合同约定原则，践行再保险分散风险职能。

（一）遵循保险合同约定，保障农户合法权益

农险直保理赔和再保理赔的宗旨是一致的，即遵循保险合同约定，始终以保障投保农户的合法权益为根本出发点，坚持规范经营，提高理赔服务水平（参见图4-1）。农险理赔无小事，理赔环节须切实做到主动、迅速、准确及合理，重保险合同、守信

用、不惜赔、不滥赔。

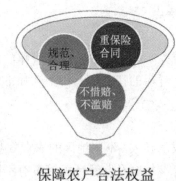

保障农户合法权益

图4-1　农险直保/再保理赔原则：遵循保险合同约定

作为"保险的保险"，原保险人和再保人双方在订立再保险合同时，基于最大诚信原则，原保险人有权负责处理理赔事项，这是原保险人的权利。同时，再保险合同通常规定，再保人享有检查原保险人的业务账册、保险单、保险费、报表及赔案卷宗的权利。实务中，再保人一般不直接与农业保险标的和农户接触，灾害发生后，无法了解现场实际情况。原保险人开展业务数量往往非常多，为实现审核原保险人理赔结果的目的，同时也基于审核效率考虑，再保人往往采用抽查方式，要求原保险人提供抽查业务所对应的承保和理赔资料。通过审核原保险人的业务记录，可以了解业务承保情况、核实出险情况、核定保险责任、核定损失金额、审核赔款计算、审核赔案单证及费用列支等情况。

同直保理赔一样，再保理赔也应恪守相关农险政策规定，坚持以规范经营为根本原则，操作过程坚持贯彻"科学、合理、合规"理念。在审核原保险人业务记录时，应注意审核是否存在故意编造未曾发生的保险事故进行虚假理赔、故意扩大保险事故损失范围、虚增赔款金额、通过假赔案虚支费用等行为，一旦发现这些违法违规行为，再保人将不予摊赔。应注意审核是否存在恶意拖赔、惜赔、无理拒赔等损害农户合法权益的行为，注意审核原保险人是否切实做到理赔结果公开、定损到户及理赔到户，确保业务流程公开、规范及透明。

（二）遵循再保合同约定，践行再保险分散风险职能

再保险的最终目的是补偿原保险人损失，实现分散风险、控制责任、稳定经营。再保理赔应严格遵循农业再保险合同约定，享有合同权利，履行合同义务，切实践行再保险分散风险职能。

根据再保险合同约定，原保险人在维护合同双方共同利益的前提下，有权负责处理理赔事项，包括全部赔付、部分赔付和拒绝赔付等；有权对受损农险标的采取合理的施救措施；有权在约定的保险事故发生时，要求再保人摊回再保赔款。若存在向第三者追偿的情况时，原保险人应向再保人退还相应部分的追偿款。再保人应依据再保

险合同条款，核实保险事故是否属于再保责任，核定再保摊赔金额，承担相应的损失赔偿责任。

再保合同中与再保理赔相关的条款主要包括：再保险方式、保险期限、再保险业务种类、业务开展区域、保险责任范围、除外责任限制以及理赔条款等（参见图4-2）。

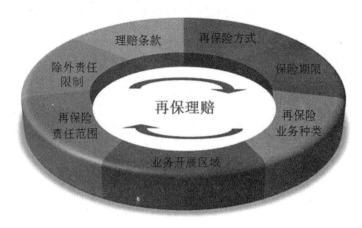

图4-2　再保合同中与再保理赔相关的条款

关于理赔条款，再保合同中的常见条款包括：损失通知及现金摊赔条款、赔案通知条款、最终净损失条款、共命运条款、再保理赔合作条款（参见图4-3）。

1. 损失通知及现金赔款条款（Loss Advice & Cash Call Clause）

适用于比例再保险。对于数量众多且同质的大量小额农险赔款，原保险人一般无须通知再保人，而是将赔款记录在相关报表中，以编制分保业务账单的形式，与再保人统一结算摊回赔款。但当有重大赔案发生时，估计损失金额将超过合同规定的通知额度时，原保险人应向再保人发出出险通知书，及时通知再保人。当重大赔案的赔款金额超过一定额度（Cash Call Limit）时，原保险人可不通过分保账单结算，而直接向再保人提供赔款单证等必要资料，并要求现金支付，以缓解原保险人可能面临的现金流压力。

2. 赔案通知条款（Claim Advice Clause）

适用于非比例再保险。针对非比例合同下任何可能触发超赔起赔点的农险赔案，原保险人应尽快通知再保人，此后，对该赔案有关的任何进展情况也应随时全面地告知再保人。该条款不仅规定原保险人要尽快地将要求摊赔的赔案通知再保人，并且对于可能触发再保合同的赔案也应及时通知。

3. 最终净损失条款（Ultimate Net Loss Clause）

适用于非比例再保险。该条款规定只有最后属于原保险人自留的损失，才构成净自留损失。标的残余价值、追偿和摊回款包括一切其他再保摊赔款（无论是否能够摊回），均应从该损失中扣减。该条款具体规定了再保摊赔的损失及费用范围，对再保定损意义重大。

4. 共命运条款（Follow The Fortunes）

原则上，对于一切赔案，原保险人必须按照原保单条款的规定处理并负有法律上的责任，再保人才承担责任。当根据原保险合同条件、法律法规和市场惯例，原保险人可以提出不承担赔付责任和义务，或就是否承担赔偿责任及赔偿金额与被保险人存在重大争议时，为避免不利影响，原保险人对赔案进行通融赔付的，应事先征得再保人的同意，否则再保人可以拒绝分摊。再保合同中的"跟从赔付"条款则约定，再保人同意在赔案的处理上与原保险人"共命运"，委托原保险人处理一切赔案，由原保险人所决定的一切赔案，不论是经由协商解决或通融赔付，再保人均应受其约束而承担责任。

5. 再保理赔合作条款（Claims Cooperation Clause）

该条款规定：无论赔案损失大小，原保险人均应在知道赔案发生后根据再保险合同的约定立即通知再保险人，及时告知理赔工作进展情况、提供赔案相关资料，并按照再保险合同的约定配合再保险人开展现场查勘等工作。原保险人应在理赔进程中就理赔方案与再保险人进行积极沟通并达成一致，避免再保险双方因理赔意见不一致导致结案后赔款摊回困难。对存在追偿可能性的保险事故，原保险人应积极向责任方进行追偿，及时把追偿情况告知再保险人。追偿成功后，原保险人应把属于再保险人的追偿款及时返还再保险人。

图 4-3　再保险合约中的理赔条款

第二节　农业再保险理赔的操作流程

农险业务全流程应做到规范、依法合规，切实履行惠农政策公开、承保情况公开、理赔结果公开、服务标准公开、监管要求公开、承保到户、定损到户及理赔到户的"五公开、三到户"规则,确保成本真实、风险可控和服务到位。农险理赔更是重中之重,是最能体现农险损失补偿原则的环节,也是监管机构的重点检查内容。农险直保理赔流程共包括八个节点,分别是报案、查勘定损、立案、定损、理算、核赔、付款、结案归档。

相比农险直保理赔,再保理赔有以下三点不同:

(1)再保人不直接与农业保险标的和农户接触,其理赔审核对象一般为原保险人。

(2)查勘定损过程是非必需环节,农业灾害发生后,再保人将视具体情况参与现场查勘定损。

(3)除审核直保定责和定损结果外,再保人还将重点进行再保定责、定损。

结合实务,可将农险再保理赔流程归纳为如下六个环节:再保报案、再保立案、联合查勘定损(若有)、再保核赔、支付赔款和结案归档管理,如图4-4所示。本节将重点介绍这六个环节的具体内容。

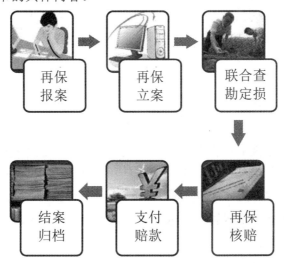

图4-4 农险再保理赔流程图

一、再保险报案

农险再保理赔实务中,收到报案的情形主要有以下两种:一是发生大面积自然灾害、重大疫情或损失较为严重的保险事故,估算损失达到比例再保合约规定的重大赔案损失通知要求,以及已触发或可能触发非比例再保合约起赔点时,原保险人应及时通知再保人,并书面对保险事故做适当说明,提供相关资料和数据等;二是对于临分再保业务,一旦发生保单约定的保险事故,原则上原保险人应及时、逐笔报案。

为了及时、有效地报案,再保人应与原保险人积极沟通,提前告知其报案方式和需书面提供的赔案信息。若再保人通过其他渠道获知重大自然灾害、疫情或重大事故发生时，也应积极联系原保险人，以便及时获取案情和损失资料。

二、再保险立案

在接到原保险人报案后，再保人应及时进行立案处理，完整、真实、准确地将报案信息录入业务系统，严控业务系统外记录。立案记录内容应包括出险标的、出险时间、地点、原因、初步估算损失以及再保摊赔责任准备金等。对于一次事故有多个出险原因的，应对照事故证明，在保险责任范围内，选择录入最直接、最有效的致损原因。

再保险人应切实加强立案管理，明确内部立案审批、注销的具体流程和权限，严控延时立案。立案后，再保人应积极主动与原保险人沟通，跟踪保险事故的最新进展情况并估损金额变化，及时调整总损失金额和再保摊赔责任准备金，并保留业务相关的修改调整痕迹。针对被保险人主动放弃索赔、原保险人误报案或经查勘发现不属于保险责任等情形，再保人应在履行相应的审批流程后进行零赔付结案、立案注销或拒赔处理。

三、联合查勘定损

在接到原保险人报案后，再保人应视具体情况，决定是否参与联合查勘。主要考虑因素包括：出险标的的类型、出险原因、损失范围及严重程度、再保人项下损失分摊金额、原保险人的理赔服务水平和理赔立场、社会影响程度、政府关注度等。再保理赔实务中，针对大面积自然灾害、重大疫情或损失较严重的保险事故，原则上再保人应积极参与现场查勘定损。

再保人应明确参与联合查勘定损的目的和主要关注点。通过现场查勘，再保人能够充分调查灾情和损失程度，做到心中有数；了解原保险人的查勘、定损原则和做法，掌握其理赔立场和理赔作风；调查是否存在损害再保人利益的违法违规行为。同时，再保人参与现场查勘也能够为原保险人提供一定的理赔支持，体现再保险的服务价值。

基于传统农险赔案的联合查勘定损，本节主要介绍组织联合查勘、控制查勘质量和控制定损质量这三部分内容。对于新型指数型农险产品或收入保险产品，则应视保单具体约定，决定是否需要开展查勘定损及其查勘模式。

（一）组织联合查勘

联合查勘前，再保险双方首先应制订详细周密的查勘方案，合理组织查勘工作，确保查勘科学、高效，服务规范、到位。对于再保人而言，在选择联合查勘的时间、地点和查勘内容上更要有针对性、代表性，避免盲目查勘。实务中，再保人应注意以下三个方面：

一是合理选择查勘时间。在接到原保险人报案或者通过其他渠道获知保险事故发生后，再保人应尽快与原保险人一起进行现场查勘，以免延误最佳时机。原则上，重大养殖险案件应在接到被保险人报案后48小时内进行查勘，种植险和森林险在出险后也应尽快安排查勘，对于首次查勘时难以立即确定损失程度的，应设定合理的观察期，待农作物或林木恢复生长后，再保人应参与二次或多次查勘定损。

二是有代表性地选择联合查勘地点。对于保险事故导致的大面积灾害或疫情等，再保人往往很难参与所有出险地点的查勘，有针对性地选择联合查勘地点非常关键。原则上，再保人应选择原保险人业务区域内灾情包括轻、中、重三种损失程度的地点进行查勘，以尽可能全面掌握整体损失情况。此外，若存在同一地区划区域经营的情况，除原保险人以外，还有其他直保公司开展相同的农险业务，再保人也可选择该地区查勘，以增加查勘定损结果的可比性。

三是针对性重点查勘。查勘定损时须重点关注原保险人是否存在降低承保标准的行为，如未"见苗出单""顶灾承保"、调整报案及出单日期等；是否存在提高或降低理赔标准的现象，如抽样样本不具代表性、定损面积和程度不合理、理赔标准不一、第三方鉴定结果失真等；是否存在骗赔、假赔，如故意编造虚假赔案、故意扩大保险事故损失、通过假赔案变相列支费用；检查承保和理赔等相关资料的真实性。

（二）控制查勘质量

在查勘过程中，再保人应注意核实原保险人的承保环节是否存在瑕疵，对于本不应该承保的出险标的，再保人有权不予承担责任；查勘定损过程是否合理、规范、统一，对于不属于保险责任的损失，再保人可以不予摊赔；对于查勘中发现的任何虚假赔案损失、虚增部分损失或虚支费用等，再保人可拒绝摊付。

此外，再保人可以了解原保险人的理赔组织和管理，查勘人员的调配和使用情况，第三方公估或农业专家聘用的必要性及合理性，注意核实理赔过程中产生的相关费用（包括公估费或专家费、差旅费、查勘工具费、查勘车租赁费、查勘车燃油费用、路桥费等）支出是否合理。

（三）控制定损质量

定损时，原保险人和再保人应根据相关标准或规范，按照标的特点、损失范围、灾害种类、区域分布等科学选择定损方式。通过抽样测定种植业和林木保险标的损失程度时，原保险人和再保人应事先制订抽样定损的规则，对抽样方式、方法、组织程序等进行规范。应尽可能使各样本段在总体中均匀分布，避免盲目抽样，确保抽样具有代表性、可信性。若同一地块不同部位损失程度差异较大，抽样时还应考虑不同损失程度在总体中所占的比例。

定损过程中，再保人应核实原保险人的定损标准是否规范、统一，对于滥赔、错赔等损害再保人利益的行为，再保人可以拒绝摊付。

四、再保核赔

（一）业务抽样

农险再保理赔实务中，除了临分业务赔案多为单一事故外，比例合约、赔付率超赔合约和伞状超赔等再保合约项下赔案通常是大面积自然灾害、重大疫情或损失较为严重的保险事故导致众多被保险人遭受损失。因此，原保险人提供给再保人的承保和理赔清单是由成千上万条被保险人的投保和出险记录组成的。再保人无法逐一审核清单中的每笔保费和赔款，只能按照一定比例抽样审核。对再保人抽样的每笔业务，原保险人应提供对应的完整承保资料（如投保单、保单、分户投保账册、保险条款及保费收取证明）、理赔资料（如报案记录、索赔申请书、理赔计算书、查勘报告、气象证明、分户理赔账册、费用列支、赔款支付凭证）等。

再保人在对原保险人提供的成千上万条承保和理赔记录进行抽样时，应尽可能选取不同险种标的、出险原因和索赔金额区段的样本，以确保抽样具有代表性，避免盲目抽样。这也就要求再保人首先应充分分析全部承保和理赔数据，筛选出可能存在问题的业务。例如，理赔清单中的某笔赔案未能在承保清单中找到对应信息，某笔赔案出现重复摊赔，或承保理赔清单中存在数据明显异常的业务等。只有通过针对性抽样核查原保险人承保和理赔数据，再保人才能真正达到高效、科学审核赔案的目的。

（二）审核抽样业务

完成业务抽样后，原保险人应提供抽样业务对应的完整承保和理赔材料，再保人将据此审核承保、查勘定损、索赔和理算等过程的合理准确性。

根据保险合同约定，再保人通过查阅每笔抽样业务的承保记录、报案记录、索赔申请、事故证明、查勘报告、定损清单、损失照片等资料，核实出险时间、报案时间、出险地点、出险原因、受损标的名称、损失数量、损失程度等要素，核定原保险人处理该笔赔案的结果是否准确合理。

具体审核内容包括：查勘定损过程是否规范、保险责任认定是否准确、定损结果是否合理、赔款理算是否准确、赔案单证是否完备、赔付对象是否准确等。若存在政府给予扑杀补贴、不足数量保险、重复保险、保险金额低于或高于标的实际价值等特殊情况的案件，应注意审核原保险人是否按照相关法律法规和保险合同的约定正确处理。若抽样业务为集体方式投保时，则须提供分户投保清单，一次事故涉及多户损失的，应提供经被保险人签字认可的分户理赔清单和现场理赔公示照片。对原保险人的赔案处理结果产生疑问的，再保人应要求原保险人进一步解释说明或者提供更多信息。

此外，再保人还应注意审核原保险人的理赔费用列支情况。为确定损失原因、损失程度、损失数量而聘请农业专家、公估机构发生的鉴定、公估、检验等第三方外部理赔费用，应取得合法有效的发票等费用支付凭据，防止虚列或虚增费用的情况。

（三）再保险定责和定损

再保险理赔实务中，对所有抽样业务审核完毕并确认无误后，再保人通常即认定原保险人处理的所有赔案结果均准确、合理、规范，后续则应进行再保险责任认定和再保损失理算。

再保险定责方面，根据再保合约中规定的再保险方式、再保险业务种类、保险期限、业务区域范围、再保险保障责任和除外责任限制等内容，再保人应注意审核保险事故是否属于再保险责任。对明确不属于再保险责任的部分，应予以剔除；对于尚不明确是否属于再保险责任的，可依据再保合同条款约定提出进一步核查业务资料的要求。

再保险理赔实务中，再保人应注意审核如下方面：所有业务是否属于再保险合同的保险期限范围；注意再保险合同是以保单签发为基础（Risk Attaching/Policy Attaching）还是以损失发生制为基础（Loss Occurring Basis）；所有业务是否属于再保险合同保障范围；所有业务是否适用于合同除外责任条款（若是，则应明确剔除）；所有业务是否满足合同约定的地域范围。

再保险定损方面，根据再保险合同中的再保结构和理赔条款等内容，核定再保人应承担的比例或超赔部分的赔偿金额。对于比例再保合约，须以现金赔款支付的重大赔款，按再保人比例摊赔并单独结付。对于非比例合约，按照净自留损失条款（Ultimate Net Loss Clause）或累计损失条款（Aggregate Loss Clause）规定，核实可纳入该超赔合约保障范围的赔款损失和理赔费用，根据超赔合约起赔点和限额约定，理算核定再保摊赔金额。

再保险实务中，原保险人针对其业务经常安排多个再保保障，如临分分保、成数合约或非比例合约分保，计算再保摊赔时应注意各个再保保障的摊赔先后顺序。

关于农险理赔费用，通常包括：

（1）原保险人的外部直接费用，即与特定赔案直接相关的、聘请外部机构产生的费用，如公估费、农业专家费、代查勘费、咨询费、律师费等。

（2）原保险人的内部直接费用，即与某一特定赔案直接相关的差旅费等。

（3）原保险人的间接理赔费用，即与理赔相关，但无法归属于特定赔案的费用，如查勘车使用费、理赔职能部门费用等。

建议原保险人和再保人根据再保险原理和市场通行做法，在双方签订再保险合约时，明确理赔费用的再保分摊原则，以规避理赔环节中可能出现的费用纠纷。

此外，对于案情复杂，在定责、定损上存在争议、分歧较大，难以与原保险人达成一致意见的赔案，可视具体情况，聘请双方认可的外部专家或专业机构参与赔案处理、核查。

五、支付再保赔款

完成再保核赔后，再保人应及时履行再保赔付义务。除比例再保合约的分保账单统一结算外，对于比例合约现金赔款、临分及非比例合约赔款，再保人应在合同约定的限期内完成支付。

再保人应加强预付赔款管理。对于赔付责任成立但因客观原因暂无法确定最终保险赔偿金额的案件，原保险人通常先行向被保险人预付部分赔款。对此，再保人首先应对该预付赔款资料和数据进行审核，再根据相关再保条款约定，向原保险人预付部分再保摊赔款。待最终赔偿金额确定后，再按照再保合同约定，完成最终的核赔及付款工作。

再保人支付再保赔款后，若存在向第三方追偿的情况，再保人应就追偿事宜与原保险人充分沟通，关注追偿进展。对于追偿成功的，原保险人应按相应比例或超赔合同计算规则，退还再保人追偿款项。

六、结案归档管理

赔案按照上述流程处理完毕后，对于具备结案条件的案件，再保人应及时做结案处理，在业务系统内关闭赔案。同一赔案涉及多次赔付的，在案件未全部处理完毕前，不应结案。

结案后，再保人应将赔案资料及有关证明等纸质单证材料及时归档，妥善保管。原则上，归档形式包括电子档案和纸质档案两类，对于已实现电子化储存和流转的电子单证，可视情况不再打印。同一赔案（包括非比例合约项下损失累计赔付）应生成一个赔案号，案件资料可按赔案号归档。

再保人归档时，基本赔案材料应包括如下：

（1）原保险人出具的正式赔款账单。

（2）再保赔款计算书。

（3）合同项下所有业务承保清单。

（4）所有业务理赔清单。

（5）再保人业务抽样清单。

（6）每笔抽样业务的承保资料（包括保单抄件、保险凭证、集体投保分户清单等）、理赔资料（包括索赔申请书、赔款计算书、赔款凭据或转账凭证、保险标的损失清单、现场查勘报告、具有鉴定资质的机构或农业技术人员出具的技术鉴定材料或定损标准、反映标的受损情况及拍摄日期的现场照片、现场公示照片等）。

（7）出险证明材料（如有），气象证明应以由县级以上气象部门出具的证明或发布的公共信息为准，火灾证明由武警森林消防、县以上森林防火指挥部等部门出具，牲畜死亡证明应由畜牧兽医站或具有畜牧兽医部门颁发行医资格证书的兽医出具。

（8）再保合同文本复印件。

原则上，上述赔案资料也应以电子数据格式存储在业务系统中。

第三节　农业再保险理赔实务

要做好农险再保理赔，既要求具备一定的农险直保理赔能力，还须熟练掌握各种再保险技术原理、条款及其实际应用。本节主要通过实例分析，以期加深读者对农险再保理赔的认识和理解。在介绍实例之前，有必要简要介绍主要农险再保险技术理赔原理。

一、主要再保技术理赔原理

（一）比例再保合约和比例临分

比例合约和比例临分非常相似，都遵循共命运条款，对原保险人的每笔业务，均按照事先约定的比例分享保费、分摊赔款。

以比例合约为例，其再保条款可约定为："XX % quota share of each individual original policy"。实务中，原保险人往往根据其不同业务区域或险种的风险特性，安排相应成数分保。具体摊赔过程可参见表 4-1。某原保险人于 2014 年在多个省份开展种植险和森林险业务成数分保，针对全年赔款损失，再保人摊赔按照相应的分出比例简单计算即可。

表 4-1　某原保险人 2014 年成数分保安排和损失分摊（万元）

省份	种植险			森林险		
	全年赔款	分出比例	再保摊赔	全年赔款	分出比例	再保摊赔
北京	7 100	40%	2 840	2 000	20%	400
山东	30 000	60%	18 000	5 000	40%	2 000
内蒙古	55 000	50%	27 500	8 000	50%	4 000

（二）赔付率超赔合约

赔付率超赔又称为损失中止再保险（Stop Loss Ratio Reinsurance），是按照某类业务的年度自留赔款与自留保费的比率来确定原保险人自负责任和再保人责任的一种再保险方式，合约规定了起赔赔付率和限额赔付率，当实际赔付率超过起赔赔付率时，超过部分由再保人承担，但最高不得超过限额赔付率。通常情况下，赔付率超赔只保障最后属于原保险人自留的损失，即净自留损失，其他再保摊赔款（若有，无论是否能够摊回）以及农业标的残余价值或第三方追偿款等，均应从该损失中扣减。

以某原保险人于 2015 年在某省份开展的业务为例，其全年净自留保费和净自留赔款如表 4-2 所示。

表 4-2 某原保险人全年业务的基本情况（万元）

全年净自留保费	全年净自留赔款	赔付率
16 000	21 600	135%

若该赔付率超赔合约结构为 50% XS 100%，即起赔点为 100%赔付率对应的损失为 16 000 万元，超过该起赔点的以上部分由再保人承担至最高 50%赔付率对应损失，即 8 000 万元。上述原保险人赔付率为 135%的情况下，再保人须分摊超过起赔点以上 35%的赔付率对应损失，即 5 600 万元（见表 4-3）。

表 4-3 50% XS 100%赔付率超赔合约损失分摊（万元）

全年净自留赔款	原保险人承担赔款	再保人承担赔款
21 600	16 000	5 600

（三）伞状超赔合约

伞状超赔合约在农险再保业务中的应用非常广泛。它实际上是一种提供全方位保障的超赔再保合约，可同时保障多个业务区域或多个险种（种植险/养殖险/森林险）、多种保险产品（传统农险保成本产品/指数产品/收入产品）。伞状超赔合约可按照不同维度设置多个独立的保障部分，只要其中任何一个部分触发了起赔点，该伞状超赔即启动赔付，但所有保障部分合起来共用一个超赔限额。其再保条款通常约定为：

"This umbrella cover shall be triggered once the loss ratio of each section exceeds excess point and provides cover up to the limits specified in the contract, excess point is applicable separately to each section of class of business as specified in the contract, and limits is ultimate net loss in the aggregate for all sections during the period of this contract."

下面以某保障多个业务区域的伞状超赔合约为例，简要说明伞状超赔再保摊赔原理。某原保险人于 2014 年在全国多个省份开展业务，其各省全年净自留保费和赔款情况如表 4-4 所示。

表4-4　某原保险人全年分省业务的基本情况（万元）

序号	省份	全年净自留保费	全年净自留赔款	赔付率
1	湖北	11 000	8 800	80%
2	湖南	26 000	33 800	130%
3	安徽	12 000	7 200	60%
4	四川	19 000	17 100	90%
5	山东	4 700	2 350	50%
6	河南	8 000	9 600	120%
合计		80 700	78 850	96.5%

原保险人购买的伞状超赔合约结构为：限额 5 亿元 XS 各省份起赔点 100%。如表 4-4 所示，只有湖南和河南两个省份的赔付率大于 100%，分别触发了伞状超赔合约，其中湖南省损失可摊回 100% 起赔点以上的 30%，即 7 800 万元（=26 000×30%）；河南省损失可摊回 100% 起赔点以上的 20%，即 1 600 万元（=8 000×20%）。这两个省份的总再保摊赔金额为 9 400 万元，合计未超过限额 5 亿元（见表 4-5）。

表4-5　伞状超赔合约损失分摊（万元）

序号	省份	全年净自留赔款	原保险人承担赔款	再保人承担赔款
1	湖北	8 800	8 800	0
2	湖南	33 800	26 000	7 800
3	安徽	7 200	7 200	0
4	四川	17 100	17 100	0
5	山东	2 350	2 350	0
6	河南	9 600	8 000	1 600
合计		78 850	69 450	9 400

（四）事故超赔合约

该合约具体规定了起赔点和超赔限额，原保险人承担起赔点以内的损失，再保人保障起赔点以上、限额以内的每次事故损失总额。以某原保险人为例，2015 年其在某省份开展的森林险业务损失如表 4-6 所示。

表4-6　某原保险人的事故损失（万元）

事故类型	事故发生赔款金额
火灾	18 000

若原保险人向再保人购买了 1.5 亿元 XS 0.5 亿元的事故超赔保障，即起赔点为

5 000 万元，合同保障金额为 1.5 亿元。适用该事故超赔保障后，原保险人和再保人间的赔款分摊结果如表 4-7 所示。

表 4-7　事故超赔合同的赔款分摊（万元）

事故	事故发生赔款	原保险人承担赔款	再保人承担赔款
火灾	18 000	5 000	13 000

上述事故超赔合约是针对某一事故损失进行分摊，只有待损失超过起赔点后，该超赔合约才会触发，赔付金额不得超过合约限额。

（五）保额超赔合约

保额超赔合约是指原保险人以年度总保额的一定百分比为基础确定起赔点及超赔限额，不同于赔付率超赔以赔款与保费的比率为基础，也不同于事故超赔直接规定起赔点和超赔限额的具体数额。针对保额超赔再保合约，应注意审核业务总保额和赔款数据。除此之外，其损失分摊原则与一般的赔付率超赔相同，当赔付率超过起赔赔付率时，超过部分由再保人按某一赔付率或金额承担。

以某原保险人于 2013 年在全国多个省份开展的业务为例，其全年净自留保额、保费和赔款情况如表 4-8 所示。

表 4-8　某原保险人全年业务的基本情况（万元）

保单笔数	净自留保额	净自留保费	赔案笔数	净自留赔款	赔款/保额
1 800	435 000	16 000	1 500	23 900	5.5%

原保险人购买的保额超赔再保合同共有三层。第一层结构为 0.6% SI[①] XS 3.6% SI；第二层结构为 0.6% SI XS 4.2% SI；第三层结构为 0.6% SI XS 4.8% SI。表 4-8 中损失触发并击穿了三层超赔合同，原保险人需自行承担起赔点以下和溢出超赔限额以上的损失，共计 16 070 万元，再保人承担落入超赔合同的损失 7 830 万元（见表 4-9）。

表 4-9　保额超赔合约损失分摊（万元）

序号	全年净自留赔款	原保险人承担赔款	再保人承担赔款
第 1 层		15 660	2 610
第 2 层		0	2 610
第 3 层	23 900	0	2 610
溢出部分		410	0
合计		16 070	7 830

---

① SI 为总保额，即 Sum Insured。

二、再保理赔案例分析

前文简要介绍了目前农险业务中主要再保险业务理赔原理，涉及赔案具体情况和再保险合同约定等，实务中遇到的农险再保赔案往往更加复杂和深入。为加强读者对农险再保理赔的进一步认识，下文将通过典型赔案分析、再保条款实际应用这两个方面，具体进行实例分析。

（一）典型赔案分析

目前，农业保险主要采用的险种包括：传统农业产量保险、农业指数保险（包含气象指数、价格指数、巨灾指数和区域产量指数保险等）、农业收入保险。下文分别选取传统保产量农险赔案、价格指数保险赔案和收入保险赔案，进行实例分析。

【案例分析 4-1】传统保产量农险案例

2013 年 7 月，再保人接到原保险人报案，称自入春以来，某省局部地区出现极端高温天气，最高温度达到 42℃，5 月至 7 月中旬连续 100 多天无有效降雨，为典型春旱灾情。春旱导致玉米、小麦等出苗作物芽干或者枯死，补种或改种作物出苗、拔节和抽雄都受到前期旱灾影响，播种期和生长期推后，减产不可逆转。接到报案后，再保人首先做立案处理，将出险作物（主要是玉米、小麦）、出险时间（2013 年 5 月至 7 月）、出险地点（灾区地名）、主要灾因（旱灾）、估算金额（初步预计灾情可能造成保险赔付 7 亿元，再保人项下摊赔 2 亿元）等内容记录在业务系统内。

立案后，考虑到灾情严重、面临高额保险赔付、社会影响性大、政府关注度高等因素，再保人决定与原保险人一起开展联合查勘。基于农作物生长特性，联合查勘分阶段进行了多次，包括作物受旱期查勘、作物收获期查勘定损、后期走访原保险人基层县支公司以了解承保理赔整体情况、查阅档案和核查抽样情况等（图 4-5）。

通过现场联合查勘，再保人的主要关注点和查勘结果如下：

（1）调查灾情和农户损失程度。再保人通过多次现场查勘和走访基层农业局领导、农户等，了解到该年春旱灾情属实，旱情导致灾区作物大幅减产，农户收成属于"五成年景"，未发现原保险人夸大灾情严重程度、增加新灾因、调整专家报告等夸大实际灾情的现象。

（2）调查原保险人是否存在故意骗赔、假赔。再保人在基层走访和查阅原保险人的业务档案时，未发现故意编造虚假赔案、故意虚增赔款金额等违法违规行为，未发现滥赔、错赔或虚假列支费用等最终损害再保人利益的行为。

（3）调查原保险人的承保和查勘定损结果是否合理。再保人通过多次查勘走访，未发现原保险人存在降低承保标准（如"顶灾承保"、调整报案及出单日期等）、提高或降低理赔标准（如定损程度和面积不合理、选择性抽查标的、不同地区理赔标准不一等），未查勘定损到户等现象，从抽样结果来看，原保险人做到了理赔到户、理赔结果公开。

7月底小麦旱灾	7月中旬油菜旱灾
9月底的油菜生长期严重滞后	已至收获期的玉米未能有效生长
现场走访原保险人基层县支机构	查阅原保险人县支机构业务档案

图4-5 再保人现场联合查勘图

（4）调查原保险人业务卷宗归档是否合规、完整。再保人通过现场抽查，未发现原保险人存在档案造假（如先签字或盖章后补填的现象）、先结案后补齐资料、档案不齐全等现象。

再保人通过联合查勘未发现问题后，下一步即对原保险人的上万条承保和理赔清单进行抽样（见表4-10）。抽样后，原保险人须逐笔提供抽样业务的承保、理赔资料。

表 4-10　再保人理赔清单抽样表

编号	险种	保单号	理赔号	出险人	受损原因	出险日期	货币	100%赔款（元）
1	玉米种植保险	XXXXXXXXX23	XXXXXXXXX0009	xx农场946户	旱灾	20130724	CNY	10 136 392
2	玉米种植保险	XXXXXXXXX24	XXXXXXXXX0010	xx村68户	风灾	20130716	CNY	690 240
3	水稻种植保险	XXXXXXXXX25	XXXXXXXXX0011	xx公司948户	旱灾	20130902	CNY	979 407
4	大豆种植保险	XXXXXXXXX26	XXXXXXXXX0012	xx农场490户	旱灾	20130724	CNY	6 647 572
5	油菜籽种植保险	XXXXXXXXX27	XXXXXXXXX0013	xx村108户	病虫草鼠害	20130719	CNY	891

　　收到原保险人反馈的抽样业务承保和理赔资料后，再保人须仔细查阅被保险人、保险标的、保额、保费、保险期限、出险时间、报案时间、出险地点、出险原因，以及受损标的名称、损失数量及损失程度等要素，结合保单约定，核定原保险人的保险责任认定是否准确、查勘定损过程是否规范、定损结果是否合理、赔款计算和理赔费用列支是否准确、赔案单证是否完备、付款对象是否准确等。发现存在疑问内容，应要求原保险人提供进一步的解释说明。

　　审核抽样业务完毕并确认无误后，下一步即进行再保定责和定损。再保合同条款中约定针对列明作物因原保单列明风险所致的损失均属于再保责任。经审核，本案保险事故均满足再保责任约定范畴，且不适用任何再保除外责任。因此，再保险责任成立。

　　再保定损方面，原保险人于 2013 年向某再保人购买了"一揽子"成数合约和分省伞状超赔合约。其中，成数合约分出比例为 40%；分省伞状超赔合约总限额为 5 亿元，该省的起赔点为 90%。原保险人在该省全年毛保费收入 6 亿元，毛赔款支出 7.5 亿元，赔付率为 125%。两种再保合约的损失分摊结果分别如表 4-11 和表 4-12 所示。

表 4-11　成数合约赔款分摊（万元）

原保险人毛赔款	成数分出比例	原保险人净自留赔款	再保人承担赔款
75 000	40%	45 000	30 000

表 4-12　分省伞状超赔合约赔款分摊（万元）

原保险人净自留保费	原保险人净自留赔款	赔付率	伞状超赔合约	原保险人承担赔款	再保人承担赔款
36 000	45 000	125%	总限额 5 亿元 XS 该省起赔点 90%	32 400	12 600

完成再保定责、定损后，再保人须及时向原保险人支付再保赔款，赔款可一次性支付，也可多次分批支付，具体看双方约定。本案不涉及追偿，后续也无追偿事宜。

再保赔款支付完毕后，再保人即可做结案处理，在业务系统内关闭此案。结案后，再保人应将此案理赔时的所有相关材料及时归档，妥善保管。

目前，传统保农作物产量的农险产品最为常见，但最主要的问题是查勘定损环节难以精准确定，受人为因素影响较大，同时保险公司也饱受现场查勘定损工作量巨大、耗时过长、理赔速度缓慢等问题的困扰。指数保险产品作为近年来的热门新型险种，以气象或市场数据为基础，依据合同约定的标准，确定损失，实施理赔，程序简单、公开，理赔透明、便捷。下面以价格指数保险理赔为例，简要介绍指数型产品理赔过程。

【案例分析 4-2】价格指数保险案例

被保险人某市蔬菜专业合作社向原保险人投保蔬菜甘蓝价格指数保险，投保面积为 603 亩（40.2 公顷），保险期限为 2016 年 5 月 1 日至 2016 年 6 月 30 日。保单约定的保险责任为：保险标的的平均实际价格低于约定目标价格时，视为保险事故发生，保险人按照保险条款进行相应赔付，高于约定目标价格时不发生赔付。保单约定的甘蓝目标价格为 0.4 元/斤，平均实际价格以该市物价局发布的当地某蔬菜批发市场当月甘蓝平均价格为准，绝对免赔价格跌幅率为 5%。赔付计算公式如下：

赔偿金额=单位保额×保险亩数×[1-平均实际价格/目标价格-绝对免赔率]。

2016 年 6 月 1 日至 30 日，因甘蓝价格下跌导致农户经济受到损失，该市物价局 6 月公布的当地蔬菜批发市场甘蓝平均价格为 0.18 元/斤，低于 0.4 元/斤的目标价格。平均实际价格如表 4-13 所示。保险定责方面，本次事故的出险时间、地点均属于保单约定范围内，出险原因为平均实际价格低于目标价格，属于保单保险责任。定损方面，本案无重复保险，绝对免赔率为 5%，根据物价局提供的当月甘蓝平均实际价格资料，本案赔偿金额=单位保额×保险亩数×[1-平均实际价格/目标价格-绝对免赔率]=6 000×603×[1-0.18/0.4-5%]=1 809 000 元。

表 4-13　蔬菜批发市场地产蔬菜批发价格统计表（元）

统计时间	批发价格（统计期内每日价格）									
2016 年 6 月	白菜	甘蓝	黄瓜	韭菜	芰瓜	龙椒	青萝卜	芹菜	茄子	西红柿
1 日	0.35	0.30	0.95	0.45	0.50	1.60	0.45	0.65	1.50	1.00
2 日	0.25	0.25	0.95	0.45	0.50	1.55	0.40	0.70	1.50	1.05
3 日	0.30	0.30	0.90	0.40	0.50	1.90	0.40	0.60	1.50	0.95
4 日	0.25	0.25	0.90	0.50	0.45	1.90	0.40	0.60	1.45	0.95
5 日	0.25	0.25	0.95	0.50	0.35	1.80	0.35	0.60	1.10	1.00
6 日	0.30	0.30	0.95	0.45	0.35	1.85	0.35	0.60	1.10	0.95
7 日	0.30	0.30	0.95	0.45	0.40	1.85	0.35	0.65	1.15	0.95
8 日	0.30	0.20	0.95	0.55	0.35	1.90	0.30	0.60	1.20	1.00
9 日	0.20	0.20	0.90	0.55	0.35	1.90	0.30	0.60	1.20	0.90
10 日	0.20	0.20	0.95	0.60	0.25	1.70	0.30	0.55	1.15	0.90

续表

统计时间	批发价格（统计期内每日价格）									
2016 年 6 月	白菜	甘蓝	黄瓜	韭菜	茭瓜	龙椒	青萝卜	芹菜	茄子	西红柿
11 日	0.20	0.15	0.80	0.80	0.20	1.46	0.30	0.40	1.10	0.78
12 日	0.20	0.15	0.80	0.50	0.20	1.30	0.30	0.40	0.70	0.70
13 日	0.20	0.12	0.80	0.50	0.20	1.45	0.30	0.45	0.70	0.75
14 日	0.16	0.12	0.80	0.50	0.20	1.45	0.30	0.45	0.70	0.75
15 日	0.15	0.15	0.70	0.50	0.15	1.15	0.35	0.45	0.70	0.75
16 日	0.15	0.15	0.70	0.55	0.30	1.20	0.30	0.45	—	0.75
17 日	0.15	0.15	0.70	0.55	0.25	1.40	0.30	0.40	—	0.70
18 日	0.15	0.13	0.65	0.50	0.22	1.40	0.30	0.40	—	0.70
19 日	0.14	0.12	0.65	0.55	0.23	1.50	0.30	0.45	—	0.65
20 日	0.13	0.13	0.60	0.80	0.20	1.25	0.30	0.40	—	0.70
21 日	0.14	0.13	0.60	0.85	0.20	1.20	0.30	0.33	0.80	0.80
22 日	0.14	0.13	0.55	0.85	0.21	1.30	0.30	0.40	0.92	0.80
23 日	0.14	0.13	0.60	0.90	0.24	1.20	0.30	0.35	0.90	0.80
24 日	0.13	0.13	0.60	0.65	0.24	1.25	0.30	0.40	0.90	0.70
25 日	0.13	0.13	0.60	0.65	0.21	1.25	0.30	0.40	0.70	0.70
26 日	0.20	0.17	0.50	0.70	0.25	1.20	0.30	0.45	0.90	0.75
27 日	0.14	0.12	0.50	0.75	0.20	1.15	0.30	0.40	0.90	0.75
28 日	0.14	0.13	0.50	0.70	0.20	1.25	0.28	0.43	0.80	0.70
29 日	0.14	0.15	0.70	0.70	0.20	1.20	0.28	0.40	0.80	0.70
30 日	0.13	0.14	0.95	0.75	0.23	1.20	0.30	0.43	0.80	0.65
月平均价	**0.19**	**0.18**	**0.75**	**0.61**	**0.28**	**1.46**	**0.32**	**0.48**	**1.01**	**0.81**

资料来源：以上数据均来自北环批发市场管理部门。

此案中，原保险人就该笔业务向某再保人购买了比例临分再保，分出比例为 30%。该比例临分条款中约定再保险责任为：和原始保单一致，无除外责任条款。因此，也属于再保险责任，双方的损失分摊结果如表 4-14 所示。

表 4-14 价格指数保险的临分再保摊赔（元）

赔案损失金额	临分分出比例	原保险人承担赔款	再保人承担赔款
1 809 000	30%	1 266 300	542 700

【案例分析 4-3】收入保险案例

农业收入保险是对农产品产量和价格风险进行全面保障的保险，它和上述保产量农险和价格指数保险不同的是，产量和价格都是变量，无论是产量还是价格发生变动，只要实际收入低于合同约定的产量和价格之积，都可能发生赔付。因此，收入保险既可以防范自然风险，又可以防范价格即市场风险；既可以保障农民收入，又可以稳定生产，这是农业保险的最高形态。

2016 年 6 月，某市辖内 50 位农业生产大户一起向原保险人投保大豆收入保险，投保面积为 1 333.33 公顷，保险期限为 2016 年 6 月 1 日至 2016 年 9 月 30 日。保单约定的保险责任为：当大豆种植者在收获期结束后，因产量和价格因素的变动造成其大豆实际收入低于预期收入时，视为保险事故发生，保险人按照保险条款进行相应赔付，高于约定收入时不发生赔付。保单约定的大豆预期价格为大连交易所 2016 年 4 月平均结算价，收获期市场价格为大连交易所 2016 年 10 月平均结算价；大豆预期产量为根据种植地块前 3 年的平均产量 3 375 公斤/公顷，大豆实际平均产量以现场测产结果为准。赔付计算公式为：赔偿金额=（预期收入−实际收入）×保险面积×[1−绝对免赔率]。

大连商品交易所黄大豆 1 号 2017 年 1 月到期期货合约在 2016 年 10 月月平均结算价为 3 738.75 元/吨，相比保单约定的同年 4 月份月平均结算价 3 538.3 元/吨，大豆实际价格高出预期价格 200.45 元/吨。但受该年较为严重的旱灾影响，投保区域的大豆产量遭受损失，经原保险人实地测产发现，所有投保面积的平均大豆产量降至 2 625 公斤/公顷，相比预期，实际平均产量减少了 750 公斤/公顷。根据上述案情说明，从表 4-15 中可直观看出预期收入和实际收入情况。

表 4-15 大豆收入保险的预期与实际情况对比

类型	投保面积 （公顷）	平均产量 （公斤/公顷）	价格 （元/吨）	总收入 （元）
预期	1 333.33	3 375	3 538.3	15 922 310
实际	1 333.33	2 625	3 738.75	13 085 592

综合产量和价格因素，该被保险人实际收入低于预期收入。保险定责方面，本次事故的出险时间、地点均属于保单约定范围内，出险原因为实际收入低于预期收入，属于保单保险责任。定损方面，本案无重复保险，绝对免赔率为 5%，根据预期收入和实际收入数据，本案赔偿金额=（预期收入−实际收入）×保险面积×[1−绝对免赔率]=（预期总收入−实际总收入）×[1−绝对免赔率]=（15 922 310−13 085 592）×[1−5%]=2 694 882.1 元。

至于本案再保理赔，因原保险人就此业务向再保人购买临分保障，其再保损失分摊原理与前述案例并无二致，在此将不再赘述。

（二）再保条款的实际应用

再保险合同条款的重要性不言而喻，其约定将直接影响再保理赔结果。下面从再保理赔实务中出现争议较多的再保险条款出发，通过三个案例来展示再保条款的实际应用。

【案例分析 4-4】再保结构条款的应用

农险再保险实务中，针对非比例合约尤其是赔付率超赔，往往设置了保费规模浮动因子（Buffer）。设置该因子的目的是为了当原保险人业务实际数据与预估数据相差太大时，将超赔起赔点和再保分摊金额均控制在一定范围内。比较原保险人的实收净自留保费（GNRPI）和预估保费（EGNRPI），可能出现以下三种情形。

（1）当 GNRPI 处于［EGNRPI×（1-Buffer），EGNRPI×（1+Buffer）］区间内，则采用 GNRPI 作为保费基础计算再保摊赔。

（2）当 GNRPI 小于 EGNRPI×（1-Buffer）时，则采用 EGNRPI×（1-Buffer）代替 GNRPI 计算再保摊赔，超赔合约起赔金额为：EGNRPI×（1-Buffer）×起赔赔付率。

（3）当 GNRPI 大于 EGNRPI×（1+Buffer）时，则采用 EGNRPI×（1+Buffer）代替 GNRPI 计算再保摊赔，超赔合约赔付限额为：EGNRPI×（1+Buffer）×限额赔付率。

2016 年，某原保险人为其种植险业务购买了分省赔付率超赔合约和多省伞状超赔合约。其中分省赔付率合约设置了保费规模浮动因子（30%），通过对比实收保费与预估保费，超赔合约结构也做出相应调整，具体如表 4-16 所示。多省伞状超赔合约未设置保费规模浮动因子，具体如表 4-17 所示。

表 4-16　分省赔付率超赔合约结构（万元）

省份	保费规模浮动因子	预估保费	合约起赔点	合约限额
辽宁	30%	13 000	100% 实收净自费费或人民币 9 100 万元（取孰大值）	15%实收净自留保费或人民币 2 535 万元（取孰小值）

表 4-17　多省伞状超赔合约（万元）

省份	预估保费	合约起赔点	合约限额
辽宁	13 000	115%	
四川	31 500	100%	
吉林	35 600	130%	60 000
陕西	17 000	110%	
黑龙江	11 500	110%	

1. 本案超赔合约摊赔计算

2016 年，原保险人在辽宁省的业务实收保费为 7 800 万元，因遭受严重自然灾害导致全省赔款支出 10 530 万元，赔付率为 135%。

对于分省赔付率超赔合约，实收保费 7 800 万元低于 EGNRPI×（1-Buffer）=13 000×（1-30%）=9 100 万元，即实收保费未能达到 EGNRPI 的 70%～130%（［1-Buffer，1+Buffer］）区间，则超赔合约再保摊赔的保费计算基础替代为 9 100 万元。根据表 4-16，辽宁省赔付率合约结构为：1 170 万元 XS 9 100 万元，以赔付率形式表示为 15% XS 116.67%（=9 100/7 800）。此时，辽宁省赔付率合约的保障范围将不再是设计初衷结构 15% XS 100%。

对于多省伞状超赔合约，辽宁省损失赔付率为 135%，超过该省起赔点 115%，伞状超赔合约被触发，115%起赔点以上的 20%赔付率损失均落入伞状超赔保障范围，即 20% XS 115%。

2. 本案主要争议点

从上述计算过程来看，辽宁省赔付率合约保障范围为 15% XS 116.67%，伞状超赔保障区间为 20% XS 115%，两个超赔合约保障基本重叠，二者存在重复摊赔现象。

原保险人认为：两个超赔合约均应再保摊赔，互不影响。根据伞状超赔合约文本中最终净损失条款约定：

"The term 'ultimate loss clause' shall mean the total sum actually paid by the reinsured in settlement of losses occurring on risks attaching during the term of this agreement..., but salvages and recoveries including recoveries from all other reinsurances, other than underlying reinsurances provided for herein, shall be first deducted to arrive at the amount of liability, if any, attaching hereunder..."

虽然文本中未明确接续合约，但从这两个超赔合约安排本意来看是上下连续的两个合约，赔付率超赔合约就是伞状超赔的接续合约，当实际保费与预估保费偏差不大时，计算伞状超赔损失也不会先扣减赔付率超赔合约摊回金额。因此，根据该最终损失条款（Ultimate Loss Clause）约定，两个超赔合约均可独立摊赔。

再保人认为，两个超赔合约不可重复摊赔。理由主要包括：① 赔付率超赔与伞状超赔在赔付上会有重复区段，即同一区段的损失会得到双份的再保补偿，不符合保险损失补偿的基本原则；② 根据赔付率超赔合约中的累计净损失（Aggregate Loss）条款："The term 'Aggregate Loss' as used herein shall be understood to mean the sum actually paid by the reinsured in settlement of all losses after making deductions for all recoveries, all salvages, all shall include all adjustment expenses..."以及上述伞状超赔合约的最终净损失条款，两者中均有明确表述，在确定损失或赔付率数值时，应将其他再保安排所能摊回的部分预先扣除，实际上两合同条款均未对接续合约做具体规定，上述情况下两个超赔合约已经不具备连续保障的承接关系，赔付率超赔不能算作伞状超赔的接续。

3. 本案启示

若上述赔付率超赔合约未设置结构调节因子，超赔结构不会随着保费情况变动，而是固定在 15% XS 100%，则就正好与伞状超赔结构（累计限额 XS 115%）对接上。但正是由于赔付率合约根据保费进行结构调整，一旦实收保费实现程度不在 [EGNRPI×（1-Buffer），EGNRPI×（1+Buffer）]范围内，赔付率超赔将会与伞状超赔发生重叠保障。

为避免理赔环节中因重复摊赔产生纠纷，原保险人和再保人双方应事先做好规避。①重视再保结构条款，业务承保时进一步明确赔付率合约累计净损失条款和伞状合约最终净损失条款，明晰再保损失分摊原则；②原保险人应合理预估业务保费规模，尽力避免实收保费与预估保费相差太多的情况，并据此制订适当的再保安排；③双方应事先对潜在问题展开深入分析，并就相关问题达成一致约定，有效减少理赔环节纠纷。

【案例分析 4-5】再保定责条款的应用

再保合同中约定保险责任的条款包括保险责任条款和除外责任条款。保险责任条款是指再保人承担保险责任范围的条款，除外责任条款则主要载明再保险合同不保的特定风险和责任。下文通过简要分析某育肥猪价格指数保险赔案，以加深读者对再保定责条款重要性的认知。

2016 年，被保险人某生猪养殖大户李某向原保险人购买了育肥猪价格指数保险。保单约定的保险责任包括两部分：①保险期间内，所承保批次育肥猪出栏并成功出售的，当约定理赔周期内猪粮比平均值低于约定猪粮比时，保险人按照本合同约定承担赔偿责任。②在保险期限内，由于下列疾病等原因（具体内容以释义部分为准）直接造成保险育肥猪在保险单载明地址的固定养殖场内死亡的，保险人负赔偿责任。2016 年 8 月 25 日至 11 月 20 日，李某养殖的育肥猪因高热病死亡 538 头。原保险人根据保单保险责任第二部分约定，高热病属于保单列明原因，保险责任成立，并赔偿金额 43.04 万元（=538 头×800 元/头）。此案中，原保险人就该笔业务向某再保人购买了临分保障。再保人进行再保定责时，发现再保险合同中有一项责任除外约定：任何原因导致的保险育肥猪死亡产生的一切损失和费用，再保人不负责赔偿。据此再保除外条款，此案保险事故不属于再保险责任，再保人当即拒绝了原保险人的索赔请求。

通过上述案例的简要分析可以看出，再保除外条款至关重要。若原保险责任涵盖了再保除外责任条款列明的特定风险和责任，即原保险责任和再保险责任范围不一致，原保险人须独自承担该部分的承保风险敞口。因此，对于原保险人，应审慎约定再保除外责任条款，尽力保证原保险和再保险责任之间的无缝对接。对于再保人，因其不直接面向广大保户提供保险保障，亦不能控制原保险人写入业务的保障范围，再保合同中的除外责任条款能够有效控制再保责任范围，切实保证再保保费与风险的合理对价。

【案例分析 4-6】再保定损条款的应用

再保险合同中关于定损的条款主要包括再保结构条款和净自留损失条款（针对非比例合约）。再保结构条款已在前文中有所介绍，现通过某种植险案例分析来说明净自留损失条款的重要性。

2013 年，某原保险人的山东省种植险再保安排包括三个部分，即全国成数大合约、山东省区域成数合约、山东省赔付率超赔合约，其中山东省区域成数合约设置了赔付封顶条款。2013 年，山东省种植险业务毛保费收入 4.93 亿元，保险期限内共发生赔案 4 万余笔，损失原因包括雹灾、风灾、病虫害和内涝等自然灾害，赔款支出共计 6.08 亿元。

本案中，对于山东省赔付率超赔合约的再保摊赔计算过程如下：

1. 净自留保费

原保险人山东省实际净自留保费：山东省毛保费—全国成数大合约分出保费—山东省区域成数合约分出保费=2.84亿元。

2. 净自留赔款

原保险人山东省实际净自留赔款：山东省毛赔款—全国成数大合约分出赔款—山东省区域成数合约分出赔款。其中，按照正常分出比例计算，山东省区域成数合约应分出赔款1.74亿元，但受该合约的赔付封顶条款限制，最高只能分出损失限额1.39亿元。因此，这导致原保险人山东省净自留赔款多了0.35（=1.74-1.39）亿元。

3. 本案主要争议点

原保险人认为，由于山东省2013年种植险区域合约有摊回赔款封顶限额，而且最终应分摊赔款超过了合约赔付封顶限额，超出部分不能从区域合约中摊回。因此，在计算山东省赔付率超赔合约摊赔时，应将该超出部分计入净自留赔款。

再保人认为，超出区域成数合约封顶限额的损失不应计入山东省净自留赔款，因为双方签订的2013年山东省赔付率超赔合约没有包含对超出区域成数合约赔付封顶赔款的保障。

4. 本案启示

本案产生再保定损纠纷的主要原因有两点：①业务承保时未完全了解区域成数合约情况，未认识到赔付封顶条款的存在及其潜在影响；②赔付率超赔合约中与再保定损直接相关的累计损失条款定义较模糊，未明确界定相关情形下的再保摊赔规则。

针对上述导致双方理解分歧的两点内容，建议在日后业务续保工作中予以进一步明确或修订，以避免出现因再保条款约定不明导致的再保定损纠纷。

【本章小结】

本章首先从农险理赔的概念出发，总结了农险理赔的复杂性、分散性和政策性特点。再根据农险再保理赔的管理和实务，总结出两点根本性原则：遵循保险合同约定，保障农户合法权益；遵循再保合同约定，保障再保险双方合理权益。农险再保理赔的具体操作流程包括六个环节，分别是再保报案、再保立案、联合查勘定损（若有）、再保核赔、支付赔款和结案归档管理。本章第三节介绍了目前主要再保险技术的理赔原理，再结合具体案例分析，分别介绍了传统保产量的种植险再保理赔全流程、价格指数保险和收入保险的理赔实际应用，最后通过介绍具体案例，阐述再保险结构条款、再保定责和定损条款对最终理赔结果的重要影响，体现了再保险条款的重要作用。

【重点概念】

农险理赔特点　再保理赔原则　再保理赔流程　再保条款理赔应用　传统保产量农险理赔　价格指数保险理赔　收入保险理赔

【思考与练习】

2017 年 10 月，台风"莎莉嘉"登陆并横穿我国海南省，造成省内大面积区域的水稻、大棚瓜果蔬菜、林木等受损。再保人接到某原保险人报案，称台风"莎莉嘉"致使其承保的种植险和森林险业务受损严重，据初步估计损失金额为人民币 1.5 亿元，2017 年原保险人海南省种植险和森林险业务毛保费收入 1 亿元。再保人接受了原保险人的成数分保合约（分出 30%，再保人份额为 30%中的一半，即 15%），以及赔付率超赔合约（结构为赔付率区间 100%～160%，再保人份额为该区间的一半）。试问，再保人在接到该报案后应如何处理？估算此案再保人项下的总损失金额。

【主要参考文献】

[1] 保监发〔2010〕42 号文. 关于进一步做好 2010 年农业保险工作的通知，2010.

[2] 戴凤举. 现代再保险理论与实务[M]. 北京：中国商业出版社，2003：96-132.

[3] 聂翔. 农业再保险法律制度研究[D]. 长沙：湖南大学，2007.

[4] 袁纯清. 让保险走进农民[M]. 北京：人民出版社，2018：24-27.

[5] 中保协发〔2012〕10 号文. 关于印发《农业保险理赔指引》的通知，2012.

第五章 精算定价与准备金管理

【学习目标】

了解农业再保险中比例再保险、非比例再保险的精算定价原理和基本方法，了解农业再保险的准备金分类、相关概念以及计提方法，了解农业大灾准备金的概念、用途、评估原则、计提比例等。

【知识结构图】

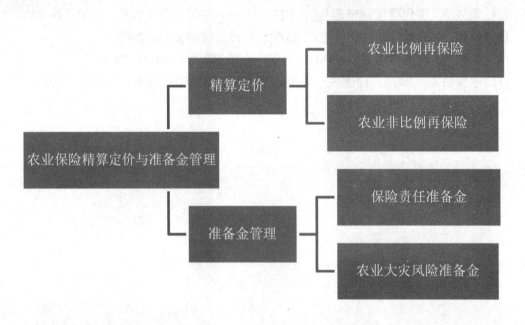

第一节 农业再保险精算定价

一、比例再保险的精算定价

比例再保险是再保险分出人与再保险接受人签订的，再保险接受人按照约定比例分摊赔款及保费的合约，一般按照分出比例的计算方式分为成数再保险和溢额再保险。其中成数再保险是一种最简单的分保方式，再保险分出人的自留额、再保险接受人的接受额是按照双方约定的百分比确定的。溢额再保险的分出人先按每一危险单位确定自留额，将超出自留额后的剩余数额（即溢额）根据再保险合同的约定分给再保险接受人，主要用于财产保险。从目前国内市场的农险比例再保险业务来看，基本全部为成数分出业务。

（一）比例再保险精算定价的基本方法

比例再保险所采用的定价技术与直接保险人所采用的标准费率厘定技术类似，定价步骤如下：

第一，搜集并整理再保险合约的历史数据资料。

一般而言，需要搜集 5 年以上该比例再保险合约下的已发生的损失和保费收入数据。若搜集不到，也可以搜集分保前的历史数据，然后按照分保条件进行调整，将其转化为假想该分保条件存在时的经验数据（实务中一般称为 as-if 调整）。

若比例分保合约是以损失发生制为基础，则应采用已赚保费和事故年损失数据进行计算；若分保合约是以保单签发制为基础（即以承保年为基础），则应采用合约期内的承保保费和相应损失数据进行计算。这里的损失发生制是指所考虑的损失为合约期间发生的所有损失，而不考虑原保单的生效日期，只要该保单的损失发生在分保合约期内，就属于损失发生机制下应考虑的损失。保单签发制是指分保合约仅承保生效日在合约期内的保单。从目前实务来看，绝大多数的农业再保险合约以保单签发制为基础，因此需要收集各年度的承保保费以及相应的损失数据。

第二，剔除损失数据中的巨灾损失和其他异常损失数据。

对于财产险和责任险而言，异常损失包括巨灾损失（如飓风、地震等）引起的损失以及非巨灾但可能对合约赔付率造成显著影响（例如 2%以上，每个公司有不同的标准）的较大损失。对农险而言，地震、干旱、洪水、台风、滑坡、农林病虫害、森林火灾等都会对农业生产造成巨大的损失，但由于农业保险标的的风险有其特殊性，这些异常事件导致损失的金额并不像财产险、责任险那样明确，除了注意尽量收集较为细致的直保数据外，也需要承保师和精算师做出更精准的判断。

第三，将经验损失数据发展到终极水平，并对未来期间进行预测。

（1）将历史损失数据发展到终极水平。如果分保合约的经验数据量不足以估计损失发展因子，那么可以结合从其他渠道获得的信息进行估计。根据信息获得渠道的不同，再保险接受人往往需要对经验数据中存在的报告延迟、事故年与保单年之间的差异等做出调整。

（2）将历史保费调整到未来水平，此时需要用到费率的历史调整信息及费率均衡因子（Level Factor）。对于以损失发生制为基础的合约，可以利用平行四边形法计算费率均衡因子，进而调整已赚保费。对于以保单签发制为基础的合约，一般是针对历史上新费率生效日之前签发的保单进行调整，计算方法比以损失发生制为基础的合约简单一些。同时也需要计算在合约期内未来费率变化情况将产生的影响，由于在对分保合约评估时，这些未来费率变化可能还没有获批或者报备，因此需要借助一些主观判断。

（3）对损失数据进行趋势化处理，将其调整到未来期间的损失水平，以反映通胀或法律、条款等趋势性的变化。在调整过程中，可借助于从其他渠道所获得的信息。

第四，选择适用于该分保合约的（不含异常损失）期望赔付率。

若第三步采用的数据是可信的，那么期望赔付率（不含异常损失）就等于调整到未来水平的平均历史赔付率。将该结果与再保险分出人年报上的经验数据、行业平均水平进行比较，从而审查计算结果的合理性。

第五，考虑巨灾、大损失等因素，对（不含异常损失）期望赔付率进行调整，得出最终的期望赔付率。

在再保险合约定价中，考虑异常损失风险附加对评估农业保险分保合约意义重大。然而，在通常情况下，由于历史损失数据严重不足，难以确定该风险附加的多少。针对这一情形，可采用以下几种方法进行处理：

（1）根据分出公司不同省未来保费分布情况的预测，计算巨灾风险附加的平均值，这些附加可基于分出公司费率历史、保险行业协会等全国性保险组织发布的简报，还可参考农业气象部门发布的各类信息。

（2）在一个较长时期内分摊巨灾损失。例如，若分出公司的历史数据表明洪水会引起巨额损失，那么应该首先将该损失调整到当前成本水平和风险水平，然后在一定年限内（如10年，该数值取决于洪水灾害发生的频率）平均分摊。需要注意的是，应该将历史巨灾损失调整到当前风险水平和成本水平。

（3）通过建立巨灾模型模拟计算年巨灾损失的期望值。目前国际上主流的巨灾模型公司如AIR国际公司、RMS公司等都有农险模型，可以作为参考。

第六，根据分保手续费和其他费用估计综合成本率（Combined Ratio）。

估计期望损失后，下一步应评估合约的其他特征。具体包括：

（1）分保手续费，分为固定手续费率、浮动手续费率（Sliding Scale）计算。

（2）再保险接受人的管理费用和经营费用。

（3）税金。

（4）经纪人佣金（若存在）。若再保险业务是通过经纪人签署的，通常由再保险接受人以经纪人佣金的名义按分保合约保费的一定比率向经纪人支付佣金。若再保险接受人与再保险分出人直接联系并签订分保合约，则不存在经纪人佣金，但是此时分出手续费会更高一些。

第七，再保险接受人需要评估该再保险合约的综合成本率估计值，确认是否能够接受。此外，在评估时还应综合考虑潜在投资收入和风险水平，在此基础上确定该业务能否达到再保险接受人的目标回报率。

【案例分析 5-1】

假定再保险分出人需要一份自 2018 年 1 月 1 日生效的一年期农业保险成数分保合约，以保单签发制为基础。假定分出业务的保单有效期为一年，再保险分出人提供了过去 6 年的历史经验数据、费率变化及损失流量三角形。

历史经验数据的时间长度为 5 年加上 2017 年前三季度的数据。对各业务年度的已发生损失数据进行整理，包括已决赔款、已发生已报案未决赔款准备金、直接理赔费用，但不包括已发生未报案未决赔款准备金。

设评估日为 2017 年 9 月 30 日，在此时点分析各业务年度的经验数据如表 5-1 所示。

表 5-1　经验数据表

(1) 业务年度	(2) 承保保费（万元）	(3) 已发生损失（万元）	(4) 赔付率
2012	1 000	587.1	58.71%
2013	1 100	1 606	146.00%
2014	1 200	716.52	59.71%
2015	1 300	696.41	53.57%
2016	1 400	780.22	55.73%
2017	1 500	478.05	31.87%

若剔除洪水巨灾损失，并假设损失的年通胀率为 4%，并计算终极发展因子。可根据各个业务年度的已发生损失计算趋势化最终已发生损失，如表 5-2 所示。

表 5-2　趋势化最终损失表

(1) 业务年度	(2) 已发生损失（万元）	(3) 终极发展因子	(4) 趋势化因子	(5) 趋势化最终损失
2012	587.1	1.000	1.265	742.9
2013	638.0	1.000	1.217	776.2
2014	716.5	1.000	1.170	838.2
2015	696.4	1.000	1.125	783.4
2016	780.2	1.125	1.082	949.4
2017	478.1	1.505	1.040	748.2
合计	3 896.3			4 838.3

在表 5-2 列（2）"已发生损失"中，已经将洪水巨灾损失从 2013 业务年度的已发生损失中剔除掉，即 638=1 606-968；对于列（3）"终极发展因子"，可利用未决赔款准备金评估方法（本章稍后会介绍）以及适当的经验判断得到。注意，2017 业务年的终极发展因子比较大，这主要有以下两方面的原因：

（1）该业务年度数据不完整，只有前三个季度的数据，需将其调整到全年；

（2）该业务年度的已发生损失数据离评估日最近，终极发展因子应该最大。

列（4）的趋势化因子的计算过程是：以 2012 业务年度为例，假设保单均在 2012 年 1 月 1 日起期，则所保障损失的平均发生日期为 2012 年 7 月 31 日，再保合约的有效期为 2018 年 1 月 1 日至 2018 年 12 月 31 日，所保障损失的平均发生日期为 2018 年 7 月 31 日，相距 6 年，因此趋势化因子为（1+4%）^{6}=1.265，其他业务年度的趋势化因子的计算过程与此类似。列（5）"趋势化最终损失"是将列（2）、列（3）和列（4）中的数据相乘后得到的，即：

趋势化最终损失=已发生损失×终极发展因子×趋势化因子。

此外，根据历史资料和合理预测，费率变化情况如表 5-3 所示。

表 5-3 费率变化表

生效日期	2013 年 1 月 1 日	2014 年 1 月 1 日	2015 年 1 月 1 日
费率变化	上浮 10%	下浮 5%	下浮 15%

根据表 5-3 信息，可以计算各年度的保费均衡因子，如表 5-4 所示。

表 5-4 保费均衡因子表

(1)	(2)	(3)	(4)	(5)
业务年度	未调整承保保费/万元	均衡因子	趋势化因子	均衡保费
2012	1 000	0.888	1.265	1 123.9
2013	1 100	0.808	1.217	1 080.7
2014	1 200	0.850	1.170	1 193.3
2015	1 300	1.075	1.125	1 572.0
2016	1 400	1.000	1.082	1 514.2
2017	1 500	1.000	1.040	1 560.0
合计	7 500			8 044.1

以 2012 业务年度为例，列（3）的均衡因子的计算方法为（1+10%）（1-5%）（1-15%）=0.888。

表 5-5 最终赔付率表

(1)	(2)	(3)	(4)
业务年度	均衡保费	最终损失	赔付率
2012	1 123.9	742.9	66%
2013	1 080.7	776.2	72%
2014	1 193.3	838.2	70%
2015	1 572.0	783.4	50%
2016	1 514.2	949.4	63%
2017	1 560.0	748.2	48%
合计	8 044.1	4 838.3	60.15%

由表 5-5 可知，按 2018 年的费率水平、通胀水平计算得到的、扣除巨灾影响后的赔付率为 60.15%。其计算过程为：

4 838.3/8 044.1×100%=60.15%。

下面考虑巨灾的影响，首先计算已发生巨灾损失（这里指洪水巨灾损失）占总已发生损失的比率：

（968×1.217/4 838.3）×100%=24.2%。

这里考虑了 6 个业务年度的经验数据，根据经验可知，洪水巨灾大约每 8 年发生一次，因此考虑巨灾因素后的赔付率为：

$$60.15\% \times (1 + 24.2\%/8 \times 6) = 71.07\%$$

因此最终选定的赔付率为 71.07%。

最后一步，确定再保险接受人的综合成本率。假设再保险分出人支出的费用情况（各项费用占承保保费的百分比）如表 5-6 所示。

表 5-6　综合成本率计算表

期望赔付率	71.07%
手续费率	27%
管理费用	2%
固定费用	1%
综合成本率	101.07%

再保险接受人的精算师必须考虑该分保合约的利润情况。对再保险接受人而言，101.07% 的综合成本率不能带来满意的利润回报，因此应当建议对该合约的有关条款进行修订，包括手续费率、损失分摊、损失封顶等。

（二）农业比例再保险的一些特殊条款

1. 浮动手续费

浮动手续费又称为梯次佣金（Sliding Scale），是指再保险接受人根据再保合约的实际损失动态调整向再保险分出人支付的分出手续费，即分出手续费随着再保合约业务的经营结果而浮动，奖优惩劣。为了补偿再保险分出人和再保险接受人的费用支出，常常设有分出手续费的最小值和最大值。

为了应用浮动手续费计算公式，常常在初步计算赔付率的基础上，先设定一个临时手续费率（Provisional Commission）。

用 LR 表示实际赔付率，用 CC 表示实际手续费率，而 $c_k < c_{k-1} < \cdots < c_1 < c_0$ 为 $k+1$ 个不同赔付率，同时假设手续费的支付规则如下（设共有 $k+2$ 个梯次）：

（1）若 $c_0 \leq LR$，则取最小手续费率：$CC=a$。

（2）若 $c_i \leq LR < c_{i-1}$（称为第 i 个梯次），手续费按照 $1:k_i$ 比率变化，即此时

$$CC = a + k_i(c_{i-1} - LR) + \sum_{j=1}^{i-1} k_j\left(c_{j-1} - c_j\right)$$

（3）若 $LR < c_k$，则取最大手续费率，此时

$$CC = a + \sum_{j=1}^{k} k_j(c_{j-1} - c_j)$$

此时 CC 即为最大手续费率。

根据上述假设，若采用示性函数 $I(*)$，则对于实际赔付率 LR，可以得到其对应的手续费率为：

$$CC = a \times I c_0 \leq LR + \left\{ a + \sum_{j=1}^{k} k_j\left(c_{j-1} - c_j\right) \right\} I\left(LR < c_k\right)$$

$$= a + \sum_{i=1}^{k}\left\{ k_i\left(c_{i-1} - LR\right) + \sum_{J=1}^{l-1} k_j\left(c_{j-1} - c_j\right) \right\} I\left(c_j \leq LR \leq c_{i-1}\right)$$

【案例分析 5-2】

对于某一比例再保险合约，分保手续费的支付规则如表 5-7 所示。

表 5-7　分保手续费条件

项目	手续费率	条件
临时手续费	30%	
最小值	22%	赔付率≥70%
按 1：0.8 梯次变化	22%~38%	50%≤赔付率<70%
按 1：0.6 梯次变化	38%~50%	30%≤赔付率<50%
最大值	50%	赔付率<30%

根据这一规则，可以得到不同赔付率情形下的分出手续费，如表 5-8 所示。

表 5-8　不同赔付率下手续费情况

赔付率	28%	34%	40%	46%	52%	58%	64%	70%
手续费率	50.0%	47.6%	44.0%	40.4%	36.4%	31.6%	26.8%	22.0%

对应公式的参数情况如表 5-9 所示。

表 5-9　对应公式的参数情况

参数	k	a	c_0	c_1	c_2	k_1	k_2
值	2	22%	70%	50%	30%	0.8	0.6

将参数的值代入公式，可得到：

$$CC = 22\% + 0.28 I LR < 30\% + \left(0.48 - 0.6 \times LR\right) I\left(0.3 \leqslant LR < 0.5\right)$$
$$+ \left(0.56 - 0.8 \times LR\right) I\left(0.5 \leqslant LR < 0.7\right)$$

以赔付率为 40% 的情形为例，此时 $CC=50\%-$（40%-30%）×0.6=44%。

有了这个计算公式，可以采用 EXCEL 等工具软件，很容易地计算不同赔付率所对应的手续费率。

在计算手续费率时，若将 LR 看作一个随机变量，则期望赔付率是该随机变量的均值。此时，期望手续费率就是以随机变量 LR 为基础计算得到的手续费率随机变量的均值。

为了计算期望手续费率，最简单的计算方法是基于（巨灾和激波损失调整后的）历史赔付率的经验分布，计算期望手续费率的估计值。由于受发生巨灾损失和保费收入偏低年份的影响，由该方法得到的结果可能会被扭曲。

这里把赔付率看作随机变量，目的是分析浮动手续费率的平均水平。显然，可以把手续费率 CC 看作赔付率为 LR 的函数，不妨记为 $CC=g\left(LR\right)$，且设 LR 的分布函数为 $F(x)$，则计算期望手续费率的公式为：

$$E(CC) = \int g x \mathrm{d} F\left(x\right)$$

采用与前文类似的假定，设这里共有 k 个梯次，且假设当 $c_i \leqslant LR < c_{i-1}$ 时（即在第 i 个梯次），手续费率按照 $1:k_i$ 比率变化，其中 i=1，2，…，k。这里 k_i 可以取 0，而 $c_0 = +\infty$，$c_k = +\infty$。此时

$$\mathrm{E}\left(CC\right) = \sum_{i=1}^{k} \int_{c_i}^{c_{i-1}} g\left(x\right)\mathrm{d} F\left(x\right)$$

$$= \sum_{i=1}^{k} g\left(\widetilde{x}_i\right) \int_{c_i}^{c_{i-1}} \mathrm{d} F\left(x\right)$$

$$= \sum_{i=1}^{k} g\left(\widetilde{x}_i\right) \left[F\left(c_{i-1}\right) - F\left(c_i\right)\right]$$

其中，$\widetilde{x}_i$ 是区间 $\left[c_i, c_{i-1}\right]$ 内的某一点。为了计算方便，这里使用 $\overline{x_i}$ 作为 $\widetilde{x}_i$ 的近似，其中 $\overline{x_i} = \mathrm{E}\left(LR | c_i \leqslant LR \leqslant c_{i\,1}\right)$。

显然，为了计算 $\mathrm{E}\left(CC\right)$，对这 k 个小区间需要分别计算 LR 落在该区间条件下 LR 的条件数学期望 $\overline{x_i}$、LR 落在该区间的概率 $F\left(c_{i-1}\right) - F\left(c_i\right)$，当 $LR=\overline{x_i}$ 时所对应的手续费率 $g\left(\overline{x_i}\right)$，然后将后两项相乘，将得到的乘积按 i 相加，最后得到该浮动手续费率的平均值。

2. 纯益手续费（Profit Commission）

纯益手续费（又称盈余手续费）是指从合约保费中扣减实际损失额、分出手续费、税金及费用附加后得到的、以分出保费一定百分比形式给出的额外手续费。详见案例分析 5-3。

【案例分析 5-3】

表 5-10　案例分析表

实际赔付率	60%
分出手续费率	22%
税金及费用附加	8%
再保险接受人利润率	10%（=1-60%-22%-8%）
返还比例	60%
纯益手续费	6%=（10%×60%）

一种更复杂的情形是在手续费率中引入滚转条款（Carry-Forward Provision）。根据该条款，若以前年度再保合约有亏损，则可将亏损额并入当前年度的损失额，用于估计当前年度的纯益手续费率。从长期来看，该条款有助于平稳合约的经营业绩。

若存在滚转条款，可采用以下方法确定纯益手续费率：将以前年度的所有滚转损失并入当前年度，然后估计它对当前年度的影响。该方法等价于根据滚转量调整浮动手续费计算方法中各梯次的分界值。例如，若考虑以前年度的 5%的损失滚转量等价于将当前年度的赔付率上调 5%（需要注意，这里是将以前年度的损失额滚入当前年度），然后计算该滚入额所等价的赔付率浮动比率，则上述案例可调整如表 5-11 所示。

表 5-11　加入滚转条款后的手续费率

实际赔付率	60%
分出手续费率	22%
税金及费用附加	8%
以往年度滚转	5%
再保险接受人利润率	5%（=1-60%-22%-8%-5%）
返还比例	60%
纯益手续费	3%=（5%×60%）

3. 损失分摊与损失封顶

损失分摊要求当赔付率超过某一给定值时，再保险分出人替再保险接受人承担一定比例的责任。例如，损失分摊要求再保分出人承担再保合约赔付率为 75%~90%部分的 80%，有时把这一范围（75%~90%）称为损失回廊。

【案例分析5-4】

若在应用损失分摊条款前再保险合约的赔付率为 100%，那么在应用损失分摊后再保接受人将承受的赔付率为 94%，其计算过程如表 5-12 所示。

表5-12　损失分摊加入前后条款的再保合约赔付率

	无损失分摊	有损失分摊	备注
损失回廊下	75%	75%	100%中 75%以下的部分
损失回廊中	15%	9%	15%-40%×(90%-75%)
损失回廊上	10%	10%	100%-90%
合计	100%	94%	

类似于上文的分析，可以借助聚合损失模型合理估计损失分摊所产生的影响。此时，需要分析赔付率分别位于损失回廊下、中、上的概率值以及条件期望值。根据损失回廊的上下界将整个赔付率的波动范围分为三个区间。

下面用数学模型表达和分析损失分摊。设损失分摊的赔付率下界为 L，上界为 U，用 LR 表示再保险接受人在应用损失回廊前的赔付率，用 α 表示再保险分出人对损失回廊内赔付率部分的分摊比率，则应用损失分摊后，再保险接受人的赔付率为：

$$LR - \alpha \times [\min LR, \ U - L \times I(LR > L)]$$

而应用损失分摊后，再保险分出人应承担的赔付率为：

$$\alpha \times [\min LR, \ U - L] \times I(LR > L)$$

其中，L=75%，U=90%，$\alpha = 80\%$。以 LR 范围为 75%~90% 为例，此时 LR 条件期望为 81.42%，应用损失回廊后再保险接受人的赔付率为：

$$81.42\% - 80\% \times (81.42\% - 75\%) = 76.28\%$$

若保留两位小数，即为 76.28%。显然，可以在 Excel 等软件中直接利用 LR 的计算公式进行计算。

赔付率封顶条款。该条款是针对业绩持续恶化、再保险接受人损失较大且短期内不可能明显改善的合约而制订的。再保险接受人为把新合约损失控制在可接受的范围内，对合约中再保险接受人承担的赔付率规定了一个最高值，对于超过该赔付率部分的损失，再保险接受人不承担责任，完全由分出公司自己承担。例如，在某农险比例合约中规定了 150% 的损失封顶条款，那么在合约所保障的业务赔付率为 160% 时，再保人也仅承担 150% 的责任，剩下的 10% 由分出人自己承担。

二、农业非比例再保险的精算定价

非比例再保险是一种重要的再保险安排方式。因其手续简单且对巨灾、巨额损失的保障作用显著，非比例再保险被广泛应用于各种类型保险业务的再保险安排之中。不像比例再保险那样直接沿用原直接保险费率，超赔再保险的重要特征之一是需要脱离原直接保险价格而另行制订单独的再保险价格，因此超赔再保险的费率厘定成为超赔再保险的中心问题之一。

（一）非比例再保险

非比例再保险（又称超赔再保险）是指直接保险人与再保险人订立再保险合同，直保人根据合同约定向再保人支付再保险费，再保人按照合同约定，当直保人负担的净赔款金额超过合同规定的起赔点金额时，就超过起赔点部分的赔款金额向直保人给予补偿，直至合同规定的最高责任限额的再保险行为。与比例再保险相比，超赔再保险具有以下几个主要特点：

（1）再保险责任是以赔款为基础，而非以保额为基础；

（2）不存在再保险手续费；

（3）需要单独计算再保险费率，而并非像比例再保险那样直接沿用直接保险费率。

其中的第三点是非比例再保险最为显著的特点之一。

非比例再保险可以分为险位超赔再保险、事故超赔再保险和赔付率超赔再保险。险位超赔是以每一个风险单位在一次事故中所发生的一次赔款为基础计算再保险责任的，当直保人对每一个风险单位承担的净赔款超过起赔点时，再保人就超过起赔点部分的赔款金额向直保人给予补偿，并以最高责任限额为限。事故超赔是以一次事故所发生的赔款总额为基础计算再保险责任的，一次事故可能引起多个风险单位同时发生损失，当直保人在一次事故中对多个风险单位承担的净赔款总额超过起赔点时，再保人就超过起赔点部分的赔款金额向直保人负责补偿，并以最高责任限额为限。赔付率超赔又称为损失中止再保险，它是以再保险期限内直保人的赔付率为基础计算再保险责任的，当直保人的赔付率超过合同规定的赔付率起赔点时，再保人就超过起赔点部分的赔款金额向直保人给予补偿，并以最高赔付率责任限额为限。

在非农再保市场上，险位超赔和事故超赔的安排方式较为常见，赔付率超赔较为少见。然而在农业再保市场上，占据主要地位的分保形式却是赔付率超赔以及基于赔付率的伞状超赔。

【案例分析 5-5】

某公司就其农险业务签订了一份赔付率超赔合同，以 100%赔付率为起赔点，限额为 100%（如图 5-1）。该合同结构通常表述为 100% XS 100%。假设该合同的净自留保费为 10 亿元，终极赔付率为 120%。

再保摊回 =（120% - 100%）×10=2（亿元）

赔付率伞状超赔是再保市场特有的分保形式：直保人可以将其业务分为几组，各组有不同的起赔点，但是共享一个限额。当各组的赔付率超过各自的赔付率起赔点时，再保人就各组超过起赔点部分的赔款金额向直保人给予补偿，并以整个合同的限额为限。

图 5-1 赔付率超赔合同结构

【案例分析 5-6】

某公司为其农险业务购买了一份赔付率伞状超赔再保险，保障三个省的风险。A省以 100% 赔付率为起赔点，B 省以 100% 为起赔点，C 省以 120% 为起赔点（如图 5-2）。三省共享一个 5 亿元的限额。假设 A 省的净自留保费为 10 亿元，终极赔付率为 115%；B 省的净自留保费为 20 亿元，终极赔付率为 90%（低于起赔点）；C 省的净自留保费为 5 亿元，赔付率为 130%。

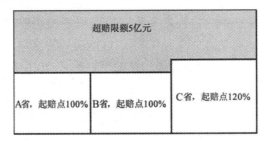

图 5-2 伞状超赔合约结构

再保摊回 =（115%-100%）×10+（130%-120%）×5=1.5+0.5=2（亿元）（小于限额）；最终的再保摊回为 2 亿元。

（二）纯风险保费的定价

由于非比例再保险复杂程度较高，针对非比例再保险的定价还没有统一的完全通用的方法。在当今的再保险市场上，超赔再保险的定价方法一般被划分为两大类：一类是经验定价法（Experience Rating），另一类是风险定价法（Exposure Rating）。在农险赔付率超赔合同的定价方法中，第一大类经验定价法主要包括燃烧成本法（Burning Cost）、分层摊收期法（Rate-On-Line Method）和基于历史赔付率数据的随机模拟法（Stochastic Simulation Method）；第二类风险定价法在财产险的超赔定价中主要是指应用行业认可的风险曲线、巨灾风险模型等，而农业保险中少有行业认可的风险曲线，因此在农险超赔再保险的定价中，应用风险定价法主要是指应用农险巨灾模型直接定价及基于农险巨灾模型的随机模拟法。赔付率超赔合同定价最主要的方法是燃烧成本法以及随机模拟法。

超赔再保险的价格除了纯保费以外，还包括安全附加保费、费用附加保费、资本金成本附加保费、利润附加保费等组成元素。除再保险纯保费与客观的风险损失相关性较强之外，其他组成元素都与再保险市场环境、再保险公司的具体经营状况和风险偏好等其他因素有关，随着公司主体的不同可能相差很大，因此本节主要是针对以损失成本为基础的超赔再保险纯保费的定价方法进行研究。

1. 燃烧成本法

燃烧成本法，又称为纯损失成本法（Pure Loss Cost），是一种主要用于对低层超赔再保险（Working Cover）进行定价的方法。低层超赔再保险的起赔点一般都设定得比较低，这种超赔再保险往往在再保险期间较容易被损失击穿起赔点，因而常常被直接保险人应用。"燃烧成本"一词来源于火灾保险，它实际上就是指超赔再保险的损失成本，或称赔款成本，使用"燃烧"一词使得这种含义更加生动形象。

在使用燃烧成本法对超赔再保险进行定价时，首先必须确定一个适当的损失周期（如5年甚至更长），然后将在该周期内进入超赔再保险限额内的损失数据，经过调整（趋势化、均衡化等，参考本章比例再保险内容）后，进行统计汇总，再除以该周期内直接保险人的总净保费收入，得到的比率就是燃烧成本率。燃烧成本率（Burning Cost Ratio）又称为纯损失成本率，它被定义为在指定周期内超赔再保险负担的超额损失（Excess Loss）与直接保险人的总净保费收入（GNPI）的比率，它的计算公式为

$$燃烧成本率 = \frac{在指定周期内超赔再保险负担的超额损失}{在指定周期内直接保险人的GNPI} \times 100\%$$

利用这个燃烧成本率，再乘以直接保险人在超赔再保险的保险期间内估计的总净保费收入，得到的结果就是这份超赔再保险的再保险纯保费。用公式表示如下：

$$再保险纯保费 = 燃烧成本率 \times 直接保险人在再保险期间内的GNPI$$

【案例分析 5-7】

某公司为其农险业务购买了一份赔付率超赔再保险，结构为50% XS 100%。该合同过去5年的赔付数据（趋势化以及均衡化之后）如表5-13：

表5-13 某公司赔付率超赔合约历史赔付数据

业务年度	GNPI（亿元）	赔付率	超赔层内赔付率	超额损失（亿元）
1	10	90%	0%	0
2	8	80%	0%	0
3	6.5	200%	50%	3.25
4	6	105%	5%	0.3
5	5	60%	0%	0
总和	35.5			3.55

超赔层内赔付率算法如下：如果赔付率低于起赔点（100%），超赔层内则为零；如果赔付率高于起赔点+限额（150%），超赔层内则为限额（50%）；如果赔付率在两者之间，超赔层内则为赔付率–起赔点。之后，超额损失=GNPI×超赔层内赔付率。最后得到的燃烧成本率=3.55/35.5=10%。

假设今年 GNPI=12 亿元，再保险纯保费=12×10%=1.2（亿元）。

燃烧成本法的优点是易于操作，然而其对经验损失数据的要求较高：该方法要求经验数据基于的历史经验期长于承保风险的损失周期。只有当历史经验期长于损失周期时，该方法才能够较准确地估计超赔合约的纯风险损失。如果历史经验期短于损失周期，那么根据历史经验，由于其在损失周期内的位置的不同，该方法产生的价格要么远低于真实价格，要么远高于真实价格。因此，对于损失周期较长的超赔再保险，除非有充足的历史经验期，否则燃烧成本法也无法计算出准确的价格。这也是一般统计推断应该遵循的一个重要原则。

此外，该方法需要经验数据中有足够的损失进入超赔层结构中，否则该方法无法给出准确的超赔纯风险损失的估计。当损失周期内的所有损失都低于超赔层的责任限额，此时如果直保人要求增加责任限额从而提高超赔再保险的保障，燃烧成本法得出的价格将不会因为责任限额的增大而增加，这被称为"免费保障（Free Cover）"问题。这个问题可以借助其他定价方法，如随机模拟法得到解决。

2. 基于历史赔付率数据的随机模拟法

基于历史赔付率数据的随机模拟法可被视为燃烧成本法的一种扩展方法，它经常被用来为具有较高起赔点的超赔再保险进行定价。对于具有较高起赔点的超赔再保险，损失经验数据往往是不充分的，单纯使用这些不充分的数据可能导致错误的定价结果。使用随机模拟法，可以利用历史赔付数据来拟合一个概率分布，然后可以通过这个分布随机模拟大量的损失情景，包括一些历史上并未出现过的大损失的情景。因此随机模拟法经常能在损失经验数据不充分而无法使用燃烧成本法时发挥作用。

针对农险市场上最常见的赔付率超赔再保险，随机模拟法需要挑选用来拟合赔付率的概率分布。目前，对数正态分布（Log-normal Distribution）是业界最常使用的概率分布，其概率密度函数为：

$$f(x) = \frac{1}{x\sigma\sqrt{2\pi}} e^{-\frac{\ln x - \mu}{2\sigma^2}}$$

从公式中可以看到，对数正态分布有两个参数：μ 和 σ。当确定了这两个参数之后，整个分布就被确定下来了。参数 μ 和 σ 可以通过如下公式与赔付率的预期值以及赔付率的标准差联系起来。

$$\mu = \ln\left(\frac{\text{赔付率预期值}}{\sqrt{1 + \left(\frac{\text{赔付率标准差}}{\text{赔付率预期值}}\right)^2}}\right)$$

$$\sigma^2 = \ln\left(1 + \left(\frac{赔付率标准差}{赔付率预期值}\right)^2\right)$$

因此，一旦确定了赔付率的预期值和标准差，整个分布就能够被确定下来。赔付率的预期值和标准差往往从经验数据中估计，即通过计算历史赔付率数据的平均值以及标准差，来估计该分布的预期值和标准差。当然，在确定预期值和标准差时，也可以加入主观的判断，来修正历史数据中得出的计算结果。

【案例分析 5-8】

某公司为其农险组合购买了一份赔付率超赔再保险，结构为 50% XS 100%。该合同过去 5 年的赔付数据（趋势化以及均衡化之后）如表 5-14 所示。

表 5-14　某公司过去 5 年历史赔付数据

业务年度	GNPI（亿元）	赔付率
1	10	90%
2	8	80%
3	6.5	200%
4	6	105%
5	5	60%
总和	35.5	

该合同历史赔付率的算术平均值为 107%，标准差约为 54%。假如最后选择 107% 为对数正态分布的预期，54% 为标准差，那么根据确定下来的赔付率分布模拟万次赔付率情景，在每一个情景下再分别计算超赔层内赔付率。最后取所有情景下的超赔层内赔付率的平均值，作为该超赔层的纯风险费率。

这样随机模拟法可以在一定程度上为经验数据较少的具有高起赔点的超赔再保险进行定价，并且也可以解决燃烧成本法所面临的"免费保障"问题。这是该定价法的优势之一。由于采用的是统计模型定价法，因此随机模拟方法的另一个优势是可以进行统计检验：模型结果依然可以通过统计检验来判断方法的可靠性和可信性。

随机模拟法对经验损失数据也有一定的要求：与燃烧成本法相似，经验数据的历史经验期必须长于损失周期；如果经验损失数据中的赔付率都远小于起赔点，那么即使构建一个统计模型进行随机模拟，模型结果的可靠性和可信性也可能不高。

当前赔付率超赔再保险最常使用的概率分布是对数正态分布，但是在实际的操作中也可以根据数据的实际情况，选择其他的概率分布用于随机模拟。

3. 农险巨灾模型

前述两个定价方法都对经验损失数据的质量有一定的要求。但是如果经验数据质量不高，或者完全缺乏的情况下，又该如何？对于农业再保险市场上最普遍的赔付率超赔再保险，尚无市场公认的方法可以解决这个问题。一种解决方案是使用行业数据，如使用某公司有风险敞口省份农险年鉴的数据，来建立统计模型；对于种植险，可使用另一种解决方案，即使用农险巨灾模型。这种方法就是风险定价法的一种。

巨灾模型原本是为了评估和管理财产险中的巨灾风险而研发的。许多国际机构、组织和公司都建立了信息丰富、形式多样、功能强大的巨灾风险模型分析系统。目前，市场上也有几家公司推出专门针对农险的巨灾模型。

一般来说，巨灾模型包括如下几个组成部分。

（1）灾害模块（Hazard Module）。该模块包含了模拟多种自然灾害的物理模型。针对农险，灾害模块可能会包含干旱、洪水、霜冻、冰雹、台风等多个自然灾害的事件集（Event Set）。

（2）易损模块（Vulnerability Module）。该模块将灾害模块中模拟出的灾害事件同模型使用者输入的风险敞口相结合，测算出这些风险受灾后所造成的损失。具体到农险，易损模块会考虑不同灾害类型对农作物造成的危害程度，以及农作物在生长发育的不同阶段受灾而导致的损失均有所差异，如水稻在出苗期受灾可能比在灌浆结实期受灾对产量的影响要小得多。综合考虑以上因素，易损性模块可以给出自然灾害对农作物产量的影响。

（3）金融模块（Financial Module）。农险巨灾模型的金融模块包括各个地区不同作物的保险条款、费率等信息，将易损模块模拟出来的产量损失与保险的条款相结合，可测算出保险公司的经济责任。

巨灾模型的优点是能够较好地处理地区间的相关性，能够为区县做精细定价，并且能够根据不同灾因定价。这些是前述两种方法所无法比拟的。但是巨灾模型对输入的风险敞口信息要求极为严格，一旦输入的数据质量较差，那么无论模型本身如何先进，模型的结果是没有价值的，正如模型领域中常说的一句话："垃圾进，垃圾出"。此外，由于巨灾模型本身极其复杂，非专业人士很难理解其内在机制，因此巨灾模型结果无法像前两种方法得出的结果那样透明易懂。

在实务中，有时还会将巨灾模型结果与随机模拟法相结合。假设农险赔付率服从某种类型的随机分布，在缺少足够的历史赔付率数据的情况下，也可以根据巨灾模型给出的赔付率的均值、标准差、分位数等各项统计指标，去拟合随机分布的各个参数，之后再结合农险赔付率超赔的其他条件进行定价。

4. 经验定价法与风险定价法之间的均衡

有时候我们可以对一笔业务同时使用经验定价法和风险定价法来进行定价，这两种方法的结果可能会差异很大。如何协调这些差异以得到最佳的定价决策，目前实务中还没有被广泛接受和能够有效处理大多数情形的方法，一般需要再保人根据业务风险、历史数据、巨灾模型的具体特点，通过主观判断，为由这两种方法得到的计算结果赋予不同的权重，得到这两个结果的加权平均值。

5. 无赔款优惠（No Claim Bonus，NCB）条款

非比例再保险还有可能涉及一些较特殊的条款。在农业再保险市场上比较常见的

是无赔款优惠（NCB）条款。该条款明确了如果分出业务没有赔款，则返还一定比例的保费。对于赔付率超赔合同，计算包括 NCB 条款的纯风险保费可以使用如下公式：

$$含NCB纯费 = \frac{不含NCB纯费}{1 - 无赔款概率 \times 保费退还比例}$$

【案例分析 5-9】

某公司为其农险业务购买了一份赔付率超赔再保险，结构为 50% XS 100%。该合同有 NCB 条款，约定若无赔款，再保人将保费的 20% 退还给直保人。如无 NCB 条款，该超赔的纯风险保费为 180 万元。根据定价时所确定的赔付率分布，该业务的赔付率有 50% 的可能性低于 100%，即无赔款的概率为 50%。因此，包括了 NCB 条款后，该超赔合同的纯风险保费 $= \dfrac{180}{1 - 50\% \times 20\%} = 200$（万元）。

三、最终保费的厘定

前文所考虑的均是纯风险保费。最终保费不仅包含纯风险保费，还必须考虑再保人的运营成本、利润及风险附加等附加费率。

（1）运营成本。再保人不仅须支付管理费用，若存在再保险中介，还需要额外支付经纪人手续费。有时还需要考虑对进入超赔层内的损失理赔的费用。

（2）利润及风险附加。该费用用于防范风险，并为再保人提供一定的利润回报。一般由再保险公司管理层确定该附加的预定比率，其随再保险市场的情况而波动。

一般附加费率表示为分出保费的百分数，最终费率公式如下：

$$最终保费 = \frac{纯风险保费}{1 - 附加费率}$$

【案例分析 5-10】

某公司为其农险业务购买了一份赔付率超赔再保险。该合同的纯风险保费为 180 万元。再保人的各种附加费率如下（表示为分包费的百分数）。

管理费用：4%

经纪费用：1%

利润及风险附加：5%

最终保费 $= \dfrac{180}{1 - 4\% - 1\% - 5\%} = 200$（万元）。

第二节　农业再保险的准备金管理

一、再保险准备金的分类

（一）准备金的概念

与普通商业不同，保险经营的特点是保险业务收入预先确定，但是成本支出在未来发生。保险公司的经营属于负债经营，保险业务未来的成本支出是否会发生、何时发生、发生的具体金额如何通常都具有很大的不确定性。

根据《中华人民共和国保险法》第九十八条规定："保险公司应当根据保障被保险人利益、保证偿付能力的原则，提取各项责任准备金。"保险责任准备金（Insurance Technical Reserves）指的是在某一特定评估时点，保险人为履行其承担的尚未终了的保险责任或给付未来可能发生的赔款，从其所收的保险费或资产中提留出的一项基金。保险责任准备金是保险公司负债的主要组成部分，对保险公司的财务报表和偿付能力均有重大的影响。由于保险责任准备金具有较大的不确定性，并且评估过程需要运用到保险学、统计学、金融学等领域的专业技术，有一定的评估难度，因此保险业监管机构针对保险公司（包括再保险公司）的准备金评估建立了一系列规章制度以进行规范和约束，要求所有经营非寿险业务的财产保险公司和再保险公司按照中国保险监管机构的规定，遵循非寿险精算的原理和方法，合理评估各项准备金。同时，要求公司聘请精算专业人员进行评估，并对评估结果承担一定的职业责任。

（二）准备金的分类

与再保险相关的保险责任准备金包括保险监管机构规定的保险责任准备金和由财政部规定的农业保险大灾风险准备金。其中，保险责任准备金又包括未到期责任准备金和未决赔款准备金。

1. 未到期责任准备金

未到期责任准备金是指在评估日期为尚未终止的保险责任而提取的准备金，主要由未赚保费准备金、未到期保单获取成本和经过测试所计提的保费不足准备金三部分构成。

未到期责任准备金=未赚保费准备金－未到期保单获取成本＋保费不足准备金。

2. 未决赔款准备金

未决赔款准备金是指在评估日期为已经出险但是尚未结案的赔案而提取的准备

金，并在估计未来现金流的基础上考虑风险边际和货币时间价值。

未决赔款准备金包括未决赔款准备金无偏估计、风险边际和贴现，其中未决赔款准备金无偏估计由已发生已报案未决赔款准备金、已发生未报案未决赔款准备金和理赔费用准备金三部分组成。

已发生已报案未决赔款准备金是保险公司为已经报案但尚未结案的保险事故而计提的赔款准备金。

已发生未报案未决赔款准备金是指为保险事故已经发生，但尚未向保险公司提出索赔的赔案提取的准备金。

理赔费用准备金是指为已出险尚未结案的赔案可能发生的理赔费用提取的准备金。

3. 农业保险大灾风险准备金

针对农业保险，除了保险监管机构要求的保险责任准备金外，为了进一步完善农业保险大灾风险分散机制，规范农业保险大灾风险准备金管理，促进农业保险持续健康发展，我国财政部于 2013 年印发了《农业保险大灾风险准备金管理办法》，对农业保险大灾风险准备金进行了规范。农业保险大灾准备金仅适用于各级财政按规定给予保费补贴的种植业、养殖业、林业等农业保险业务。根据规定，保险机构应分别按照农业保险保费收入和超额承保利润的一定比例，计提大灾准备金（以下分别简称为保费准备金和利润准备金），逐年滚存。

二、再保险准备金评估的基本原则

（一）保险责任准备金评估的基本原则

再保险业务保险责任准备金应以再保险业务产生的预期未来净现金流出为基础计量，并考虑货币时间价值的影响，包含明确的边际。

1. 未来现金流

未来现金流出主要包括再保险公司支付给分出公司的赔付、退保金及相关的理赔费用、保单维持费用、调整和纯益手续费流出等。

未来现金流入主要指未来的保费、追偿款收入、作为赔付的减项考虑的损余物资、调整手续费及损失分摊流入等。

2. 折现

计量再保险业务准备金时，对于货币时间价值影响重大的，应当对相关未来现金流量进行折现。判断货币时间价值影响是否重大，主要看再保险业务负债的久期。当计量单元整体再保险业务负债的久期低于 1 年时，可不考虑货币时间价值的影响；当计量单元整体再保险业务负债的久期超过 1 年（包括 1 年）时，需考虑货币时间价值的影响。在计算未到期责任准备金和未决赔款准备金的久期时，可按照再保险业务现金流的不同分布进行合理的转化与调整。贴现率采用资产负债表日贴现率（以中国债券信息网公布的保险合同准备金计量基准收益率曲线为参照），并考虑流动性风险、税收效应、信用风险等溢价因素。

3. 风险边际

在确定再保险业务准备金时，应当考虑风险边际因素。再保险公司可根据自身数据采用 75％分位法、资本成本法（COC）等方法测算合理的风险边际水平。最终使用的风险边际水平应符合保险监管机构的相关规定。不同计量单元的边际应单独测算。对于再保险公司因自身数据不足无法对边际进行测量的业务，可采用行业经验或监管机构制订的水平。

4. 剩余边际

剩余边际的计量方法为再保险合同首日，应评估保费收入、各项费用、未来赔付支出和风险边际。再保险业务的首日利得应全部计入剩余边际；若再保险业务出现亏损，则剩余边际值为零。非合同首日评估日，需对剩余边际按比例进行摊销。

（二）大灾风险准备金评估的基本原则

根据我国财政部的规定，农业保险大灾风险准备金的管理应遵循以下原则：

1. 独立运作

保险机构应自主计提、使用和管理大灾准备金，对其实行专户管理、独立核算。

2. 因地制宜

保险机构应结合不同区域风险特征、当地农业保险工作实际和自身风险管控能力等，合理确定大灾准备金的计提比例。

3. 分级管理

保险机构总部与经营农业保险的省级分支机构应分别计提、使用和管理大灾准备金，并依法接受相关部门的监督。

4. 统筹使用

保险机构计提的大灾准备金可以在本机构农业保险各险种之间、相关省级分支机构之间统筹使用，专门用于弥补农业大灾风险损失。

三、再保险准备金评估的基本原理

（一）未到期责任准备金评估

未到期责任准备金主要由未赚保费准备金、未到期保单获取成本和经过测试所计提的保费不足准备金三部分构成。

未到期责任准备金=未赚保费准备金－未到期保单获取成本＋保费不足准备金。

1. 未赚保费准备金

保险公司应采用比例法和风险分布法评估未赚保费准备金。

对于风险分布均匀的业务,应采用比例法。对于可以获得逐单信息的业务,应采用 1/365 法计算未赚保费准备金;对于无法获取逐单信息的业务,可采用 1/2 法、1/4 法、1/8 法或 1/24 法等方法计算未赚保费准备金。对于风险分布不均匀的业务,可采用风险分布法计算未赚保费准备金。

再保险依据安排方式可分为临时再保险、合约再保险和预约再保险。由于三种方式的实际情况和特点各不相同,因此对未赚保费准备金的评估方式也存在一定的差异。由于临时再保险是对逐个保单安排再保险,因此临时再保险的未赚保费准备金可以与直接保险的未赚保费准备金采用相同的方法(比如 1/365 法)进行评估。

【案例分析 5-11】

某再保险公司接受一笔关于农业保险的临时分保业务,保险期间为 2018 年 4 月 1 日至 2019 年 3 月 31 日,原始保费为 10 000 元,分保比例为 30%,则分出保费为 10 000×30%=3 000(元)。在 2018 年 12 月 31 日,该再保险公司需要对该笔业务提存未到期责任准备金,准备金的提取方法采用 1/365 法,则该临分再保险业务的未赚保费准备金为 3 000×90/365=739.73(元)。

农险合约再保险业务分为比例合约再保险业务和非比例合约再保险(即超赔合约再保险)业务。非比例合约再保险业务由于大多是损失发生基础(Loss Occurrence Basis),而且再保险费在再保险签订时可以按照最低预存保费(Minimum Deposit Premium,MDP)确认,因此可以考虑采用 1/365 法进行评估。比例合约再保险的账单大都是每季度一次账单,即所谓的季度账单,因此比例合约再保险的未赚保费准备金一般采用 1/8 法进行评估;部分比例合约再保险的账单是每月一次,即所谓的月度账单,此时对这部分比例合约再保险的未赚保费准备金可以采用 1/24 法进行评估;极少数比例合约再保险的账单是每半年一次,即所谓的半年度账单,此时对这部分比例合约再保险的未赚保费准备金只能采用 1/4 法进行评估。

对于预约再保险业务,需要视合约的具体约定而定。如果预约再保险的安排方式类似于合约再保险业务,则可以按照合约再保险业务准备金提取方法提存未到期责任准备金;如果预约再保险的安排方式类似于临分再保险业务,则可以按照临时再保险业务准备金提取方法提存未到期责任准备金。

2. 未到期保单获取成本

未到期保单获取成本是根据保单获取成本即首日费用计算得到。

未到期保单获取成本=保单获取成本×未赚保费准备金/保费收入。

保单获取成本指销售、承保和保险合同成立时所发生的成本,通常包括手续费及佣金支出、保单签发成本、与出单相关的运营费用、增值税附加、印花税、保险保障基金、监管费、支付给以销售代理方式管理的内部员工的手续费和佣金、摊回分保费用和分保费用支出等。为保证保单获取成本归集的准确性，手续费与佣金支出应做到跟单核算，再保险合同相关费用应做到跟合同核算。

3. 保费不足准备金

保费不足准备金是指未到期责任准备金不足以承担未到期的保险责任的差额部分。

未到期责任准备金可以按照减法算法（即保费减首日费用）和未赚比例法进行计量，并进行充足性测试。未到期责任准备金充足性测试是将上述方法得到的数值与未来折现后的净现金流及对应的风险边际之和进行比较。如果后者大于前者，则将其差额作为保费不足准备金增加到未到期责任准备金。

再保险业务充足性测试的未来净现金流出包括预期未来发生的赔款、理赔费用、保单维持费用、调整及纯益手续费等。

在保费充足的情况下，未到期责任准备金和未来赔付责任、费用支出和风险边际之差计入剩余边际。在保费不充足的情况下，剩余边际数值为零。

【案例分析 5-12】

某再保险公司接受一笔农险比例合约分保业务，保险期间为 2018 年 1 月 1 日至 2018 年 12 月 31 日，分保账单每季度由分出公司报送给再保险公司。在 2018 年 12 月 31 日，已知的四期分保账单分保费分别为 2 亿元、2.5 亿元、3 亿元和 2.5 亿元（其中第四期账单保费数据为预估数据）。与该业务相关的现金流假设如下：再保人应支付分出人的固定手续费率为 25%，赔付率预期为 60%，分摊至该业务的管理费用率为 10%，理赔费用率为 5%。经测算，该业务未到期对应的未来现金流的久期小于 1，风险边际为 6%，请估算该业务的保费不足准备金。

在 2018 年 12 月 31 日，该再保险公司需要对该笔合约分保业务提存未到期责任准备金，准备金的提取方法采用 1/8 法，则该合约再保险业务的未赚保费准备金为 2×1/8＋2.5×3/8＋3×5/8＋2.5×7/8＝5.25（亿元）。

未到期保单获取成本＝5.25×25%＝1.31（亿元）。

含边际的未来现金流＝［5.25×60%×（1+5%）+5.25×10%］×100%×（1+6%）=4.06（亿元）。

该合约的保费不足准备金＝max［4.06-（5.25-1.31），0］=0.12（亿元）。

该合约最终的未到期责任准备金＝5.25-1.31+0.12=4.06（亿元）。

（二）再保险业务的未决赔款准备金评估

1. 比例再保险的未决赔款准备金评估

非寿险比例再保险包括成数再保险、溢额再保险以及成数溢额再保险（从目前国内市场的农险比例再保险业务来看，基本全部为成数分出业务），在实际运用中大都采用保单附着制基础（Policy Attaching Basis），又称为风险附着制基础（Risk Attaching

Basis），因此比例再保险的账单与数据报送基础大都是基于业务年度（Underwriting Year）的，因此在评估未决赔款准备金时，非寿险再保险公司大都是按照业务年度来组织和整理损失数据以及流量三角形的，而并不是像直接保险公司那样按照事故年度来组织和整理损失数据的。业务年度比较接近于常说的保单年度（Policy Year），但是二者仍存在一定的差别。按照保单年度整理的数据通常要包括从相应年度的 1 月 1 日到 12 月 31 日起期的全部保单，而业务年度则是包括从再保险合约起期后 12 个月内起期的全部保单，如再保险合约可能是 4 月 1 日起期后的 12 个月，则此时按照业务年度整理的数据要包括从对应年度的 4 月 1 日到次年度 3 月 31 日起期的全部保单。这一特点决定了非寿险比例再保险的未决赔款准备金虽然与直接保险采用同样的评估方法，但是在具体应用过程中却有着很大的差异。再保险公司的比例合约未决赔款准备金评估与直接保险公司相比，在评估过程中会遇到很大的困难，这也是由再保险业务的特殊性决定的。

再保险未决赔款准备金评估的基础数据问题是再保险未决赔款准备金评估过程中的最大困难之一。绝大多数比例再保险合约只按照业务年度提供有关赔款的数据和信息，而没有将其按照事故年度进行划分。如果再保险公司以事故年度为基础评估未决赔款准备金，那么就必须对基于业务年度的赔款数据花费巨大的精力做出各种处理和调整，才能用于以事故年度为基础的准备金评估。赔款报告的延迟问题是再保险未决赔款准备金评估中的另一个重大困难。这里的报告延迟是指损失事故发生日与损失事故向再保险公司报告之日之间的时间间隔。由于绝大多数比例再保险合约是按照季度向再保险公司报送再保险账单，因此再保险公司面临的赔款报告延迟问题要比直接保险公司更为严重。综上所述，再保险公司相比直接保险公司在未决赔款准备金的评估过程中面临着更大的困难和风险。针对再保险公司的未决赔款准备金，不能完全依靠与直接保险公司未决赔款准备金相同的评估方法来评估，而必须在充分考虑再保险公司面临的特殊困难和特殊风险的基础上，对未决赔款准备金进行适当的修正，以更加有效地评估和控制再保险公司的经营风险。

对于再保险公司来说，评估未决赔款准备金的计量方法主要分为以下几项：

（1）已发生已报案未决赔款准备金，采用与分出公司报送数据一致的方法进行提取。

（2）已发生未报案未决赔款准备金，可以采用赔付率法、链梯法、B-F 法等精算方法进行计算，并根据计算结果确定最佳估计值。

（3）直接理赔费用准备金与已发生未报案未决赔款准备金合并计量，间接理赔费用准备金采用比例分摊方法提取。

未决赔款准备金的计量应该按照最优估计的原则进行。在最终结果的选择上，可对各种方法的结果给予不同权重进行加权平均，并考虑风险边际和货币时间价值的影响。

2. 超额损失的未决赔款准备金评估

非比例再保险又称为超额赔款再保险，在实际运用中大多是采用损失发生制基础

（Loss Occurring Basis），也就是精算领域常说的"事故年"（Accident Year）。对于超额赔款再保险，只有当直接保险公司的损失赔款达到并超过再保险合同约定的起赔点时，再保险公司才负责向直接保险公司补偿，补偿的金额仅限于损失赔款超过起赔点的部分，而起赔点之下的损失由直接保险公司自行负担。从某种意义上讲，与比例再保险相比，超赔再保险在平滑和稳定直接保险人的损失方面能够发挥出更大的作用。

由于再保险公司仅仅对超过超赔再保险合约约定的起赔点部分的损失负责赔款，因此再保险公司拥有的损失赔款数据并不是完整意义上的损失赔款数据，而仅仅是超过起赔点之后的超额损失赔款数据，这为再保险公司对超赔再保险的准备金评估带来很大的挑战。尤其是某些超赔再保险合约，由于起赔点较高，有时需要等待几年的时间才能够得到有限的几次损失赔款数据。与完整意义的损失赔款数据相比，超额损失的进展因子、进展方式以及超额损失进展因子在稳定性和一致性方面都有着很大的不同。

此外，由于每个再保险合约的自留额或者起赔点各不相同，这使得再保险公司即使是相同险种的赔款数据的同质性也较差，赔款的波动性比直接保险公司更大。而一些事故超赔再保险合约，由于原始赔款从开始累积至达到并超过起赔点需要一定的时间，加之部分索赔金额可能被分出公司低估，因此一些较大金额的索赔在报告给再保险公司之前可能也会有一定的延迟。这些报告延迟使得再保险公司相比直接保险公司，面临着更大的未到期责任准备金（IBNR）风险。

关于超额损失的准备金估计方法，主要包括损失率法（Loss Ratio）、隐含进展法（Implied Development）、直接进展法（Direct Development）与信度加权法（Credibility Weighting）。

（1）损失率法

损失率法要求的数据是一个较为完整的个案数据库，它需要每个个体赔案的完整意义上的损失赔款记录的赔付率数据。在采用损失率法评估超额损失的准备金时，首先要基于公司的经验数据或者更加可靠的行业经验数据估计出超额率（Excess Ratio）。超额率是超过起赔点的损失赔款占完整意义上的总损失赔款的比率，因此完整意义上的损失的终极赔款与超额率的乘积，就是超额损失的终极赔款。在损失率法下，完整意义上的损失的终极赔款使用对应的保费与预期损失率（Expected Loss Ratio，ELR）的乘积来估计。因此，损失率法下的超额损失的预期终极赔款可以用下列公式表达：

$$XSUL = P \times ELR \times ER$$

其中 P 表示完整意义上的损失对应的保费，ELR 表示完整意义上的预期损失率，ER 表示超额率。因此，为了处理问题的简便，我们假设超额损失不受任何累计赔偿责任（Aggregate Limit）的限制。当存在累计赔偿责任限制时，超额损失的预期终极赔款的估算原理会比上述原理更为复杂。

当估计出超额损失的终极赔款后，利用超额损失的预期终极赔款与超额损失的已报告赔款之差，可得到超额损失的 $IBNR$ 准备金。损失率法下的超额损失的 $IBNR$ 准备金可以用下述公式表示：

$$XSIBNR=XSUL-XSRL$$

式中，$XSUL$ 表示超额损失的预期终极赔款，$XSRL$ 表示超额损失的已报告赔款。

【案例分析 5-13】

  某再保险公司对一份财产保险的超赔合约分保业务进行准备金评估，该份超赔合约分保业务不含累计赔偿限额的规定，该超赔合约分保已经发生 50 万元的赔款，尚有 10 万元的已发生已报告未决赔款。

  已知直接保险公司关于该合约范围内的财产保险业务的整体总保费收入为 1 000 万元，预期损失率为 50%。再保险公司通过已有的行业经验损失数据分析，得出该超赔合约分保业务的超额率为 15%。

  利用上述信息，该超赔合约分保的预期终极赔款为：

$$XSUL=1\ 000\times50\%\times15\%=75（万元）$$

  因此，该超额分保合约的 IBNR 准备金为：

$$XSIBNR=75-50-10=15（万元）$$

损失率法是被广泛接受的一种超额损失准备金评估方法，它在难以得到关于超额损失的可靠经验数据的情况下可以发挥较大的作用。超额率是损失率法的关键要素之一，而超额率的数据可以通过对公司经验数据或者更为可靠的行业经验数据的分析得到，这时得到的超额率数据一般都具有较高的可用性。也正因如此，损失率法的缺点就是过多依赖于可靠的经验数据而没有充分考虑到个案的特殊性质，没有充分利用个案的实际数据，一般经过几年的进展后，随着个案经验数据的完善，损失率法就将逐渐被其他方法取代。

  （2）隐含进展法

  隐含进展法的基本思路是：首先针对完整意义上的损失赔款数据，使用损失进展的方法使之充分进展到终极赔款状态；然后针对起赔点之内的受限损失赔款数据（相当于一个以起赔点为赔偿责任限额的保单），使用损失进展的方法使之进展到终极赔款状态；这样，完整意义上的损失终极赔款与起赔点之内的受限损失终极赔款之差，即为超额损失的终极赔款。隐含进展法下的超额损失的预期终极赔款可以用如下公式表示：

$$XSUL=FUL-CUL$$

式中，FUL 表示完整意义上的损失的终极赔款，CUL 表示起赔点之内的受限损失的终极赔款。

  当估计出超额损失的终极赔款后，利用超额损失的预期终极赔款与超额损失的已报告赔款之差，可得到超额损失的 IBNR 准备金。隐含进展法下的超额损失的 IBNR 准备金可以用下述公式表示：

$$XSIBNR=XSUL-XSRL$$

式中，*UL* 表示超额损失的预期终极赔款，*RL* 表示超额损失的已报告赔款。

【案例分析 5-14】

某再保险公司对一份财产保险的超赔合约分保业务进行准备金评估，该超赔合约分保已经发生 50 万元的赔款，尚有 10 万元的已发生已报告未决赔款。

已知直接保险公司关于该合约范围内的财产保险业务的整体预期终极赔款为 500 万元，直接保险公司对自留部分的预期终极赔款为 430 万元。

利用上述信息，该超赔合约分保的预期终极赔款为：

$$XSUL=500-430=70（万元）$$

因此，该超额分保合约的 IBNR 准备金为：

$$XSIBNR=70-50-10=10（万元）$$

隐含进展法的优点是可以在早期超额损失的赔款还没有出现时就利用完整的损失数据与起赔点之内的受限损失数据进行估计，而且一般完整意义上的损失数据与起赔点之内的受限损失数据的损失进展因子，相比超额损失的进展因子更为稳定且易于评估。隐含进展法将问题的焦点转移到了起赔点之内的受限损失，而没有直接针对起赔点之上的超额损失，这也被某些学者认为是隐含进展法的不足之处。

（3）直接进展法

直接进展法与隐含进展法相反，它直接针对超额损失，并重点研究超额损失的进展因子的相关规律。在已知完整损失的进展因子和受限损失的进展因子后，可以使用以下关系式计算超额损失的进展因子：

$$FLDF = R \times CLDF + (1 - R) \times XSLDF$$

其中 *FLDF* 表示完整损失的进展因子，*CLDF* 表示受限损失的进展因子，*XSLDF* 表示超额损失的进展因子，*R* 表示受限损失的赔款强度（案均赔款）与完整损失的赔款强度（案均赔款）之比，用公式表示如下：

$$R = \frac{CS}{FS}$$

式中 *CS* 表示受限损失的赔款强度，*FS* 表示完整损失的赔款强度。

然后，利用得到的超额损失进展因子，在超额损失的已报告赔款基础之上估计超额损失的终极赔款，可以用如下公式表示：

$$XSUL = XSRL \times XSLDF$$

其中 *XSUL* 表示超额损失的预期终极赔款，*XSRL* 表示超额损失的已报告赔款，*XSLDF* 表示超额损失的进展因子。

当估计出超额损失的终极赔款后，利用超额损失的预期终极赔款与超额损失的已报告赔款之差，可得到超额损失的 IBNR 准备金。直接进展法下的超额损失的 IBNR 准备金可以用如下公式表示：

$$XSIBNR = XSUL - XSRL$$

式中，*UL* 表示超额损失的预期终极赔款，*RL* 表示超额损失的已报告赔款。

【案例分析 5-15】

某再保险公司对一份财产保险的超赔合约分保业务进行准备金评估，该超赔合约分保已经发生 50 万元的赔款，尚有 10 万元的已发生已报告未决赔款。

已知直接保险公司关于该合约范围内的整体财产保险业务的赔款强度预计为 100 万元，直接保险公司对自留部分的赔款强度预计为 70 万元。因此，强度比率 *R*=70/100=0.7。直接保险公司对整体业务的终极进展因子为 1.16，对自留部分的终极进展因子为 1.1。

根据上述信息，该超赔合约分保的终极进展因子利用下式求解：

$$1.16=0.7×1.1+（1-0.7）×XSLDF$$

解得 *XSLDF*=1.3。

该超赔合约分保的预期终极赔款为：

$$XSUL=（50+10）×1.3=78（万元）$$

该超额分保合约的 IBNR 准备金为：

$$XSIBNR=78-50-10=18（万元）$$

直接进展法把重点直接放在对超额损失及其进展因子的研究之上，但是实践说明超额损失的进展因子相比完整损失的进展因子更加不稳定，其波动性更大。

（4）信度加权法

信度加权法是针对超额损失的各种准备金评估方法中可靠性较高的一种方法。在信度加权法下，超额损失的终极赔款利用对直接进展法的终极赔款和损失率法的终极赔款进行加权平均而得到，用如下公式表示：

$$XSUL_c = Z \times XSUL_D + (1 - Z) \times XSUL_{LR}$$

其中 $XSUL_D$ 表示直接进展法下的预期终极赔款，$XSUL_{LR}$ 表示损失率法下的预期终极赔款，Z 表示信度权数，信度权数在数值上等于超额损失进展因子的倒数，即：

$$Z = \frac{1}{XSLDF}$$

估计出超额损失的终极赔款后，利用超额损失的预期终极赔款与超额损失的已报告赔款之差，可得到超额损失的 IBNR 准备金，即：

$$XSIBNR＝XSUL－XSRL$$

式中，*UL* 表示超额损失的预期终极赔款，*RL* 表示超额损失的已报告赔款。

在信度加权法下，由于超额损失的终极赔款是直接进展法的终极赔款和损失率法的终极赔款的加权平均，因此超额损失的 IBNR 准备金也是直接进展法下的 IBNR 准备金和损失率法下的 IBNR 准备金的加权平均，即

$$XSIBNR_C = Z \times XSIBNR_D + (1 - Z) \times XSIBNR_{LR}$$

式中，$XSIBNR_D$ 表示直接进展法下的预期终极赔款，$XSIBNR_{LR}$ 表示损失率法下的预期

终极赔款，Z 为信度权数。

【案例分析 5-16】

某再保险公司对一份财产保险的超赔合约分保业务进行准备金评估，该超赔合约分保已经发生 50 万元的赔款，尚有 10 万元的已发生已报告未决赔款。

已知赔付率法下的超额损失的终极赔款为 75 万元，直接进展法下的超额损失的终极赔款为 78 万元，超额损失的终极进展因子为 1.3。

因此，信度权数 $Z=1/1.3=0.769\,2$，信度加权法下该超赔合约分保的预期终极赔款为：

$$XSUL=0.769\,2×78+（1-0.769\,2）×75=77.31（万元）$$

因此，信度加权法下该超额分保合约的 IBNR 准备金为：

$$XSIBNR=77.31-50-10=17.31（万元）$$

也可以采用直接对损失率法准备金结果与直接进展法准备金结果进行加权平均的方法来计算信度加权法下的准备金。由于赔付率法下的超额损失 IBNR 准备金评估结果为 15 万元，直接进展法下的超额损失 IBNR 准备金评估结果为 18 万元。因此，信度加权法下的该超赔合约分保的 IBNR 准备金为：

$$XSIBNR=0.769\,2×18+（1-0.769\,2）×15=17.31（万元）$$

信度加权法允许精算人员在评估超额损失的 IBNR 准备金时既考虑损失率法的结果，又考虑进展法的结果，因此信度加权法下的超额损失 IBNR 准备金结果较其他评估方法下的结果更为稳定。信度加权法下的超额损失终极赔款较其他评估方法更接近于超额损失终极赔款的真实值。而从另一角度看，信度加权法仅仅对实际经验损失赋予了一定的权重，没有完全重视实际经验数据，这一点也被某些人士认为是信度加权法的缺点。针对这个缺点，有人建议可以通过其他方法决定信度权数 Z 的大小，使信度权数能够更准确地反映出实际经验损失数据对评估结果的影响。

（三）农业保险大灾风险准备金计提办法

根据我国财政部门的相关规定，经营农业保险的保险机构应当按照相关规定，及时足额计提大灾准备金，并在年度财务报表中予以反映，逐年滚存，逐步积累应对农业大灾风险的能力。农险大灾风险准备金主要包括保费准备金和超额利润准备金两大类。

1. 保费准备金

经营农业再保险的保险机构，应该分别按照种植业、养殖业、森林等大类险种（以下简称大类险种）的自留保费收入的一定比例计提农险保费准备金。其中自留保费是保险业务收入减去分出保费的净额（按照国内企业会计准则）。保险机构计提保费准备金的比例，由保险机构按照《农业保险大灾风险准备金计提比例表》规定的区间范围，在听取省级财政等有关部门意见的基础上，结合农业灾害风险水平、风险损失数据、农业保险经营状况等因素合理确定。如果总部经营农业保险，保险机构应参照总部所在地省级分支机构标准计提保费准备金。农险保费准备金的计提比例一旦确定后，原则上应当保持 3 年以上有效。在此期间，如因特殊情况需调整计提比例的，应当由保险机构总部报请相关省级财政部门同意后，自下一年度进行调整。保险机构计提保费准备金滚存余额达到当年农业保险自留保费的，可以暂停计提。

2. 超额利润准备金

保险机构经营农业保险实现年度及累计承保盈利，且满足以下条件的，其总部应当在依法提取法定公积金、一般（风险）准备金后，从年度净利润中计提利润准备金，计提标准为超额承保利润的 75%（如不足超额承保利润的 75%，则全额计提），不得将其用于分红、转增资本。

（1）保险机构农业保险的整体承保利润率超过其自身财产险业务承保利润率，且农业保险综合赔付率低于 70%。

（2）专业农业保险机构的整体承保利润率超过其自身与财产险行业承保利润率的均值，且其综合赔付率低于 70%。

（3）前两款中，保险机构自身财产险业务承保利润率、专业农业保险机构自身与财产险行业承保利润率的均值为负，按照其近 3 年的均值（如近 3 年均值为负或不足 3 年则按 0 确定），计算应当计提的利润准备金。

其中，承保利润率为"1−综合成本率"。财产险行业综合成本率以行业监管部门发布数据为准，保险机构综合成本率以经审计的数据为准。

3. 农险大灾准备金的使用

大灾准备金专项用于弥补农业大灾风险损失，当出现以下情形时，保险机构可以使用大灾准备金。

（1）保险机构相关省级分支机构或总部，其当年 6 月末、12 月末的农业保险大类险种综合赔付率超过 75%（具体由保险机构结合实际确定，以下简称大灾赔付率），且已决赔案中至少有一次赔案的事故年度已报告赔付率不低于大灾赔付率，可以在再保险的基础上，使用本机构本地区的保费准备金。

（2）根据前款规定不足以支付赔款的，保险机构总部可以动用利润准备金；仍不足的，可以通过统筹其各省级分支机构大灾准备金，以及其他方式支付赔款。

其中，事故年度已报告赔付率=（已决赔款+已发生已报告赔案的估损金额）/已赚保费。再保后已发生赔款=已决赔款−摊回分保赔款。

保险机构应当设立农业保险大类险种的综合赔付率作为使用大灾准备金的触发标准。大灾准备金的使用额度，以农业保险大类险种实际赔付率超过大灾赔付率部分对应的再保后已发生赔款为限。大灾准备金可以在农业保险各大类险种之间统筹使用。

在我国乃至国际保险行业中，对直接保险业务的准备金评估方法和制度的研究较多，而对再保险业务的准备金评估方法与相关制度的研究较少。迄今为止，在我国保险行业乃至整个国际保险业中还没有专门针对再保险业务出台相关的准备金评估方法和制度。再保险业务的准备金评估方法实际上还处于探索阶段，某些方法依然主要参考了直接保险业务的准备金评估方法。可以说，再保险业务的准备金评估方法还是整个保险行业中有待进一步研究和改进的重要课题之一，专门针对再保险业务准备金评估的方法和制度的规定有待于包括监管人、再保险人、直接保险人在内的整个保险行业共同的合作和探索。

【本章小结】

比例再保险按照分出比例的计算方式分为成数再保险和溢额再保险。其中成数再保险是一种最简单的分保方式，再保险分出人的自留额、再保险接受人的接受额是按照双方约定的百分比确定的。溢额再保险是再保险分出人先按每一风险单位确定自留额，将超出自留额后的剩余数额（即溢额）根据再保险合同的约定分给再保险接受人，主要用于财产险。从目前国内市场的农险比例再保险业务来看，基本全部为成数分出业务。

农业比例再保险的定价可以分为以下几个步骤：搜集并整理合约的历史数据资料；剔除异常损失数据；将经验数据调整到终极水平，并对未来期间进行预测；选择合适的期望赔付率；考虑异常损失因素，对（不含异常损失）期望赔付率进行调整；根据分保手续费和其他费用估计综合成本率等；再保险接受人评估该合约的综合成本率，确定是否能够接受。此外，农业比例再保险有一些特殊条款，定价时需要仔细考虑，如浮动手续费条款、纯益手续费、损失分摊和损失封顶条款。

非比例再保险可以分为险位超赔再保险、事故超赔再保险和赔付率超赔再保险。在农业再保市场上，占据统治地位的分保形式是赔付率超赔以及基于赔付率的伞状超赔。超赔再保险的定价方法一般被划分为两大类：一类是经验定价法（Experience Rating），另一类是风险定价法（Exposure Rating）。第一大类经验定价法主要包括燃烧成本法（Burning Cost）、分层摊收期法（Rate-On-Line Method）和随机模拟法（Stochastic Simulation Method）；第二类风险定价方法主要是指应用巨灾模型直接定价及基于此的随机模拟法。赔付率超赔合同的定价最主要的方法是燃烧成本法以及随机模拟法。

与再保险相关的保险责任准备金包括保险监管机构规定的保险责任准备金和由财政部规定的农业保险大灾风险准备金。其中，保险责任准备金又包括未到期责任准备金和未决赔款准备金。

未到期责任准备金是指在评估日期为尚未终止的保险责任而提取的准备金，主要由未赚保费准备金、未到期保单获取成本和经过测试所计提的保费不足准备金三部分构成。未决赔款准备金包括未决赔款准备金无偏估计、风险边际和贴现，其中未决赔款准备金无偏估计由已发生已报案未决赔款准备金、已发生未报案未决赔款准备金和理赔费用准备金三部分组成。

农业保险大灾准备金仅适用于各级财政按规定给予保费补贴的种植业、养殖业、林业等农业保险业务。根据规定，保险机构应分别按照农业保险保费收入和超额承保利润的一定比例，计提大灾准备金，逐年滚存。

【重点概念】

燃烧成本法　随机模拟法　保险责任准备金　未到期责任准备金　未决赔款准备金　农业大灾风险准备金

【思考与练习】

1. 已知下列信息：再保险分出人与某一再保险接受人签订分保比例为 75% 的比例再保险合约，合约生效日期为 2016 年 1 月 1 日。有关信息如下：该合约的分保手续费率为 30%；在 2016 年，再保险分出人的承保保费收入为 250 000 元（分保前），所有保费收入都在该分保合约项下；截止到 2016 年 12 月 31 日，再保险分出人共支付 50 000 元赔款和 9 000 元的直接理赔费用（ALAE）（分保前）。

问题：（1）假定截止到 2017 年 12 月 31 日，两家公司之间没有资金往来，在该分保合约下，再保险分出人应支付给再保险接受人的资金净额是多少？写出整个计算过程。（2）解释分保手续费存在的目的。

2. 有一农险赔付率超赔再保合约，再保险公司负责赔付超过 70% 以后的 50%，并同时规定了 60 万元的分保责任限额，以两者较小者为准。对于适用该合约的某一类业务，2017 年的净保费收入为 100 万元，已发生赔款为 135 万元，则再保险分出人应承担的赔款为多少？

3. 请分别阐述险位超赔、事故超赔和赔付率超赔的含义。

4. （1）为什么再保险公司的报案延迟比原保险公司长？写出两个原因。

（2）一位精算师正在为一家再保险公司独立做未决赔款准备金分析，并采用官方公布的行业损失发展数据作为基准。此时，该精算师应该注意哪两个问题？

5. 以下是 2016 年 12 月 31 日事故年和报告年的信息：

事故年	累计已报告损失额		
	1	2	3
2014	120	200	276
2015	120	200	—
2016	60	—	—

事故年	增量已报告赔案数		
	1	2	3
2014	60	10	3
2015	60	10	—
2016	60	—	—

报告年	累计已报告损失额		
	1	2	3
2014	120	180	240
2015	140	210	—
2016	86	—	—

假设 3 年后没有接到新的赔案报告；事故年从第 3 年到终极的进展因子为 1.06；在 2014 年 1 月 1 日前没有赔案发生。请计算 2016 年 12 月 31 日的已发生未报告准备金。

【主要参考文献】

[1] 高洪忠. 再保险精算实务[M]. 北京：北京大学出版社，2008.

[2] 茆诗松，王静龙，濮晓龙. 高等数理统计[M]. 北京：高等教育出版社，2000.

[3] 孟生旺. 非寿险定价[M]. 北京：中国财政经济出版社，2011.

[4] 谢志刚. 非寿险责任准备金评估[M]. 北京：中国财政经济出版社，2011.

[5] Clark D R. Basics of Reinsurance Pricing, CAS Study Note, 1996.

[6] Jacqueline F. Estimating Unpaid Claims Using Basic Techniques, CAS Study Note, 2010.

[7] Walters M A. Catastrophe Ratemaking, CAS Study Note, 2007.

第六章 农业再保险账单管理与会计核算

【学习目标】

了解掌握农业再保险合同常见账务条款、分保账单类别和项目、分保账单编制原则、分出账单的处理、分入账单的处理、账单结算管理及会计核算等内容。

【知识结构图】

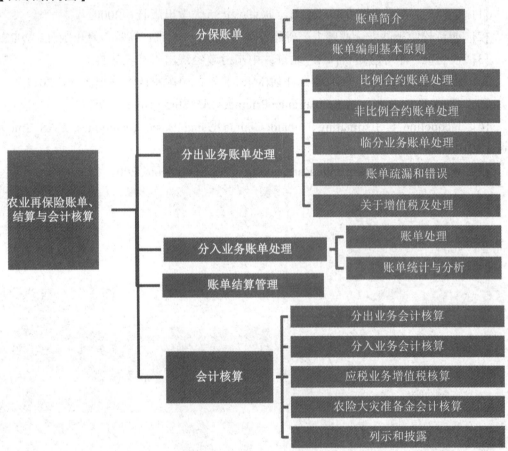

第一节　分保账单简介

一、分保账单概述

（一）农业再保险合约账务类条款和分保账单种类

分保账单是保险人之间履行再保险合约约定，进行再保险交易和资金结算的账务凭据，也是进行再保险业务会计核算的重要凭证，一般由再保险分出人直接编制，也可由经纪人代为编制。在再保险合约文本中，有专门的账务类条款规范分保账单的编制和编制账单的种类。

由于农业保险的风险特点，在农业再保险分保安排上，比例合约广泛采用成数合约，非比例合约则以赔付率超赔方式为主。在业务实践中，农险再保险合约涉及的一般账务类条款和常见账单如表 6-1 所示。

表 6-1　农险再保险合同一般账务类条款及常见账单

比例合同	非比例合同
手续费条款（Reinsurance Commission Clause） 账务条款（Accounts Clause） 纯益手续费条款（Profit Commission Clause） 理赔条款（Claims Settlements Clause） 出险通知和现金赔款条款（Loss Advice & Cash Claim） 增值税条款（Value-Added Tax Clause）	保费条款（Premium Clause） 理赔条款（Loss Settlements Clause） 增值税条款（Value-Added Tax Clause）
常规账单（按月度、季度、半年定期编制的账单），手续费调整账单，纯益手续费账单，现金赔款账单，损失分摊账单	最低与预付保费账单，调整保费账单，赔款账单（赔案赔款账单、预摊赔账单和赔款调整账单）

农险再保险成数合约中涉及账单编制的条款、损失分摊条款、损失封顶条款等，都归属于理赔条款类。

对于农险创新产品再保险合约，如收入保险、天气指数保险和价格指数保险等成数合约，其涉及的账务条款和账单的编制更为简单。比例合约中常见的浮动手续费、纯益手续费、现金赔款等条款均未被采用；而理赔条款内容规定得更详细，需列明赔款触发的条件及赔款封顶额度。

自 2016 年 5 月 1 日起，我国全面推行"营改增"试点，将金融业纳入试点范围。按照试点要求，国内保险业务增值税税率目前为 6%。与此相应，国内再保险合约条款中普遍增加了有关增值税的条款，约定分出人和接受人双方在增值税方面的义务和责任等内容。

【案例分析 6-1】国内合约增值税条款表述

> 增值税条款
> "以下条款适用于所有涉及中华人民共和国增值税的分出业务。"
> 账单
> "账单应分别列明保费及保费对应的增值税。"
> 保费与手续费
> "保费均不包含增值税。当再保人需要支付增值税时，分出人应在分出保费之外支付相应的增值税给再保人。增值税按照再保人的应税保费乘以增值税率计算。
> 手续费的计算基础为不包含增值税的保费。"
> 赔款
> "理赔过程中产生的增值税，其中被分出人抵扣的部分，不可以从本合同摊回。"
> 增值税文件
> "当一方需要增值税抵扣的资料或单据时，包括增值税发票或者其他单据，另一方应积极配合，以协助完成增值税进项抵扣。"
> 海外再保人增值税相关事宜
> "再保人为海外再保人的，由分出人代扣代缴增值税，同时在保费中扣减增值税的附加税，增值税率为保费的 6%或遵从适用法律法规。增值税的附加税为增值税的 12%或遵从适用的法律法规。"
> 其他有关增值税内容在本章后面详述。

（二）农业比例再保险合约账单项目

农险再保险账单的基本格式、要求与其他非农业务相同。市场上见到的分保账单虽然具有不同的形式，但内容大同小异，使用的账单项目基本一致。常见的分保账单贷方项目包括接受公司的收入项和分出公司的支出项；借方项目则包括接受公司的支出项和分出公司的收入项。

总体而言，农险成数比例再保险合约账务条款内容相对简单，以承保业务年度（Underwriting Year Basis）作为分保账单业务编制基础，不涉及各种未了责任转入转出和准备金扣存、返还等项目，常见账单项目如表 6-2 所示。

表 6-2　农险比例再保险账单常用项目

借方（Debit）	贷方（Credit）
分保手续费	分保费
调整手续费	增值税（如有）
摊回赔款	现金赔款返还
纯益手续费	
经纪人手续费	

其中增值税项目是在国内全面实行"营改增"税收政策后，与合约增值税条款对应的账单项目。

（三）农业非比例再保险合约账单项目

农险非比例合约账单可归纳为两种账单：保费账单和赔款账单。常见的项目包括最低预付保费、调整保费和摊回赔款（见表 6-3）。

表 6-3　农险非比例再保险账单常用项目

借方（Debit）	贷方（Credit）
摊回赔款	最低预付保费
经纪人手续费	调整保费
	增值税（如有）

在实务中，有的农业再保险非比例合约，按照双方约定，在业务完整年度结束后，如果没有发生赔款，接受人需向分出人支付保费一定比例的盈利返还，也就是无赔款返还。分出人在第 2 年合约结束后编制无赔款返还账单，或采取单独编制账单的方式，或随调整保费账单一并做账，从其本质分析，应归属于调整保费类账单。

二、分保账单编制的基本原则

再保险合约签订后，合约业绩成果最终通过分保账单反映出来。分出公司应按照再保险合约的约定进行账单编制，并注意以下几方面要求。

（一）及时出账

分出人应按照合约约定的时间或期限发送分保账单。例如，比例合约季度账单一般规定在季度结束后 45～60 天内发送，临分业务账单应该在签订分保条后 1 个月内提供。

（二）准确真实

账单项目的分保数据来源和计算依据要做到可靠、无误，尽量减少人为调整因素。

例如，农险合约账单要正确反映合约项下保费收入，以签单保费作为分保费计算基础，而不能按照实收保费进行计算；账单也要如实反映合约项下发生赔款和未决赔款数字，不能随意调整赔款或者未决赔款数据，影响对合约经营结果的评估。

（三）内容清晰

账单要内容清楚明了，其所列信息要一目了然，便于理解、审核和分析。例如，综合性农险成数合约要按照险种（种植险、养殖险和森林险）或者业务类型（中央性补贴、地方性补贴及商业性业务等）编制账单，涉及计算的调整手续费、纯益手续费、损失分摊账单及非比例调整保费、恢复责任保费账单等应提供必要数据以供核对。

（四）科目合规

分保账单是进行再保险会计核算的基本财务凭证，账单科目应符合会计和财务制度的相关规定。例如，按照财政部出台的金融保险会计科目讲解，支付给再保险经纪人的手续费在"手续费及佣金支出"项目下核算。对于再保险业务，很多临分业务往往是通过再保经纪人办理的。在编制临分账单时，经纪人手续费需要单独在账单上列示清楚，不应该以扣除经纪人手续费的净保费作为分出保费。

第二节　分出业务账单处理

一、农业比例再保险合约账单处理

农业再保险实务中，不管是针对农业成本保险或是价格保险、收入保险等，还是近年来发展起来的指数保险（如价格指数保险、气象指数保险等），比例分保都是最常用的再保险形式。比例分保合约账单通常按季度编制，定期汇总当期的分出保费、摊回赔款，以及按照保费一定比例计算的分保手续费，通过经纪人渠道分出的业务账单还要包括经纪人手续费项目。

（一）分出保费项目

农业保险分保费计算是以承保保费（签单保费）为计算基础的。在分保费计算时，不能按照实收保费进行计算，以确保准确和公平，避免损害分保接受人的利益。保费由保险金额和保险费率决定：

$$农险保费 = 保险金额 \times 保险费率$$

种植险和养殖险对保险标的物、保险金额的计算是不同的。

　　在具体安排分保合约时，有的农业比例再保险合约是按照每张保单确定分出比例的，有的则根据不同省市地区的风险状况分区域确定分出比例。

【案例分析 6-2】某种植险合约分保费计算

　　某公司安排玉米种植险合约，合约内按地区确定不同分出比例，分出保费计算如下。

种植保险

玉米

（承保年度）：2016 年

分公司	承保面积（亩）	总保额（元）	保险费率（元/亩）	保费（元）	分出比例	分出保费（元）
北京	8 000	4 800 000	36	288 000	30%	86 400
天津	10 000	5 000 000	30	300 000	10%	30 000
河北	3 000 000	1 500 000 000	20	60 000 000	15%	9 000 000
内蒙古	2 000 000	440 000 000	18	36 000 000	40%	14 400 000
江苏	1 500 000	270 000 000	10	15 000 000	20%	3 000 000
山东	6 000 000	2 240 978 182	30	180 000 000	10%	18 000 000
河南	6 000 000	2 700 000 000	30	180 000 000	10%	18 000 000
辽宁	4 000 000	800 000 000	18	72 000 000	40%	28 800 000
四川	500 000	150 000 000	20	10 000 000	15%	1 500 000
陕西	1 500 000	600 000 000	20	30 000 000	20%	6 000 000
甘肃	2 500 000	625 000 000	15	37 500 000	20%	7 500 000
新疆	8 000 000	4 800 000 000	30	240 000 000	5%	12 000 000
合计	35 018 000	14 135 778 182	—	861 088 000	—	118 316 400

注：种植险保险金额=每亩保险金额×投保面积。本案例中承保面积以亩为单位，可按 1 亩≈0.067 公顷换算。

【案例分析 6-3】某养殖险合约分保费计算

养殖保险

（承保年度）：2015 年

承保牲畜品种	承保头数	总保额（元）	保费收入（元）	分出比例	分出保费（元）
政策性种猪养殖保险	40 064	80 128 000	4 807 680	30%	1 442 304
政策性生猪养殖保险	506 891	492 912 000	24 645 600	30%	7 393 680
政策性奶牛养殖保险	250	1 750 000	87 500	30%	26 250
政策性能繁母猪养殖保险	23 297	69 771 000	4 186 260	30%	1 255 878
合计	570 502	644 561 000	33 727 040	30%	10 118 112

注：家禽类养殖险保险金额=畜禽的头数×单位价值。

对于收入保险、指数保险等创新型农险产品的比例分保合同，其分保费的计算基础与传统农险是基本一致的。

（二）赔款项目

农险比例合约一般涉及的赔款项目包括常规分保账单赔款、现金赔款和损失分摊账单的计算。

比例合约常规分保账单中的赔款包括两部分：一部分是已决赔款，需列明编制账单期间发生的已支付赔款的金额是由若干保单下发生的赔款之和，按照合约分出比例和各接受人承担的责任份额计算；另一部分是未决赔款数据，作为账单说明项目，为接受人评估未来赔款发生提供重要参考，也是接受人计提未决赔款准备金的主要依据之一。未决赔款列示方式有两种，一种是按照合约分出比例的 100%列示，另一种是直接按接受人的份额列示。未决赔款是随着时间不断变化的，因此，列示的数据只是当期账单期末时点数。

现金赔款（Cash Call）是指一次或一系列灾害引发的单一赔款或累计赔款超过合约规定的额度（Cash Call Limit）时，分出人可以单独向接受人要求预先支付现金。分出人收到现金赔款后做暂收款处理，在当期季度分保账单中将该现金赔款数额归入已决赔款，并增加"现金赔款返还（Cash Call Refund）"项目进行冲销。在发送现金赔款账单前，要提前向接受人提供出险通知，及时通知接受人。在传统农险的比例合约中，虽然约定有现金赔款条款，但在实务中很少有该条款被触发的案例。在收入保险、指数保险等创新型农险产品的比例合约中，发生赔付的条件非常明确，现金赔款条款基本不被采用。

农险比例合约中还经常见到损失分摊条款，分出人需按照合约约定的赔付率区间、赔付率计算公式、分摊比例和时间，编制损失分摊账单，发送给接受人。损失分摊账单也可以看作一种赔款调整账单。

【案例分析 6-4】

某公司农险成数合约约定，对于赔付率超过 80%的部分，由分出人分摊损失的30%，赔付率=（已决赔款+未决赔款）/承保保费；第一次损失分摊在承保年度第 24个月月末计算，以后每年进行调整，接受人分入比例为 50%，第一次损失分摊账单编制如下。

单位：元

合同承保保费（Original Gross Premium）	4 200 000
发生赔付（Incurred Claim+Outstanding Loss）	4 368 000
赔付率（Loss Ratio）	104.00%
赔付率超过80%分摊损失30% （30% Loss Participation For Loss Ratio Above 80%）	
损失分摊金额（Loss Participation）	302 400
可抵扣赔款金额（Claim Deductible On Order 50%）	151 200

接受人可从分出人处抵扣分保赔款 151 200 元，计算过程如下：

4 200 000×（104%-80%）×30%×50%（分出比例）=151 200（元）。

（三）分保手续费

分保手续费（Reinsurance Commission）是再保接受人按照分保费的一定比例支付给分出公司的费用补偿。分保手续费的计算有固定手续费和浮动手续费两种方式。

对于采用固定手续费的合约，手续费比例需在合约中载明，手续费随季度账单的分保费按比例计算，从再保接受人处摊回。

浮动手续费，也称为滑动手续费或梯次佣金（Sliding Scale Commission）。对于采用浮动手续费的农业再保险合约，接受人先按某一约定的手续费比例向分出人支付，并约定在某一日期按照实际赔付率的结果对手续费率进行重新调整。编制季度分保账单时，分出人应摊回手续费金额依照约定的临时预付手续费比例随账单分保费计算并摊回。到了合约约定的时间，分出人按照合同赔付率对应的手续费比率，再编制调整手续费账单发送给分保接受人。例如，有的合约约定业务满 24 个月或满 36 个月结束后计算并编制一次调整手续费账单，以后每年进行调整或在合约自然到期后做最终保费调整账单。

调整手续费与赔付率直接相关，编制调整手续费账单时，应附调整手续费计算书，正确计算合约赔付率。农业再保合约的赔付率=（已决赔款+未决赔款）/合约毛保费×100%。

【案例分析 6-5】

某公司一份 2015 年养殖险合约，合约起期为 2015 年 1 月 1 日至 2015 年 12 月 31日，采取浮动手续费率，预付手续费率为 25%。赔付率为 33%（含）或以下，手续费率为 30.5%；赔付率每提高 0.5 个百分点，手续费率对应下降 0.25 个百分点；赔付率为 50%（含）或以上，手续费率为 22%，合约约定调整手续费率第一次调整时间为业务满 24 个月后，合约自然到期后做最终保费调整账单。经统计计算，手续费率调整时间为业务满 24 个月后即 2016 年 12 月 31 日，该合约赔付率为 65%，对应手续费率为22%。分出公司于 2017 年 1 季度编制第一次手续调整账单，调整账单如下：

调整手续费率账单（调整时点：2016/12/31）

接受人：　　　B 再保险公司

合约名称：　　2015 年养殖业成数再保险合同

合同期限：　　2015 年 1 月 1 日—2015 年 12 月 31 日

币制：　　　　人民币

项　目	支　出	收　入
分出保费		200 000 000
预付手续费（25%）	50 000 000	
赔款	130 000 000	
未决	25 000	
赔付率	65%	
实际手续费率	22%	
调整手续费	6 000 000.00	
应付你方余额（50%）	3 000 000.00	

该合约经过 36 个月后，至 2017 年 12 月 31 日，该合约业务基本进展完毕，尚有未决赔款 1 000 元，合约赔付率最终高于 50%，对应手续费率仍保持在 22%，后续无须再编制手续费率调整账单。

（四）纯益手续费

纯益手续费（Profit Commission，PC）又称为盈余佣金，在再保险合约中有专门条款约定纯益手续费的计算。

纯益手续费条款的内容包括以下三个方面：

1. 计算纯益手续费的具体收入（Income）与支出（Outgo）项目

收入项目合计大于支出项目合计，即产生当年度盈余，纯益手续费由盈余和纯益手续费率决定。手续费率计算有两种方式，即固定比例和浮动比例，农业再保险合约实务中普遍采用的是固定比例。

$$纯益手续费=（收入项目-支出项目）×纯益手续费率$$

2. 亏损结转方式

以前年度亏损结转一般有两种方式：一种是 3 年亏损结转（Three Years Carried Forward），某一业务年度的亏损滚转至以后连续的 3 个业务年度，如果仍有亏损，则停止计算；另一种是亏损转入往后各年度直至产生盈余（Loss Carried Forward to Extinction），"Extinction" 指的是亏损被消减，也即被盈余取代的意思。

3. 纯益手续费的计算时间

一般农业再保险合约约定的首次计算是该业务满 24 个月后，以后每年计算一次。

再保险合约纯益手续费要计算的收入项目和支出项目繁多，每个合约约定的具体项目也不尽相同，主要取决于计算基础是按业务年度还是会计年度，以及亏损滚转的方式和年限等条件。此外，首次编制时间是 24 个月后还是 36 个月，以后的纯益手续费账单是每个会计年度逐年编制还是业务终了后再编制都需根据合约明确约定。

【案例分析 6-6】

A 公司签订一份 2015 年 1 月 1 日起至 12 月 31 日止的农险成数合约,合约条件规定:

Profit Commission 20%（management expenses 5%,deficit carried forward to 3 years）

First calculation to be drawn up 24 months after inception of the respective underwriting year, then adjusted annually thereafter.

Income:

1) Losses outstanding from the previous profit commission statement for the underwriting year under consideration;

2) Gross premiums for the current year.

Outgo:

1) Commission, taxes and other charges for the current year;

2) Losses and loss expenses paid during the current year on business falling within the underwriting year under consideration;

3) Losses outstanding at the end of the current year for the underwriting year under consideration;

4) Reinsurers' management expenses calculated at the percentage specified in the SLIP.

2017 年收到 A 公司按合约规定的时间首次编制的纯益手续费账单,盈余佣金计算时点为 2016 年 12 月 31 日, 账单如下:

UY 2015 Agriculture QS Treaty Profit Commission Statement
As at 2016-12-31

Currency: CNY

Income		Outgo	
Gross Premiums for the current year	25 000 000.00	Reinsurance Commission and Tax (25%)	6 250 000.00
Outstanding Loss Reserve brought forward	—	Tax	—
		Loss Paid	16 000 000.00
		Management Expenses(5%)	1 250 000.00
		Outstanding Loss Reserve as at 2016-12-31	600 000.00
		Deficit brought forward from last year ,if any	—
		Profit	900 000.00
Balance	25 000 000.00		
			25 000 000.00
Profit Commission as at 20161231=90 0000 × 20%=180 000			

2017 年账务年度该合约业务发生亏损 50 万元，分出人应退回纯益手续费：

UY 2015 Agriculture QS Treaty Profit Commission Statement

As at 2017-12-31

Currency: CNY

Loss Paid	450 000.00	Loss	500 000.00
Outstanding Loss Reserve as at 2017-12-31	50 000.00		
Balance	500 000.00		500 000.00
2015 UW in 2017 Loss			500 000.00
2015 UW in the end of 2016 profit			900 000.00
2015 UW in the end of 2017 profit			400 000.00
Profit Commission as at 20171231　400 000 × 20% = 80 000			80 000.00
Profit Commission as at 20161231			180 000.00
Refund PC			-100 000.00

该业务至 2017 年账务年度纯益手续费为 8 万元，在账务年度 2016 年末再保人已支付 18 万元，因此分出人应退还再保人纯益手续费 10 万元。

二、农业非比例再保险合约账单处理

非比例合约账单比较简单，概括起来就是两种账单：保费账单和赔款账单。

一般其他财产险的非比例再保险合约期通常为 1 年，而农险非比例再保险合约除了 1 年期合约，还有一些合约期限为半年或数月的。例如，专门针对北方秋粮作物、夏粮作物的再保险合约期就与农作物生长期一致，这是农业再保险合约所独有的特点。

（一）保费账单

保费账单主要包括最低预付保费账单（Minimum and Deposit Premium，MDP）和调整保费账单（Adjustment Premium）。

最低预付保费账单指分出公司根据预估保费和费率预付给接受人保费，一般按期支付，视情况按半年度或季度来结付。

分期支付的账单，可采用两种账单编制方式：一种是账单载明总的预付保费，付款信息显示分期的期数、金额和付款时间；另一种是按照时间、期数、分期付款金额编制账单，这种账单编制方式要求分出人特别注意不要遗漏后续各期的账单。

【案例分析 6-7】

A 公司签订一份种植业超赔合同，保障结构为超过 40% XS 80%，1 年期，自 2015 年 1 月 1 日起至 2015 年 12 月 31 日止，预计预估净自留毛保费收入为 1 000 万元，再保险费率为 5%，最低预付及预付保费 40 万元，付款时间为 2015 年 5 月 1 日和 2015

年 8 月 1 日，B 再保公司接受比例为 50%。分保账单如下。

最低预付保费账单

2015.3.1

接受人：　　B 再保险公司
合约名称：　A 公司 2015 年种植业赔付率超赔再保合同
合同期限：　2015 年 1 月 1 日—2015 年 12 月 31 日
币制：　　　人民币
总预估保费：　10 000 000

层数 （Layer）	合约总预付保费 （MDP）	份额 （Share）	预付保费 （Your MDP）
40% XS 80%	400 000	50%	200 000
Installment			
1.2015.5.1	100 000		
2.2015.8.1	100 000		

在业务实务中，非比例分期付款账单也有按实际付款期数分别编制账单的。按这种方式编制账单，需在账单上注明是第几期账单，以提示接受人。

调整保费账单是在合约年度结束之后，对实际保费和最低预付保费的调整账单。

【案例分析 6-8】

接案例分析 6-7，合约 12 个月到期后，最终年净自留保费收入为 1 200 万元。经计算，超过最低预付保费，分出公司需要支付 B 再保公司保费差额 10 万元（1 200×5%-40）×50%，应编制调整保费账单如下。

调整保费账单

接受人：　　B 再保险公司
合约名称：　A 公司 2015 年种植业赔付率超赔再保合同
合同期限　　2015 年 1 月 1 日—2015 年 12 月 31 日
币制：　　　人民币

总预估保费：	10 000 000
实收保费：	12 000 000
调整保费费率：	5.00%
最低预付保费：	400 000
调整保费：	200 000
接受比例 50%：	100 000

如果合约到期后，最终年净保费收入为 700 万元，则对应再保险费为 35 万元，低于最低预付保费 40 万元，则分出公司无须编制账单，接受公司也无须退回差额。

（二）赔款账单

实务中包括赔案赔款账单、预摊赔账单和赔款调整账单。

非比例合约出险之后，在未进行摊赔之前，分出人有先行告知的义务，应向接受人发出出险通知书。出险通知书的内容应简明扼要，告知情况的主要内容包括出险日期、出险地点、灾害发生情况、预计损失情况、合约项下承保保费、预计再保人合约项下应摊额度等。

【案例分析 6-9】

2017 年 6 月，某公司种植险超赔再保险合同因内蒙古干旱导致 110 万亩（约 7.3 万公顷）玉米、小麦绝收，极大可能触发再保险赔付。分出公司发送出险通知书，第一时间告知接受人，出险通知书实例如下：

Loss Advice

Date: 2017/12/20

Limit:　　　　85% of GNRPI or CNY 12 240 000 whichever is the lesser XS

115% of GNRPI or CNY 11 040 000 whichever is the greater

Name of the Event :	Various Losses in 2017
Type of Insurance :	Crop Insurance
Total Insured Area :	1 100 000(Mu)
Location of Loss :	Neimeng

Total Premium(100%) :	CNY	30 756 454
Gross Paid Loss(100%) :	CNY	46 196 796
Gross Outstanding Loss(100%) :	CNY	6 282 008
Gross Incurred Loss(100%) :	CNY	52 478 805
Loss Ratio :		170.63%
Total Premium (Net of 60% to QS) :	CNY	12 302 581
Incurred Loss (Net of 60% to QS) :	CNY	20 991 522
Deductible :	CNY	14 147 969
Estimated Loss to Program :	CNY	6 843 553

As at　　　　　　　　　　06/30/2017

【案例分析 6-10】赔案赔款账单

某保险公司 2017 年向再保险人购买了种植险超赔合约,全年净自留保费 16 000 万元,合约结构为 50% XS 100%,其中 B 再保险公司接受了 50%份额。2017 年,该公司净自留赔款为 21 600 万元,赔付率为 135%。按合约约定,再保人需分摊超过起赔点以上的赔付率(超过 35%不超过 50%)的对应损失,即 5 600 万元,B 再保险公司应分摊 2 800 万元,赔案摊回赔款账单如下。

Debit Note		
		Date: Feb.12 2017
接受人(Reinsured):	B 再保险公司	
合约名称(Treaty Name):	2017　Crop Stop Loss Treaty	
合同期限(Treaty Period):	2017-01-01—2017-12-31	
责任限额(Limit):	Layer 1　50.00%	XS 100%
预估保费(GNPI):	CNY　160 000 000.00	
净自留损失(Net Retained Loss):	CNY　216 000 000.00	
赔付率(Loss Ratio):	135.00%	
	Layer 1	
合同项下赔款(Paid Loss to Layers):	CNY　56 000 000.00	
份额(Your Share):	50.00%	
摊回余额(Balance):	28 000 000.00	

除了正常摊赔账单,当发生大的损失时,在最终损失完全确认前,根据初步损失,分出公司为了及时摊回赔款,缓解支付压力,有的合约还要求按照一定的比例编制预摊赔账单,向接受人摊回部分赔款。在全部损失最终确认后,根据合约保险责任,编制调整赔款账单,向接受人摊回最终赔款数额。

三、农业再保险临分业务账单处理

相比农业再保险合约业务,临分业务账单项目比较简单,通常只有分保费收入、摊回赔款、分保手续费和经纪人手续费等项目。账单只有两种形式:保费账单和赔款账单。

与其他财产险的再保险业务相比,农业再保险以单笔临分形式分出的业务比较少,大多以类合约(Facility)的形式办理分保,表现为某一个农险临分项目下同类业务组成的合约,主要是分出人用于新开办的业务或者不稳定的业务。账单编制方法和时间与比例合约业务相同,按季度发送。

编制临分账单时要注意，如果是通过经纪人办理的分出业务，不能将扣除经纪人手续费的净保费作为分出保费。虽然国外以净保费分出的临分账单比较多见，但在国内财务处理上，经纪人手续费被计入手续费和佣金科目，要单独在账单上列示清楚。

四、分保账单的疏漏和错误

分出公司编制分保账单数据多、工作量大，难免发生一些错误和疏漏。在分出公司发送分保账单后，如果发现疏漏或错误且对当期分保账单影响比较大，应该及时通知接受人作废原账单，制作更正账单代替原账单；如果发现较小的数据疏漏、错误，可以在下一期分保账单进行相应数据调整。

五、关于农业再保险业务合约增值税及处理

我国从 2016 年 5 月 1 日全面推行"营改增"税收政策后，自 2017 年起签订的再保险合约中都按照调整后的税收政策增加了增值税条款。根据《财政部国家税务总局关于进一步明确全面推开营改增试点有关再保险、不动产租赁和非学历教育等政策的通知》（财税〔2016〕68 号）规定："试点纳税人提供再保险服务（境内保险公司向境外保险公司提供的再保险服务除外），实行与原保险服务一致的增值税政策。再保险合约对应多个原保险合约的，所有原保险合约均适用免征增值税政策时，该再保险合约适用免征增值税政策。否则，该再保险合约应按规定缴纳增值税。"

根据《农业保险条例》规定，保险机构经营农业保险业务依法享受税收优惠。由于国内农业保险享受免征增值税政策，因此农业再保险合约适用与原保险同样的免税政策。《农业保险条例》规定的农业保险专指"保险机构根据农业保险合约，对被保险人在种植业、林业、畜牧业和渔业生产中因保险标的遭受约定的自然灾害、意外事故、疫病、疾病等保险事故所造成的财产损失，承担赔偿保险金责任的保险活动。"

其他涉农保险业务，包括农房、农机具、渔船等财险业务是否享受免税政策要视国家税收政策确定。具体到农险再保险合约账单是否有增值税项目，要看合约中的承保标的是否包含涉税农险业务。如果再保险合约包含涉税业务，因增值税是一种价外税，实务中分保账单中的分保费为不含增值税的净保费，增值税则按应税保费乘以增值税率计算得出。

此外，依据《关于全面推开营业税改征增值税试点的通知》（财税〔2016〕36 号）规定："中华人民共和国境外（以下称境外）单位或者个人在境内发生应税行为，在境内未设有经营机构的，以购买方为增值税扣缴义务人。"如果涉税业务的再保险合约，特别是有境外再保接受人的，或者通过境外经纪人公司排分的合约，分出人还要履行代扣代缴境外接受人的增值税及税金附加（目前为 0.72%），那么分保账单上还要增加代扣代缴的相关项目。

第三节　分入业务账单处理

再保险业务分保账单是分出公司或者经纪公司编制的。对于分入公司来讲，分入账单管理包括两个方面的工作：分保账单的基础管理和分保账单的统计分析。

账单基础管理包括接收账单、审核账单和确认签回账单、账单录入和账单结算、归档及账单催收等环节。因此，需要接受人有健全的分入账单管理制度规范，从接受账单到归档实施全流程管理，明确处理、录入、复核和审批人员的职责和权限等内容，确保相关信息的准确性、完整性和一致性。

此外，对账单项目进行统计分析不仅可以直接反映单个合约的经营情况，而且可以为接受人业务承保和管理提供数据基础。

一、分保账单的处理

接受人账单处理的重点环节主要是账单审核、账单录入和账单结算，以及账单催收。下文将简要介绍分保账单的审核、录入和催收，账单结算管理将在下一节专门介绍。

（一）分保账单的审核

在实务中，一般有账单发出前审核和收到账单后审核，审核的主要内容基本一致。

有的分出人在签发正式账单前，通过邮件等方式将分保账单的主要内容和相关数据发给接受人。接受人账单处理部门核对相关业务数据，确认后用邮件通知分出人出具正式的纸质账单或者电子账单，作为财务部门的记账凭证和结算凭证。

收到分保账单后，账务处理人员一般先进行初步审核，审核内容包括对照正式合约文本检查账单合约名称、业务年份、险种等基本信息项目，查看收到的账单是否齐全完整，是否存在错误、遗漏，在业务系统中是否有对应的分入业务记录，业务信息与账单信息是否一致等。确认无误后，进行账单项目的实质审核。

1. 比例合约账单的审核

（1）分保费收入项目

主要审核分保账单保费数额的合理性，与分出合约的估计保费（EPI）核对比较时，还要考虑农险业务特点。农险业务保费进展有明显的季节特征，以种植险业务合约为例，我国农作物在大部分地区为春天播种，保险公司开始展业承保，加上再保险合约账单滞后效应，四个季度账单保费比例分别为 10%～20%、35%～45%、25%～35% 和 10%～20%。如果当季度保费比例与以往经验有较大的偏差，接受人应该主动向分出人进行了解、查询，如偏差过大，还要进行合约预估保费的调整。

（2）赔款项目

赔款项目包括账单赔款、现金赔款、未决赔款和损失分摊账单的审核，主要是关注赔款的异常变动情况和核实损失分摊金额计算的正确性。

季度分保账单所列赔款通常是账单编制期间已发生已赔付的赔款向接受人按比例摊回的数额。一般来讲，赔款是在季度账单中体现并结算的。按照最大诚信原则，加之我国农业具有小而散的特点，通常不需要分出人提供赔款明细数据。如果当期赔款金额较大，又无已知重大灾害原因，需要向分出人及时了解，必要时可以要求对方提供前十大金额赔案的金额、出险原因等，以核实赔款的真实性、合理性。

现金赔款账单是一次事故赔款达到合约约定数额，触发了现金赔款条款，由分出人直接向接受人提供赔款单证，并要求支付现金。如果前期支付过现金赔款，需特别注意当期账单赔款是否包括了前期现金赔款的返还。对于现金赔款，不管是手工登记还是业务系统录入，都要做好现金赔款跟踪记录，以保证赔款数字的准确。在实务中，农业再保险合约现金赔款条款很少遇到触发的情况，现金赔款账单也很少见。

未决赔款是指已发生已报告的赔款，通常在季度账单表外列示。审核的时候，重点是审核当期赔款、未决赔款和上期赔款数额，以及未决赔款变化的合理性。如果未决赔款过大，也要向分出公司及时了解变化原因。分保账单所列示的未决赔款是账单期末时点数，是一个不同时间点重新更新的数字，在统计、计算未决赔款时不能将不同时点未决赔款数字简单相加。

对于价格指数保险合约，通常会有损失封顶的条款，在审核时要注意损失率的计算。

（3）手续费项目

手续费项目包括调整手续费和纯益手续费账单。

调整手续费项目是指因手续费随着赔付率的变动而进行相应调整，主要是审核合约在计算期间的赔付率是否计算正确，手续费率是否对应正确的赔付率变化区间。

纯益手续费项目的审核相对其他账单项目复杂一些。合约中通常有详细计算项目和收取比例。审核时需注意纯益手续费的计算基础是财务年度还是业务年度，合约亏损滚转的方式和年限，核实保费、赔款、赔款责任转出转入等数据的正确性。

调整手续费账单和纯益手续费账单是按照合约约定的时间编制，在审核时对照分出人提供的计算书，对应合约载明的手续费率和赔付率对应关系，根据分保费、赔款、手续费等项目逐项统计核对。

2. 非比例合约账单的审核

非比例合约账单主要包括两种账单：保费账单和赔款账单。

对于最低预付保费账单（MDP），一般合约中都有具体约定，对照合约或者业务系统录入的最低预付保费信息核对即可。有时分出人最低预付保费采取分期付款方式，实务中常见的以分两期付款为主。其保费账单也是分期发送给接受人的，这种分期制作并发送的账单要注意检查账单是否全部按时发送给接受人。

对于调整保费账单，应关注保费计算基础。目前国内农业再保险非比例合约主要以赔付率超赔再保险为主，事故超赔再保险主要是针对森林险的分保，都是以净保费收入（GNRPI）来计算的。审核时需按照合约约定的调整保费费率、最低预付保费和其他条件进行核对。

无赔款返还账单常见于临分业务的无赔款退费，现在也见于农业非比例再保险合约。业务完整年度结束后，如果没有发生赔款，按照合约约定，接受人需向分出人按保费一定比例支付盈利返还。在实务中，通常随调整保费账单一并做账。从其本质看，还是属于调整保费类账单，而不应视作手续费返还。

赔款账单包括赔案赔款账单、预摊赔账单和赔款调整账单，都是分出公司因发生赔案制作的摊回赔款账单，主要用于审核赔款和赔付率计算是否正确。要特别注意既有起赔点，又有赔款限额，此外还有约定缓冲区间（Buffer）条件的合约，赔款计算比较复杂。

关于赔款审核的具体内容详见理赔章节。

3. 临分业务账单

农业再保险临分业务在实务中的运用并不常见，常见类合约（Facility）临分业务，与一般合约账单审核相同，可以根据分出人提供的分保条和明细报表进行检查。

（二）分保账单录入

账单审核无误后，就要及时录入业务系统或财务系统。随着信息化应用，一般保险公司都已经具备业务或账务系统，代替了手工登记操作。在账单审核完成后，应及时、准确录入业务或账务系统，以保证后期业务统计、结算核对和财务记账的顺利完成。

（三）分保账单催收

一般情况下，分出人都能按照合约条款规定的时间发送账单，但有时也可能因为各种原因未能及时发送账单，如做账不及时、账单寄送丢失及遗漏等，接受人要定期对承保的合约来账情况进行检查统计，对应到而未到的账单进行催收。

还有一种情况，成数合约业务经过几个账单期后，新的账单期没有数据发生，有的分出人也不会编制账单给接受人。接受人应该联系分出人确认未提供账单的原因，如确实当期无账单，且业务未结清，可以根据对方信息按零账单处理。针对农业指数保险的再保险合约，由于其赔付触发机制标准化，不像传统农业保险理赔那样速度缓慢，因此分保账单期数也比较少，有的合约不到 8 期就不再有账单了。农业再保险常用账单编制时间如表 6-4 所示。

表 6-4　农业再保险常用账单编制时间

比例合约	非比例合约	临分合约
季度账单，一般在每季度后 45 天或 60 天发送	最低预付保费账单，不迟于合约签订后 30 天	保费账单，收到正式分保条后 30 天
调整手续费账单，一般是第 2 年度或第 3 年度结束后编制，要根据合约约定	调整保费账单，会计年度终了后 30 天	
纯益手续费账单，一般约定在 24 个月后首次编制，直至合约结清		

二、分保账单的统计与分析

分保账单是直接反映合约业绩的主要计算依据。对分保账单的统计和分析也是分入账单管理的一个重要工作内容。接受人通过不同维度和角度对分保账单项目进行统计，结合精算分析，可以评估所承保业务成绩，判断业务发展趋势，为业务承保提供决策支持。

对再保险业务的统计和分析，先要区分业务年度（Underwriting Year）和会计年度（Account Year）的概念。对再保业务的分析都是建立在业务年度角度进行的。农业保险属于短期业务，再保险比例合约多采取自然结清方式，一般持续 3 年 12 个账单期后，业务进展基本完成。

图 6-1 是业务年度与会计年度关系图，假设比例合约起止期均为 1 月 1 日至 12 月 31 日。

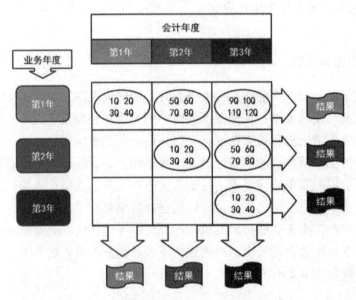

图 6-1　业务年度与会计年度关系图

对于分保账单项目的分析，既可以逐个合约进行统计分析，也可以从多层次、多角度进行汇总统计分析，这主要取决于分析的目的。常用的统计分析角度和口径如下。

（1）从分保方式统计，按照比例合约、非比例合约和临分业务分别统计。

（2）从承保险种进行分析，按照种植业、养殖业和森林险，以及涉农业务等类别进行统计，有条件的还可以区分政策性业务和商业性业务。

（3）从业务来源进行统计，可以按照不同地区或者不同分出公司、不同经纪公司等口径分别统计。

上述不同角度和口径的分析可以相互组合，最大限度地对分入业务的成果进行全面展示。此外，如果需要进一步深入分析，还可以结合业务现金流、投资收益等因素综合考察业务经营成果。

第四节　账单结算管理

账单结算是分出人和接受人双方根据分保账单余额的应收应付情况进行的账务清算工作，是双方再保险资金收付款的过程，是再保险业务流程的最终环节。在业务过程中，再保险分出分入双方都要按照再保险合约的约定做到及时、准确，严格履行再保险合约对账款结算的相关规定，避免发生无正当理由的长账龄应收、应付款项。

通过经纪人办理的业务，经纪人要分别同分出人、接受人进行账务核对和结算，履行结算和支付义务。

此外，分出人和接受人通过对分保账单结算记录的追踪和分析，也可以评估对方的资信状况。对那些经常无故拖欠账款结算的分出人或接受人还可以适时采取措施，比如严格分保条件、增加约束性条款，甚至终止业务往来等。

再保险账单结算工作内容包括以下几方面。

一、定期与对方核对未结算账务

分出人或接受人定期核对双方未结算账务，是账务结付的需要。事先对未结付的账务余额进行确认，可以避免结算时产生异议，减轻对账、销账工作量。同时，财务上对应收应付分保账款金额的确认，也是保证财务数据的真实性和准确性的需要。

二、及时进行账单结算

对于分出人和接受人双方，账务结算是再保险业务的最后一个环节。只有通过双方资金往来和收付，接受人才能及时获取现金流，分出人才能及时获得摊回赔付支付赔款。

对于接受人来说，农险作为政策性保险业务，再保险合约盈利边际非常小，需要及时获取业务的浮存金①，进行必要的资金运用而获取投资收益。此外，接受人也应及时满足分出人摊回赔款的要求，特别是大额的摊回赔款，都会有一定的时间期限要求，不得以其他理由延迟支付。

《农业保险条例》第十四条规定："保险机构应当在与被保险人达成赔偿协议后 10 日内，将应赔偿的保险金支付给被保险人。农业保险合约对赔偿保险金的期限有约定的，保险机构应当按照约定履行赔偿保险金义务。"

具体到采取何种账单结算方式，可以根据各公司的财务管理要求处理。既可以逐笔逐合约账单分开结算，也可以多笔业务合并轧差结算，只要经结算双方协商一致即可。

三、收付款后及时核销账单

双方账务收付结算完成后，及时核销相关账务也是一项重要工作，避免由于不及时清理、核销账务造成财务上长期挂账。若长期不进行处理，会造成账单堆积数量多、时间久，再加上人员变化，核对起来十分困难，不仅会增加工作量，也会对财务数据的准确性造成影响。

四、应收、应付分保账款的管理

分出人和接受人都要加强应收应付账款的管理，定期与对方核对业务的应收应付款项，特别是控制应收账款的规模和期限，避免账龄太长、应收款项金额过大，从而对公司偿付能力造成负面影响。可以建立相应的催收管理制度，追踪应付应收款项结算及时性指标，从数量和金额上分别评估分保账单结算效率。例如：

应收（付）款项及时结算笔数比重=及时完成结算的应收（付）款项笔数/应收（付）款项总笔数×100%；

应收（付）款项及时结算金额比重=及时完成结算的应收（付）款项金额/应收（付）款项总金额×100%；

结算周期超过 60 天的应收（付）结算笔数比重=结算周期超过 60 天的应收（付）款项笔数/应收（付）款项总笔数×100%；

结算周期超过 60 天的应收（付）结算金额比重=结算周期超过 60 天的应收（付）

---

① 保险浮存金即投保人向保险公司缴纳的保费。在收取到的这些保费中，保险公司在留有一定比例的理赔资金后，其余资金即可用于投资，投资赚取的收益归保险公司所有。从投保人开始缴费到真实的赔付发生通常需要几年（甚至几十年）的时间，而在此期间，保险公司可以无偿使用这笔保费资金（巴菲特称之为浮存额），随着保费规模的扩张，累积的浮存额也在扩张，而只要保险公司使用这些浮存额的投资收益能够超过保险成本，保险公司就是盈利的。

款项金额/应收（付）款项总金额×100%。

第五节　农业再保险业务会计核算

财政部《企业会计准则第 26 号——再保险合同》和《保险合同相关会计处理规定》（财会〔2009〕15 号）、《农业保险大灾风险准备金会计处理规定》（财会〔2014〕12 号）规范了农业再保险合同的会计确认、计量和相关信息的列报。

农险再保险合同业务包括分出业务和分入业务，涉及的明细险种包括种植险、养殖险、森林险等。本节将分别介绍分出业务、分入业务、应税涉农业务增值税以及农险大灾风险准备金的会计核算方法和内容。

根据《保险合同相关会计处理规定》的要求，应对保险合同进行分拆和重大风险测试。只有确定为保险合同，才按照本节介绍的会计核算方法进行处理；不确定为保险合同的，应当将其视作金融工具进行处理。

一、分出业务会计核算

农险再保分出业务涉及分出保费、摊回分保费用、摊回赔付成本、应收分保准备金等会计科目的核算。

（一）分出保费及摊回款项

分出保费是指再保险分出人转嫁保险风险责任，向再保险接受人支付的保费。摊回分保费用是指由再保险接受人支付给再保险分出人，用于补偿再保险分出人在销售原保险保单以及维护和管理保险业务过程中发生的费用。摊回赔付成本是指再保险分出人应当从再保险接受人摊回的再保险分出人向保险受益人提供赔偿或给付中按再保险合同约定由再保险接受人承担的份额。

会计准则规定，再保险分出人不应当将再保险合同形成的收入或费用与有关原保险合同形成的费用或收入相互抵销。分出业务的分出保费及摊回项目与原保险合同保费收入及相关费用、赔付成本所反映的经济内容与实质不同，再保险合同分出业务的分出保费、摊回赔付成本、摊回分保费用均应单独确认并在利润表中列报。

分出保费、摊回分保费用、摊回赔付成本具体的计算方法和计量金额根据农险再保险合同类型和合同具体的约定而确定。

1. 比例农业再保险合同

比例农业再保险合同是指以原农险合同保险金额为计算基础的一种再保险合同。其最大的特点就是分出人与接受人按照比例分享保费，分担责任，并按照同一比例分担赔款。

农险分出人应当在确认农险原保险合同保费收入的当期，按照相关农险再保险合同的约定，计算确定分出保费和应向农险接受人摊回的分保费用，并计入当期损益。分出人应当在确定支付赔付款项金额或实际发生理赔费用而冲减原农险合同未决赔款准备金余额的当期，冲减应收分保未决赔款准备金余额；同时，按照农业再保险合同的约定，计算确定应向接受人摊回的赔付成本，并计入当期损益。

摊回赔付成本和摊回未决赔款准备金的区别在于摊回赔付成本是由再保险分出人实际应获得补偿的金额，摊回未决赔款准备金是指再保险分出人根据精算评估结果，预计将获得补偿的金额。在确认摊回赔付成本的同时应冲减相应合同已计提的摊回未决赔款准备金。

【案例分析 6-11】

2016 年 12 月 30 日，A 公司与客户张某签订一份种植险合同，保险金额为 300 万元，自 2017 年 1 月 1 日零时合同生效，保险期间为 1 年，保费为 0.6 万元。该种植险合同属于 A 公司与 B 公司签订的成数再保险合同约定的业务范围。该再保险合同约定的分保比例为 20%，分保手续费率为 30%。2017 年 6 月 5 日，由于暴雨，张某的农场遭受损失，A 公司确定该事故属于全额赔偿责任范围，于事故发生当月确认了赔付成本 300 万元。2017 年 6 月 29 日，A 公司向张某支付了保险赔款，该保险事故结案。A 公司就上述业务计算出应向 B 公司分出的保费金额为 0.12（0.60×20%）万元，分保手续费金额为 0.036（0.12×30%）万元，应从 B 公司摊回赔款金额为 60（300×20%）万元，A 公司分出保费、摊回分保费用、摊回赔付成本的账务处理如下。

（1）2017 年 1 月，确认分出保费及摊回分保费用。

借：分出保费 1 200

    贷：应付分保账款——B 公司 1 200

借：应收分保账款——B 公司 360

    贷：摊回分保费用 360

（2）2017 年 6 月，确认应摊回的赔付成本。

借：应收分保账款——B 公司 600 000

    贷：摊回赔付支出 600 000

（注：实务中，保险公司一般定期对所有业务准备金进行评估和会计处理，故本例没有考虑准备金的影响。）

会计准则规定，分出人应当在原保险合同提前解除的当期，按照农险再保险合同的约定，计算确定分出保费、摊回分保费用的调整金额，并计入当期损益。分出人应当在因取得和处置损余物资、确认和收到应收代为追偿款等而调整原保险合同赔付成本的当期，按照农险再保险合同的约定，计算确定摊回赔付成本的调整金额，并计入当期损益。

2. 非比例农业再保险合同

非比例农险再保险合同以赔款金额作为计算自留额和分保限额基础，也就是先规定一个由分出人自己负担的赔款额度，超过这一额度的赔款才由再保险接受人承担赔偿责任，二者无比例关系。

会计准则规定，对于超额赔款再保险等非比例再保险合同，再保险分出人应当根据再保险合同的约定，计算确定分出保费，计入当期损益。再保险分出人调整分出保费时，应当将调整金额计入当期损益。再保险分出人应当在能够计算确定应向再保险接受人摊回的赔付成本时，将该项应摊回的赔付成本计入当期损益。

对于非比例再保险合同，保费根据赔款的历史记录计算；保费在合同起期时支付，年终可调整；一般在年度末可以清楚计算分保责任。在合同起期时支付的保费称为预付保费，预付保费可以于合同起期时一次性支付，也可以分期支付。分出公司应在再保险合同起期的当期将分出保费一次性计入当期损益。

【案例分析6-12】

2016年12月25日，C公司与D公司签订一份事故超赔农险再保险合同，将由台风引发的保险赔款向D公司办理分保。合同起期日为2017年1月1日，保险期间为1年。2017年1月15日，C公司向D公司发出的账单中标明的一次性预付保费金额为500万元。2017年12月31日，C公司由台风引起的索赔案件基本结案定损，C公司计算出应向D公司摊回的赔款余额为800万元，同时计算出应向D公司支付的实际保费金额为600万元。C公司相关会计处理如下。

（1）2017年1月15日

确认分出保费：

借：分出保费 5 000 000

　　贷：应付分保账款——D公司 5 000 000

（2）2017年12月31日

调整预付保费：

借：分出保费 1 000 000

　　贷：应付分保账款——D公司 1 000 000

确认摊回赔款：

借：应收分保账款——D公司 8 000 000

　　贷：摊回赔付支出 8 000 000

（注：非比例农险再保险合同一般没有手续费。）

3. 两类特殊手续费的处理

（1）调整（浮动）手续费

农险分出人与接受人采用调整（或浮动）分保手续费方式时，再保合同中一般会约定预付手续费率，以及赔付率与手续费率的浮动关系，依据计算出的赔付率确定实际手续费率，进而调整分保手续费。再保险分出人应当根据相关再保险合同的约定，在能够计算确定应向再保险接受人收取的调整手续费时，将该项调整手续费作为摊回分保费用计入当期损益。

【案例分析 6-13】

　　E 公司与 F 公司签订一份农险成数分保财产再保险合同，将约定的原保险业务向 F 公司办理分保。合同约定采用浮动分保手续费率制，预付分保手续费率为 30%。假定 E 公司根据实际赔付情况计算确定的分保手续费率为 35%，据此计算的分保手续费调整金额为 500 万元，并与 F 公司达成一致。此时，E 公司确认调整分保手续费的账务处理如下：

　　　　借：应收分保账款——F 公司　　　　　　　　5 000 000
　　　　　　贷：摊回分保费用　　　　　　　　　　　　　　　　5 000 000

（注：分保手续费的调整金额根据实际情况，或正或负。）

　　（2）纯益手续费

　　纯益手续费是指再保险接受人为鼓励分出人谨慎地选择所承保的原保险业务，在农险再保合同获利的基础上付给分出人一定比例的回报。

　　会计准则规定，再保险分出人应当根据相关再保险合同的约定，在能够计算确定应向再保险接受人收取的纯益手续费时，将该项纯益手续费作为摊回分保费用计入当期损益。

　　实务中，可以在应收分保账款、摊回分保费用一级科目下设二级或三级明细科目，比如，"摊回分保费用——分保费用""摊回分保费用——调整手续费""摊回分保费用——纯益手续费"，针对不同类型的分保费用，分明细科目进行核算。

（二）应收分保准备金

　　农险分出业务应收分保准备金主要包括应收分保未到期责任准备金和应收分保未决赔款准备金。

　　按照会计准则规定，再保险分出人不应当将再保险合同形成的资产与有关原保险合同形成的负债相互抵销。即分出人应在资产负债表中全额列示原保险合同各项准备金，以全面、真实反映其对原保险合同保险受益人的负债情况，同时将各项应收分保准备金作为资产单独列示，以真实反映其对再保险接受人应有的债权，这样也有利于准确考核再保险分出人的偿付能力。

　　按照会计准则规定，农险再保分出人应当在确认农业原保险合同保费收入的当期，按照农业再保险合同的约定，计算确认相关的应收分保未到期责任准备金资产，并冲减提取未到期责任准备金。

　　农险再保分出人应当在提取原农险合同未决赔款准备金的当期，按照相关再保险合同的约定，计算确定应向再保险接受人摊回的未决赔款准备金，确认为应收分保未决赔款准备金，并提取摊回未决赔款准备金。应收分保未决赔款准备金包括已发生已报案未决赔款准备金、已发生未报案未决赔款准备金和理赔费用准备金等。实务中，在设置二级科目明细对不同类型的应收分保未决赔款准备金进行明细核算。

【案例分析6-14】

2018年1月1日，A公司与某企业签订农险合同，确认保费收入20万元；1月31日，A公司就某企业农险合同提取未到期责任准备金18万元；3月18日，某企业农险合同约定的保险事故发生，至3月31日尚未结案定损，A公司就该合同提取未决赔款准备金500万元。该份农险合同属于A公司与B公司签订的成数再保险合同约定的业务范围。该再保险合同约定的分保比例为20%。

（1）2018年1月31日，确认应收分保未到期责任准备金。

A公司应确认的对B公司应收分保未到期责任准备金=18×20%=3.6（万元）

借：应收分保未到期责任准备金　　　　　　36 000

　　贷：提取未到期责任准备金　　　　　　　　　　36 000

（2）2018年3月31日，确认应收分保未决赔款准备金。

A公司应确认的对B公司应收分保未决赔款准备金=500×20%=100（万元）

借：应收分保未决赔款准备金　　　　　　1 000 000

　　贷：摊回未决赔偿准备金　　　　　　　　　　1 000 000

再保险分出人在资产负债表日按照精算师重新评估的应收分保准备金账面余额与已提取的差额调整应收分保准备金账面余额，损益科目计入"提取未到期责任准备金"或"摊回未决赔偿准备金"。

再保险分出人应当在原保险合同提前解除的当期，转销相关应收分保准备金余额。

再保险公司办理的转分保业务会计处理与直保公司的分出业务会计核算基本一致。实务中，由于再保险公司一般按季度进行分入业务分保费收入、分保费用的预估工作，相应的比例合同转分保业务也需要按季度预估分出保费、摊回分保费用。再保险公司一般按季度进行分入业务和转分保业务准备金评估工作，财务人员按照精算师提供的准备金调整数据进行会计核算。

二、分入业务会计核算

与农险再保分出业务相对应，农险再保分入业务涉及农险再保接受人向分出人收取分保费收入、支付分保费用、支付分保赔付支出，以及计提分入业务准备金等内容。

（一）分保费收入及分保费用

按照会计准则规定，再保合同分保费收入同时满足下列条件的才能予以确认：

（1）再保合同成立并承担相应保险责任。

（2）与再保合同相关的经济利益很可能流入，"很可能流入"是指取得经济利益的可能性大于 50%。

（3）与再保合同相关的收入能够可靠地计量。

再保险接受人应当根据相关再保险合同的约定，计算确定分保费收入金额。但再保合同分保费收入的具体金额一般要根据分出人原保险合同保费收入金额来计算确定，所以再保合同中不能明确规定具体的分保费金额，只能约定合同预计保费。该预计保费的确定是基于分出人历史直保承保数据，以及分出人具体业务规划而由双方确定的。农险再保合同最终分保费收入以分出人提供的分保账单上的数据为准，但分保账单会有一定的延迟和滞后。

为符合权责发生制要求，及时合理确认再保险保费收入，实务中，再保接受人可在合同起期后，预估确认分保费收入。再保接受人用预估的方法确认分保费收入。分保费用前提是需要企业内部制订明确的预估方法，以客观事实为依据进行合理预计。

预估保费通常以合同约定的预计保费为基础，通过与分出人积极了解原保险合同签约情况，及时对预计保费进行调整。在接受人尚未收到分出人发出的账单时，可基于合同预计保费，根据历史经验确定的各期占比，以预估的方法计算并确认当期分保费收入。收到某一期的账单后，再保人应按照账单标明的金额对相关分保费收入、分保费用进行调整，调整金额计入当期损益。

再保险接受人应当在确认分保费收入的当期，根据相关再保险合同的约定，计算确定分保费用，计入当期损益，在能够计算确定应向再保险分出人支付的纯益手续费时，将该项纯益手续费作为分保费用，计入当期损益。

【案例分析 6-15】

2016 年 12 月 22 日，甲公司与乙公司签订一份农险成数再保险合同，将其承保的农险业务转分给乙公司。合同约定的分保比例为 10%，分保手续费率为 30%。合同起期日为 2017 年 1 月 1 日，保险责任期间为 1 年。假定乙公司于 2017 年 3 月 31 日预估 2017 年第一季度与甲公司再保险合同项下的分保费收入金额为 200 万元。乙公司于 5 月 10 日收到甲公司发来的第一季度的分保业务账单，账单标明的分保费为 220 万元，分保手续费为 66 万元。乙公司相关账务处理如下：

（1）2017 年 3 月 31 日预估第一季度的分保费收入和分保费用。

借：应收分保账款——甲公司　　　　　　2 000 000
　　贷：分保费收入　　　　　　　　　　　　　　　　2 000 000
借：分保费用　　　　　　　　　　　　　600 000
　　贷：应付分保账款——甲公司　　　　　　　　　　600 000

（2）2017 年 5 月 10 日，收到账单时调整第一季度确认的分保费收入和分保费用。

借：应收分保账款——甲公司　　　　　　220 000
　　贷：分保费收入　　　　　　　　　　　　　　　　220 000

借：分保费用　　　　　　　　　　　　660 000

　　贷：应付分保账款——甲公司　　　　　　　　660 000

在实务中，采用预估方式核算分入业务的保险公司可在分保费收入、分保费用、应收分保账款等科目下设"预估""实收"等二级科目，分别核算分入和分出业务的预估数据及实收账单数据。农险再保合同涉及的分保账单基本收齐后，可不再进行预估。

（二）分保准备金

农险分入业务涉及的分保准备金为未到期责任准备金和未决赔款准备金。未到期责任准备金是指农险再保接受人为尚未终止的农险再保责任提取的准备金。未决赔款准备金是指农险再保接受人为农险再保合同涉及的原保险事故已发生尚未结案的赔案提取的准备金。

在实务中，再保接受人一般按季度评估准备金，并根据精算重新计算确定的准备金金额与已提取的准备金余额的差额，调整准备金余额，同时确认损益。涉及的损益科目为"提取未到期责任准备金"和"提取未决赔款准备金"。

（三）分保赔付成本

农险再保接受人应当在收到分保业务账单的当期，将账单标明的分保赔付款项金额作为分保赔付成本，计入当期损益，涉及的会计科目为"分保赔付成本"和"应付分保账款"；同时，冲减相应的分保准备金余额。

三、应税涉农业务增值税会计处理

如果农险再保险合同含涉税业务，在分保账单中会列示涉税业务对应的增值税金额，分出人和接受人按照《增值税会计处理规定》（财会〔2016〕22号）进行会计处理。

接受人按照账单列示的增值税金额向分出人开具增值税专用发票，并确认"应交税费——应交增值税（销项税额）"；分出人按照账单列示的增值税确认"应交税费——待认证进项税额"，收到接受人开具的专票并经税务机关认证后，借记"应交税费——应交增值税（进项税额）"，贷记"应交税费——待认证进项税额"。如果涉税业务再保险合同的再保接受人为境外公司，或者通过境外经纪人公司排分的合同，境内保险机构应履行增值税扣缴义务，具体的会计处理通过如下案例介绍。

【案例分析6-16】

甲再保险公司与A农险公司签订了农业再保险合同，A公司于2017年4月向甲公司发送了2017年第一季度账单。其中，免税分保费收入500万元，应税分保费收入100万元，手续费率为30%，赔款60万元，增值税6万元，账单余额为366万元。假设甲公司和 A 公司均不通过预估方式进行分入和分出业务核算。

（1）A 农险公司 2017 年 4 月根据实收账单确认分出保费等会计分录如下。

借：分出保费 6 000 000

应交税费——待认证进项税额 60 000

贷：摊回分保费用 1 800 000

摊回赔付成本 600 000

应付分保账款——甲公司 3 660 000

（注：为了简化分录，将应收分保账款和应付分保账款合并列示，以下案例同。）

A 公司于 5 月收到甲公司开具的 6 万元增值税专票后，会计处理如下。

借：应交税费——应交增值税（进项税额） 60 000

贷：应交税费——待认证进项税额 60 000

A 公司在申报 2017 年 5 月份增值税时将该笔进项发票予以抵扣。

（2）甲再保公司 2017 年 4 月根据实收账单确认保费等会计分录如下：

借：分保费用 1 800 000

分保赔付成本 600 000

应收分保账款——A 公司 3 660 000

贷：分保费收入 6 000 000

应交税费——应交增值税（销项税额) 60 000

甲公司应将该笔 6 万元的销项税在申报 2017 年 4 月增值税时纳入考虑。账单上一般不会包含增值税附加税，这是因为缴纳再保业务增值税而产生的附加税应由接受公司承担。

（3）如果甲公司是通过境外经纪人 B 公司接受的该业务，按照账单数据，甲公司需要支付 B 公司经纪费 10 万元，增值税 0.6 万元。由于 B 公司为境外公司，且在境内没有分支机构，故甲公司应履行增值税扣缴义务，扣税完成之后，甲公司凭借银行缴税回单，前往税务局开具完税证明，作为其进项抵扣的凭据。甲公司根据账单确认经纪费的分录如下：

借：手续费及佣金支出 100 000

应交税费——待认证进项税额 6 000

贷：应交税费——代扣代缴增值税及附加——增值税 6 000

应交税费——代扣代缴增值税及附加——附加税 720

应付分保账款——B 公司 9 280

完成代扣代缴手续并取得完税证明后，甲公司会计分录如下：

借：应交税费——代扣代缴增值税及附加——增值税 6 000

应交税费——代扣代缴增值税及附加——附加税 720

贷：银行存款 6 720

借：应交税费——应交增值税（进项税额） 6 000

　　　贷：应交税费——待认证进项税额　　　　　　　　　　　　6 000

　　（4）如果甲公司是境外再保公司，在境内没有分支机构，则A公司（分出公司）应履行增值税扣缴义务，A公司出具的账单中需要列明代扣代缴增值税和附加税项目，其会计处理如下。

　　　借：分出保费　　　　　　　　　　6 000 000
　　　　　应交税费——待认证进项税额　　　60 000
　　　　　贷：摊回分保费用　　　　　　　　　　　　　　　　1 800 000
　　　　　　　摊回赔付成本　　　　　　　　　　　　　　　　　600 000
　　　　　　　应交税费——代扣代缴增值税及附加——增值税　　60 000
　　　　　　　应交税费——代扣代缴增值税及附加——附加税　　　7 200
　　　　　　　应付分保账款——甲公司　　　　　　　　　　　3 592 800
　　A公司完成代扣代缴手续并取得完税证明后，A公司会计分录。
　　　借：应交税费——代扣代缴增值税及附加——增值税　　60 000
　　　　　应交税费——代扣代缴增值税及附加——附加税　　　7 200
　　　　　贷：银行存款　　　　　　　　　　　　　　　　　　67 200
　　　借：应交税费——应交增值税（进项税额)　　　　　　60 000
　　　　　贷：应交税费——待认证进项税额　　　　　　　　　60 000

四、农险大灾准备金的会计处理

　　保险人承保的各级财政按规定给予保费补贴的种植业、养殖业、森林等农业保险业务，其计提、使用、转回农险大灾准备金的会计处理，适用《农业保险大灾风险准备金会计处理规定》（财会〔2014〕12号）。

　　农险大灾准备金包括保费准备金和利润准备金，根据《农业保险大灾风险准备金管理办法》（财金〔2013〕129号）要求，保险机构应对农险大灾准备金设置专户管理、独立核算。农业再保险合同接受人分入的符合规定的农业再保险业务计提使用农险大灾准备金，处理方法和要求与直保公司一致。

（一）会计核算

　　1. 保费准备金会计核算

　　在资产负债表日，保险人按照各类农业保险当期实现的自留保费和规定的保费准备金计提比例计算应提取的保费准备金，借记"提取保费准备金"科目，贷记"保费准备金"科目。核算保费准备金时，应按种植业、养殖业、森林等大类险种进行明细核算。

　　2. 利润准备金会计核算

　　资产负债表日，保险人在依法提取法定公积金、一般风险准备金后，按规定从年度净利润中提取的利润准备金，借记"利润分配——提取利润准备"科目，贷记"大灾风险利润准备"科目。

3. 农险大灾准备金资金收益会计核算

保险人按规定以大灾准备金所对应的资金用于投资等所产生的收益，借记"应收利息""应收股利"等科目，贷记"投资收益"等科目；同时，借记"利润分配——大灾准备金投资收益"科目，贷记"大灾风险利润准备"科目。

4. 转回农险大灾准备金会计核算

（1）使用农险大灾准备金

保险人计提的大灾准备金可以在本机构农业保险各险种之间、相关省级分支机构之间统筹使用，专门用于弥补农业大灾风险损失。

保险人在确定支付赔付款项金额或实际发生理赔费用的当期，按照应赔付或实际赔付的金额，借记"赔付支出"科目，贷记"应付赔付款""银行存款"等科目；按规定以大灾准备金用于弥补农业大灾风险损失时，按弥补的金额依次冲减"保费准备金""大灾风险利润准备"科目，借记"保费准备金""大灾风险利润准备"科目，贷记"提取保费准备金""利润分配——提取利润准备"科目。

（2）不再经营农险业务

不再经营农业保险的保险人，将以前年度计提的保费准备金的余额逐年转回损益时，按转回的金额，借记"保费准备金"科目，贷记"提取保费准备金"科目；将利润准备金的余额转入一般风险准备时，按转回的金额，借记"大灾风险利润准备"科目，贷记"一般风险准备"科目。

（二）案例

【案例分析 6-17】

甲再保险公司从直保公司分入了财政给予保费补贴的种植业、养殖业、森林等农业再保险业务，按照甲公司内部关于农险大灾准备金的规定计提方法和比例，以及2016 年各险种的自留保费金额，2016 年末计提的种植业、养殖业、森林三个险种的保费准备金分别为 50 万元、40 万元、30 万元。此外，根据农险承保业绩计提利润准备金 10 万元。2016 年为甲公司首次计提农险大灾准备金。

甲公司 2016 年末计提农险大灾准备金的会计分录为：

借：提取保费准备金——种植险　　　500 000
　　提取保费准备金——养殖险　　　400 000
　　提取保费准备金——森林险　　　300 000
　　　贷：保费准备金——种植险　　　　　　500 000
　　　　　保费准备金——养殖险　　　　　　400 000
　　　　　保费准备金——森林险　　　　　　300 000

借：利润分配——提取利润准备金　　100 000
　　贷：大灾风险利润准备金　　　　　　　　　　　100 000

【案例分析 6-18】

甲公司将提取的农险大灾准备金（共计 130 万元）对应的资金和所做的投资单独核算。甲公司将该资金办理了定期存款，期限为 2017 年 1 月 1 日至 2017 年 12 月 31 日，年利率为 4%。

甲公司于 2017 年 12 月收到利息收入，会计分录如下。

借：应收利息　　　　　　　　　　52 000
　　贷：利息收入　　　　　　　　　　　　　　52 000
借：利润分配——大灾准备金投资收益　52 000
　　贷：大灾风险利润准备金　　　　　　　　　52 000

由农险大灾准备金资金形成的收益所对应的资金也需要作为利润准备金独立核算。

【案例分析 6-19】

2017 年，甲公司的农险业务发生亏损，需要将目前已计提的所有农险大灾准备金用于弥补损失，则 2017 年末的会计分录为：

借：保费准备金——种植险　　500 000
　　保费准备金——养殖险　　400 000
　　保费准备金——森林险　　300 000
　　　贷：提取保费准备金——种植险　　　　　　500 000
　　　　　提取保费准备金——养殖险　　　　　　400 000
　　　　　提取保费准备金——森林险　　　　　　300 000
借：大灾风险利润准备金　　152 000
　　贷：利润分配——提取利润准备金　　　　　　152 000

甲公司用农险大灾准备金弥补亏损后，农险大灾准备金的账面余额为 0。

五、列示与披露

按照会计准则及相关规章制度的规定，保险人应当在资产负债表中单独列示与再保险合同有关的项目：应收分保账款、应收分保未到期责任准备金、应收分保未决赔款准备金、应付分保账款、未到期责任准备金、未决赔款准备金、保费准备金、大灾风险利润准备金。

保险人应当在利润表中单独列示与再保险合同有关的项目：分保费收入、分出保费、摊回分保费用、分保费用、摊回赔付成本、分保赔付成本、提取未到期责任准备金、提取未决赔款准备金、提取保费准备金、摊回未决赔款准备金。

保险人应当在附注中披露与再保险合同有关的信息：

（1）分入业务各项分保准备金的增减变动情况。

（2）分入业务提取各项分保准备金及进行分保准备金充足性测试的主要精算假设和方法。

保险人应当在财务报表附注中披露与大灾准备金有关的信息（见表6-5，表6-6）。

表6-5　按各大类险种提取保费准备金的比例及金额

项目	本期		上期	
	金额	计提比例	金额	计提比例
种植业保险				
养殖业保险				
森林保险				
……				
其他				
合计		—		—

表6-6　大灾准备金的期初账面余额、本期增加数、本期减少数和期末账面余额

项目	期初账面余额	本期增加	本期减少	期末账面余额
1.利润准备金				
2.保费准备金				
种植业保险				
养殖业保险				
森林保险				
……				
其他				
合计				

【本章小结】

分保账单编制和分保账单结算是分出分入签订再保险合约后的主要工作，通过分出方编制分保账单和双方按照分保账单进行结算，从而实现再保资金在再保险当事方之间的流动，最终体现再保险交易的完成。

由于农业保险风险的特殊性，以及实行由政府财政提供农业保险一定比例保费补贴的政策，国内农险再保险合约分保形式通常采用的是比例成数分保方式和以赔付率超赔为主的非比例分保方式。与非农再保险业务合约相比，农业再保险合约中的账务类条款、常见分保账单种类及分保账单项目较为简单，但二者的分保账单编制都遵循及时性、准确性、真实性等。

在分出账单业务处理方面，主要介绍了农险比例合约、非比例合约，以及临分分保账单的常用项目和账单种类。

分入账单的管理重点环节主要是分保账单的审核、录入及催收。由于账单由分出人编制，接受人不可能掌握基础分保数据，分入账单主要是从账单保费、赔款等数据的发展逻辑的合理性、数据计算准确性等方面进行重点审核。

账单结算管理是再保合约当事人根据分保账单金额进行资金清算的资金支付行为。通过账单结算，分入方为承担保险责任获得再保险费，分出人支付一定保费成本可以摊回赔款。分出分入双方应该及时进行账务核对，及时、准确履行结算和支付义务。

农险再保分入业务、分出业务及涉农业务增值税会计核算方法与其他险种基本一致，但在核算维度上需要进行二级险种明细核算。由于农险的特殊性，按照国家规定，保险机构可计提农险大灾准备金，但对农险大灾准备金资金的管理，以及农险大灾准备金的计提、使用和转回均需严格执行国家相关规定。

【重点概念】

分保账单   分出业务账单   分入业务账单   账单结算

【思考与练习】

1. 农险再保险合同常见分保账单类型是什么？

2. 境内境外接受人在账单增值税项目上有什么不同的处理方式？

3. 分保账单编制的主要原则是什么？

4. 分出公司安排农险再保险与非农再保合同有什么特殊的地方？

5. 分入公司对分保账单的主要处理环节有哪些？审核账单的要点有什么？

6. 账单结算管理的主要内容有哪些？

7. 分出业务与分入业务会计核算分别涉及的会计科目有哪些？

8. 分出公司将应税涉农业务转分境内和境外接受人，在会计处理上有什么区别？

9. 农险大灾准备金包含哪几类？在使用农险大灾准备金和不再经营农险业务的情况下，会计处理有什么不同？

【主要参考文献】

[1] 戴凤举. 现代再保险理论与实务[M]. 北京：中国商业出版社，2003：228-255.

[2] 杜鹃. 冉保险[M]. 上海：上海财经大学出版社，2015：32-42.

[3] 庹国柱，李军. 农业保险[M]. 北京：中国人民大学出版社，2005.

[4] 郑镇樑，丁文诚. 再保险实务[M]. 台北：五南图书出版公司，2005：157-161.

[5] 中国保险监督管理委员会. 财产保险公司再保险管理规范. 保监发〔2012〕7号，2012.

第七章　国外农业再保险发展概况

【学习目标】

　　了解美国、加拿大、西班牙、日本、印度五国农业再保险的基本模式；了解政府和市场在各国农业保险和再保险行业中的角色和发挥的作用；了解各国农业再保险体系及大灾风险分散机制的运行效果；总结农业保险大灾风险分散机制的国际经验。

【知识结构图】

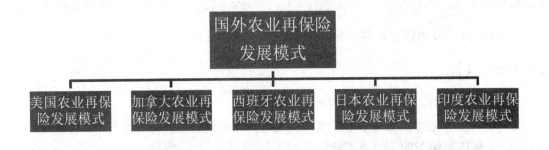

第一节　美国农业再保险概述

　　美国作为农业大国，不仅是世界上农业产值最高的国家，而且是世界上出口农产品最多的国家。美国种植面积最大的作物是玉米、小麦和棉花，种植面积分别为 3 561 万公顷、2 211 万公顷和 347 万公顷，并形成了玉米带、小麦带、棉花带等著名农业生产带。美国农业呈现出高度的专业化和规模化特点，大农场生产是其主要形式。近 10 年来，美国农场数量有所下降，单个农场的规模不断上升，专业化和规模化特点进一步凸显。目前，全国共有农场 207 万个，农场平均面积达 178 公顷。美国农业的蓬勃发展离不开农业保险的鼎力相助，在长达 80 年的农业保险历程中，政府不断完善农业保险管理方式，加大对农业保险的政策支持力度，持续完善农业保险大灾风险分散机制。

一、农业保险发展历程

1938 年以前，美国的农作物保险由私营保险公司在小范围内经营，但均以失败而告终。1938 年，美国正式推出《联邦农作物保险法》，成立联邦农作物保险公司（FCIC），单独经营农作物保险。1938—1980 年，农业保险一直由 FCIC 以试点形式直营，其间《联邦农作物保险法》修改了 12 次。1980 年，美国通过《1980 年联邦农作物保险法》，在全国全面推广农作物保险，允许私营保险公司参与经营农业保险，政府为参保农民提供保费补贴，同时扩大了农险保障区域和品种，农业保险取得快速发展。1994—2000 年，美国通过《农业保险改革法》《联邦农业完善与改革法案》《农业风险保障法》等法规，进行了一系列农业保险改革，如提高农业保险补贴和保障范围，开展强制性农业保险，规定不参加政府农业保险项目的农户不能得到政府其他项目的福利补贴等。特别是 1996 年，美国农业部成立了"风险管理局（RMA）"，对农业保险进行监管，随后 FCIC 职能发生转变，退出农业保险直接业务，履行国家农业再保险职能，专职负责农业风险管理及提供农业再保险保障，直接保险业务则由政府核准的商业保险公司经营。此后，美国依托 FCIC 逐步建立起农业保险大灾风险分散机制，农业保险得到了飞速发展。2014 年，美国推出《2014 年食物、农场及就业法案》进一步加大了农业保险政策支持力度，取消每年仅 50 亿美元的农业直接补贴，未来 10 年新增 70 亿美元的农业保险预算，推动美国农业支持政策逐步由直接补贴向间接补贴转变。同时，该法案还设立补充保险计划，将棉花收入补贴纳入保险项目，增加花生、大米等收入保险保障品种，满足农户多元化保险保障需求。

二、农业保险发展现状

美国农业安全网由联邦农业保险计划、农业商品计划和农业灾害救助计划组成，其中联邦农业保险计划是最核心的内容。根据美国国会预算，2015—2024 年间，联邦农业保险计划每年保费补贴规模约 88 亿美元。

在美国，私营保险公司只有经过 FCIC 批准后才能经营政策性农业保险。在保险产品方面，美国农业保险险种超过 130 种，涵盖了粮食作物、经济作物等主要农产品，承保风险涵盖了旱灾、洪涝等自然灾害风险以及价格波动等市场风险。农险产品主要分为多风险农作物保险、雹灾险、森林保险、天气指数保险等，政府依据不同的险种大类实行差异化管理。其中，多风险农作物保险为主要险种，按产品性质分为两大类：一类是产量保险，承保产量下降带来的损失（可选产量保障程度为 50%～85%）；另一类是收入保险，从产量和价格（可选价格保障程度为 55%～100%）两个方面为农户的收入提供保障。

在政策支持方面，美国政府为农业保险提供保费补贴和经营成本补贴，农户自愿购买保险，但若想获得其他农业补贴及灾害救济，则必须购买农业保险。FCIC 为农场主提供保费补贴，并为保险公司提供管理费补贴。巨灾保险产品（CAT）提供最基础的风险保障，保障水平覆盖 50%的产量及 55%的价格，保费全由政府补贴；扩大保障保险产品范围并提供覆盖水平更高的风险保障，农户根据自己的需求和资金实力选择投保，政府根据险种及保障水平提供不同比例的保费补贴（35%～65%），补贴比例随着保障程度的提高而降低。补贴资金不直接进入保险公司账户，而由 FCIC 统一管理，年底同私营保险公司结算。管理费补贴按照保费收入的一定比例划拨，目前为 18%～22%，基本能覆盖保险公司支付给代理人的佣金。

在保险条款和费率方面，美国高度重视保险条款的完善及损失统计与调查工作。条款费率均由 FCIC 制订，私营保险公司直接使用，无须再审批或备案。费率可根据地区、作物、耕种方式、保障水平等因素进行细化，并形成标准化保单，在 FCIC 官方网站公布。

2016 年，美国农业保险保费收入 93.18 亿美元，为 1.16 亿公顷农作物提供了 1 000 亿美元的风险保障，作物保险覆盖面超过 80%，保费补贴比例约 63%。

三、农业保险体系构成

当前美国农业保险体系由农户、保险代理人（机构）、保险公司、联邦农作物保险公司、商业再保险市场、联邦政府六部分组成。

（一）农户

美国的农业是农场农业，农业产业化程度非常高。农户对农业生产收入的依赖性较高，更加注重农业风险的防范。政府开办农业保险的主要目的是帮助农户管理生产风险，提高整体国民的福利。根据法律规定，农户自愿投保农业保险，一旦农户对政府开办的农业保险项目有投保需求，保险公司必须接受农户的投保。目前美国农户投保农业保险的比例达 65%。

（二）保险代理人（机构）

保险代理人是指由政府批准经营农业保险的保险机构授权给销售农业保险合同及提供相关服务的法人或个人。保险代理人是农户与保险公司之间的桥梁，其在为农户设计保险方案等方面发挥了重要作用。

（三）保险公司

保险公司经营政策性农业保险业务必须得到政府审批，主要任务是为农民提供农业保险服务。

（四）联邦农作物保险公司（FCIC）

FCIC 是行使国家再保险职能的专业农业再保险公司。FCIC 负责具体管理政府开办的农业保险项目，包括制订保险计划、厘定费率、开发产品、补贴保费和直保公司的运营成本、提供再保保障等，是美国农业保险体系中最重要的组成部分。

（五）商业再保险市场

商业再保险市场主要包括再保险经纪公司和商业再保险公司，是对 FCIC 再保险体系的有机补充。对于财政支持型农业保险业务，直保公司把大部分风险分给 FCIC 后，会在 FCIC 批准的前提下，将自留风险的一定比例分给商业再保险公司。

（六）联邦政府

联邦政府主要扮演了三方面角色：一是参与农业保险经营。美国风险管理局（RMA）与 FCIC 属于一套人马两块牌子，政府通过 RMA 与 FCIC 的双重身份直接参与农业保险的经营。二是参与农业保险管理。农业部负责监管农业保险运营，财政部负责监管委托给 FCIC 管理的农业保险保障基金。三是兜底农业大灾风险。根据法律规定，联邦政府为农业保险提供兜底保障。

四、农业再保险运行模式

美国农业保险大灾风险分散机制由商业化运作的直保公司、国家主导的农业再保险体系、农业保险专项基金（或称专项预算）和紧急预案四部分组成。

（一）直保公司

直保公司主要承担农业保险中的低层风险，只有在与 FCIC 签署《标准再保险协议》后，才能获得政策性农业保险业务的经营资格。目前，美国共有 16 家保险公司有资格经营政策支持型农作物保险，13 家保险公司有资格经营政策支持型养殖业保险。

（二）农业再保险

美国通过《联邦农作物保险法案》《标准再保险协议》等法规制度，明确由联邦农作物保险公司（FCIC）代表国家向经营农业保险的直保公司提供再保险保障，直保公司必须就政策性农业保险业务向 FCIC 办理分保。主要可分为三个部分。

首先，按照《2018 年标准再保险协议》，直保公司根据业务风险偏好，必须将其承保的业务分州分险种纳入强制型基金（Assigned Risk Fund）和商业基金（Commercial Fund）中进行分保。由于强制型基金中的业务可享受较高比例的分出，因此通常纳入直保公司认定的高风险业务；商业基金中的业务享受的分出比例较低，因此通常纳入直保公司认定的较低风险业务。其中，纳入强制型基金中的业务，直保公司自留 20%，纳入 80%；纳入商业基金的业务，直保公司自留不少于 35%，最多纳入 65%（允许保险公司在此基础上以 5% 的倍数下调分出比例）。对于某一个州而言，保险公司纳入强制型基金的业务不得高于该公司在这一州内总体政策性农险业务的 75%，纳入商业基金的业务总体不得低于 25%。

其次，直保公司与 FCIC 建立了利润分享与损失分摊机制，这是《标准再保险协议》最为核心的内容。直保公司将纳入强制型基金和商业基金中的业务自留部分，与 FCIC 按照不同的比例分享利润和分摊损失。若是产生净利润（赔付率<100%），赔付率越低，FCIC 享受相应分层利润的比例也越高；若是发生净损失（赔付率>100%），赔付率越高，FCIC 承担相应分层损失的比例越高；当赔付率达到 500% 以上时，超出的这一部分损失均由 FCIC 全额承担（见图 7-1）。

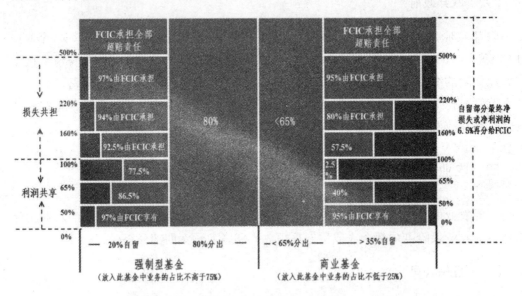

图 7-1 《标准再保险协议》（2018 年）的风险分散安排①

最后，直保公司对其自留业务采取净额成数分保安排（Net Book Quota Share）。根据《2018 年标准再保险协议》，直保公司必须将其经营政策性农险业务自留部分净损失或净利润的 6.5% 分摊给 FCIC，目的在于进一步平滑各保险公司及全行业当年的农险经营结果。若全国的政策性作物保险整体盈利，FCIC 会将利润的一定比例返还给直保公司。

若直保公司仍有再保险需求，向 FCIC 申请并获准后可以向国际商业再保险市场分保。相比其他商业性的再保险渠道，FCIC 的再保险体系对于风险的平滑更为有效，

① 图中纵轴为赔付率，内侧代表 FCIC 分享利润和分担损失的比例，外侧代表直保公司自留损失及自享利润的占比。对于商业基金，在伊利诺伊州、印第安纳州等五个州，直保公司自留损失和自享利润的比例较其他州更高一些，图中比例是按照大部分州的数据绘制。

一方面避免了直保公司在非常好的年景下从保费中赚取"暴利";另一方面在极差的年景下，直保公司可以用比较低廉的价格得到再保障。

（三）农业保险专项基金（或称专项预算）

财政部设立农业保险专项基金，委托 FCIC 管理，资金来自每年的财政预算，主要用于补偿大灾发生时超过再保险体系赔付能力部分的损失以及补贴 FCIC 的经营成本。具体流程为：年初由 FCIC 根据联邦农业保险计划向财政申请预算，年末如果基金扣除支付赔款及经营成本后仍有结余，则将结余返还财政部；如基金累积规模无法满足赔付时，则启动紧急预案募集资金。2015 年基金规模约为 31 亿美元。

（四）紧急预案

依据《联邦农作物保险法》的规定，当 FCIC 的专项基金发生赔付能力不足时，启动紧急预案募集资金，由 FCIC 通过信贷向商品信贷公司（Commodity Credit Corporation）申请贷款，或通过发行财政部允许的专门票据、债券等及时获得应急资金，缓解农业巨灾产生的赔付压力。

第二节　加拿大农业再保险概述

加拿大位于北美洲最北端，地处高纬度，气候寒冷，可耕地面积达十亿亩（约 6 667 万公顷），是世界上农业最发达、农业竞争力最强的国家之一。加拿大主要农业区分布在"大草原地区"（即阿尔伯塔、萨斯喀彻温和曼尼托巴）和"中部地区"（即安大略和魁北克）。特定的地理环境，使得加拿大各种自然灾害频发，如大风、洪涝、病虫害、霜冻等，而且这些自然灾害发生间隔周期较短，农业生产深受其害。因此，加拿大是全球最早实施农业保险的国家之一，经过多年探索，已经建立起了一套完善的农业保险保障体系，以应对农业生产过程中面临的各项风险。

一、农业保险发展历程

1959 年，加拿大联邦政府颁布了《农作物保险法》，开始推行政策性农业保险，该法授权联邦政府对省级农业保险计划给予财政补贴，并负责和各省签订再保险协议。同年，加拿大农业大省曼尼托巴省政府颁布《加拿大曼尼托巴农作物保险法》，并于 1960 年率先实施农作物保险计划。1964 年，全国 10 个省陆续通过农业保险的省立法，全部加入农作物保险行列。2003 年，新的农业保险项目开始实施，该项目是为了保护农民免遭干旱、洪涝、冰雹等气候及其他自然灾害带来的损失。目前约 70% 的农民参加了农业保险项目。

总体来看，加拿大的农业保险是"联邦政府-省政府-生产者"的农业成本共担计划。目前，加拿大还在努力扩大农业保险计划，不仅逐步扩大了作物保险范围，同时也在发展和推进畜牧业生产保险。

二、农业保险发展现状

当前加拿大农业保险产品主要分为以下三类。

（一）多风险作物保险（MPCI）

这是加拿大目前主要的农业保险业务类型，承保因多种风险（如干旱、洪水、冰雹、霜冻和疫病等）造成的减产损失，主要包括特定商品作物和菜篮子作物损失、畜牧生产损失、市场价值损失、补种和绝收损失等。参保农户需事先选定参保作物和保障额度（通常为预期收益的 70%～90%），并将选定的参保作物全部投保。

（二）特色保险

这是指在 MPCI 保险业务之外，提供的针对某种特定灾害、某个特定品种或某特定保障形式的险种，如冰雹保险、区域保险或指数保险（如玉米热量单位保险）等。目前特色保险中只有雹灾保险的业务规模较大。

（三）巨灾保险

农作物保险计划也为一些符合条件的作物提供巨灾损失保障，政府对该险种提供高额的保费补贴。为了控制农业巨灾损失带来的财政压力，联邦政府规定农业巨灾保险的保费补贴总额不得超过各省上年度负债总额的 1%，省政府有权决定能够参加农业巨灾保险计划的作物品种。

加拿大的农业保险实行保费基金账户专项列支、政府补贴保费和运营管理费的运行方式。在保费补贴方面，农业保险保费由政府承担 60%，其中联邦政府承担 36%，省级政府承担 24%，其余 40% 由农民承担。但在部分地区，政府对特色险种的保费补贴比例降至 20% 或者不补贴，对于个别险种（如冰雹保险等），其保费全部由农业生产者负担。对于巨灾保险的保费则完全由政府承担，其中联邦政府承担 60%，省级政府承担 40%。在经营管理费用补贴方面，农业保险计划实施所需要的管理费用均由政府承担，其中联邦政府承担 60%，省级政府承担 40%。各省农险经营机构每年上报管理费用预算，并按季度提交实际开支报告，联邦政府根据预算按月支付管理费。

三、农业保险体系构成

加拿大农业保险体系主要由联邦政府农业部门和省政府农业保险机构构成。

（一）联邦政府农业部门

加拿大联邦政府通过立法参与农业保险计划的资金筹措和行政管理，负责分担相关农业保险保费和管理费用，提供再保险，以及开展农业巨灾风险预警，启动临时性灾害援助措施等。农业保险的管理部门为加拿大农业部，具体实施部门为生产保险与风险管理局，金融管理服务中心提供有关财务管理工作的技术支持。

（二）省政府农业保险机构

各省政府负责制订、执行和管理本省农业保险计划，工作内容包括依据精算进行保费定价、分担保费和管理费用、处理保险理赔、为本省再保险基金和本省农业保险计划提供赤字财政保障，以及启动省级临时性灾害援助等。各省农业保险的经营机构有所区别，阿尔伯塔、萨斯喀彻温、曼尼托巴、魁北克、安大略和爱德华王子岛 6 省由各省政府专门成立的农业保险公司负责经营，而英属哥伦比亚、纽芬兰、新不伦瑞克、新斯科舍 4 省则由省政府在农业部门设立的专门机构负责经营。

各省政府农业保险机构负责管理本省农业保险保费，根据本省保险计划分类建立各自单独基金账户，如作物保险保费基金、收入保险保费基金等；基金收入项包括所有的保费收入、与保险计划相关的利息收入等；支出项包括支付赔款、支付再保险费用、偿还省政府或联邦政府垫支费用，如向国家统一收入基金的借款及利息等。

四、农业再保险运行模式

加拿大农业保险大灾风险分散机制主要由政府主导建立，各省执行情况有所区别。总体来看，主要由直保公司、政府直接管理的农业再保险基金和紧急预案三个层次组成。

（一）直保公司

承保农险业务的直保公司主要承担低层风险。各省经营机构建立农业保险基金，各年盈余进入基金累积。当年赔款超过净自留保费后，各省农险经营机构可动用农业保险基金支付。

（二）政府直接管理的农业再保险基金

联邦再保险基金（Crop Reinsurance Fund）由农业部负责管理，省级再保险基金由省立农作物保险公司负责管理。直保公司将每年农业保险保费按一定比例以分保的形式，上缴至联邦再保险基金和省级再保险基金，具体比例由联邦政府和省级政府协商确定。以萨斯喀彻温省为例，保费提取至省级和联邦农业再保险基金的比例如表 7-1 所示。

表 7-1 萨斯喀彻温省基金提取比例

上一财务年度农险赔付率	省农业再保险基金	联邦农业再保险基金
低于 50%	9.5%	16.5%
低于 60%	9.0%	16.0%
低于 70%	8.5%	15.5%
低于 80%	8.0%	15.0%
低于 90%	7.5%	14.0%
低于 100%	7.0%	13.0%
低于 110%	6.5%	11.0%
低于 120%	6.0%	9.0%
低于 130%	5.5%	7.0%
低于 140%	5.0%	6.0%
低于 150%	4.5%	5.0%

当损失超过直保公司自留保费及赔款准备金，联邦政府和省政府启动农业再保险基金进行赔付，联邦政府和省政府的赔付比例为 3:1。

（三）紧急预案

当省级再保险基金账户由于赔付出现赤字时，省级再保险基金可以向省级一般收入基金（General Revenue Fund）借款，并用以后收取的再保险保费偿还。当联邦再保险基金出现偿付能力不足时，财政部可以从国家统一收入基金（Consolidated Revenue Fund）中提取资金进行支持，并用以后收到的保费予以偿还，但不用支付利息。

第三节　西班牙农业再保险概述

西班牙是传统的农业国家，农业面积约占国土面积的 60%，农业产值占国内生产总值的 3.7%。西班牙农场的规模小且差异大，农民组织化程度高，农业生产主体以农业合作社为主。西班牙主要种植的作物是谷物、蔬果等，虽然自然条件一般，全国 70% 以上的地区比较干旱，大部分地区的农业生产需要灌溉，但是西班牙的橄榄油产量位居世界第一位，粮食产量居欧盟第三位。西班牙能在并不理想的农业生产环境中获得如此骄人的成绩，与该国较完备且富有成效的农业保险体系密不可分。

一、农业保险发展历程

1978 年以前，西班牙农业保险为商业运营模式，完全由商业保险公司自主经营，主要保障雹灾风险，而旱灾、霜冻等自然灾害不在保障范围之内。因农业灾害频繁发生，保险公司持续面临支付赔款压力，农户往往不能得到保险公司的及时赔付。在当时没有政府参与的情况下，农业保险经营情况不甚理想。

1978 年，西班牙颁布《农业保险法》，规定农民可以自愿投保，但不参加农业保险的农民无法享受政府的灾后援助。同时成立西班牙农业保险的直保共同体（Agroseguro）和国家再保险赔偿联盟（Consorcio de Compensación de Seguros，简 CCS），前者由政府提供保费补贴，后者旨在为直保共同体提供再保险支持。1987 年，西班牙政府将农业保险险种分为基本险种和创新险种两类加以管理。2000 年，当西班牙发现本国首例疯牛病后，当地政府随即颁布政策，对疯牛病的尸体处理费用进行强制保险，由国家再保险赔偿联盟为该强制保险提供超赔兜底。

经过几十年的波折、改革与发展，西班牙的农业保险体系已发展成为欧洲最大的农业保险体系之一，农业保险保障水平不断提高，覆盖面不断扩大，对稳定农业生产、促进农民增收起到了重要作用。

二、农业保险发展现状

从保险保障范围上看，西班牙农业保险主要涵盖了传统农作物及经济作物等险种，近年来也逐步拓展到森林火灾、动物防疫等方面。从政府支持上来看，政府为农业保险提供保费补贴及再保障，并且规定农民想获得农业其他补贴及灾害救济，必须购买农业保险。此外，政府还负责制订农业保险保费补贴比例，在直保共同体历史经营数据的基础上制订保费费率及条款并负责销售。

2012 年，西班牙农业保险共同体实现保费收入 6.75 亿欧元，赔付支出 8 亿欧元（主要受旱灾等自然灾害影响），其中主要包括干旱赔付 2.1 亿欧元、冻害赔付 1.5 亿欧元，总体赔付率达 118%（2011 年赔付率为 79.81%），主要受灾作物包括果树、蔬果、牧草等。受 2012 年业务亏损影响，2013 年保费规模下降 6.04 亿欧元，赔付支出 5.03 亿欧元，赔付率为 83.28%，基本回到正常区间。

三、农业保险体系构成

西班牙农业保险体系主要由农业部、财政部、国家农业保险机构、直保共同体以及国家再保险赔偿联盟构成（见图 7-2）。

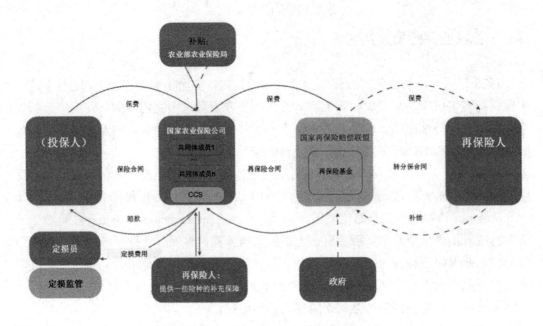

图 7-2　西班牙农业保险体系架构

（一）农业、食品和环境部

农业食品和环境部负责制订三年农业保险规划和年度农业保险计划，确定参保作物和险种，确定国家对参保农民的保费补贴计划。上述计划经国家农业保险机构（ENESA）与农业保险有限公司（代表直保共同体）协商后，提交农业保险机构委员会（由农业部、财政部、农业保险有限公司、农场主代表组成）讨论通过，然后提交国家部长会议审定，通过后公布实行。

（二）财政和公共管理部

财政和公共管理部负责监管农业保险公司；协助国家农业保险机构（ENESA）确定补贴标准和比例；安排财政补贴资金；根据保险公司需求，合理调节保险费率；确定直保共同体内各成员份额；指导国家再保险赔偿联盟的工作。

（三）国家农业保险机构（ENESA）

国家农业保险机构是直属于农业部的自治机构，负责具体的农业保险政策的决策和补贴发放。具体职责包括制订年度农业保险整体计划、补贴预算；测算农险保单价格、费率、保额等并提供相关建议；监督农业保险计划的推进施行；宣传、调研农业保险相关情况。

（四）直保共同体（Agroseguro）

这是由包括国家再保险赔偿联盟在内的公司自发组成的农险共保组织，并以西班牙农业保险有限公司的统一经营实体形式存在，各家公司基于在农险共同体中的持股份额承担相应的保险责任。直保共同体负责从风险分析、整体计划拟定、保单设计管理到损失查验、赔款支付的农险经营全流程，在西班牙 13 个省都设有分公司。

经过多年运行，西班牙直保共同体呈现诸多优势：一是通过多方监督的定损理赔机制可降低政府的经济社会管理成本；二是能够有效避免自然灾害发生后商业赔偿与政府救助的不必要重复；三是能够为政府预先统一支付农险财政补贴提供对接平台；四是可以通过对接农业保险大灾基金，提高农险参保积极性。此外，从保险公司角度来看也有许多好处，包括降低参与农险新市场的门槛、有机会将其他险种业务推广至广大农村、通过汇集多家公司资源力量降低业务运行成本并提高应对大灾能力。

（五）国家再保险赔偿联盟（CCS）

1941 年，西班牙政府出资成立国家再保险赔偿联盟（CCS），将其作为财政部的下设机构来帮助国内保险公司在二战后兑现赔付。西班牙加入欧盟后，根据欧盟的规则，CCS 在 1990 年由政府部门转变为政府（财政部）监督管理的公司，实质是代表西班牙政府对多领域保险风险进行兜底保障的国家再保险公司，这些领域包括农险、森林火险、核保险、特险、机动车强制险、旅行者强制险、信用保险及其他与公众利益相关的风险。CCS 在农险领域的职责主要包括参股直保共同体，代表政府作为保险公司的最终再保人；向国家农业保险机构提供政策建议等。CCS 经营不以营利为目的，盈余积累进入再保险保障基金。

四、农业再保险运行模式

西班牙政府建立了由直保共同体、农业再保险体系、农业保险大灾准备金和紧急预案四个层级构成的农业保险大灾风险分散机制（图 7-3）。

（一）直保共同体

承保农险业务的直保共同体主要承担低层风险。

（二）农业再保险体系

由 CCS 向经营农业保险的直保共同体提供再保险支持，直保共同体需要向 CCS 办理类强制的成数分保和强制的超赔分保。一方面，CCS 作为直保共同体的主要成员公司之一，在整体直保业务中拿走 10% 的份额。另一方面，CCS 为直保共同体提供分险种的超赔再保险。对于低风险险种业务，当其赔付率不超过 90% 时，CCS 和直保共同体各分担 50%；赔付率超过 90%后的损失，CCS 的分担比例提高到 80%；赔付率超过 130%以上时，CCS 赔付 90%。对于高风险险种业务，如果赔付率超过 100%时，CCS 分担 90%，直保共同体只分担 10%。

超赔分保的保费作为直保产品的附加保费由 CCS 制订，并根据年度运行情况进行调整。近年来，随着大灾准备金积累增多，CCS 在支持直保共同体扩大农业保险保障范围、降低农业保险费率等方面发挥了积极作用。例如，CCS 在灾害（大灾）发生的次年，通过维持农业再保险费率不变来鼓励直保共同体开展农业保险业务。2015 年，超赔再保险保费占直保保费的比例约为 8%，仅为 2000 年的 1/3。

（三）农业保险大灾准备金

CCS 经营农业再保险不以营利为目的，其所有盈余都作为大灾准备金进行滚存，以应对农业大灾损失。当 CCS 的农业再保险赔付支出超过其保费收入时，启动大灾准备金进行赔偿。2014 年，CCS 农业保险大灾准备金为 7.96 亿欧元。

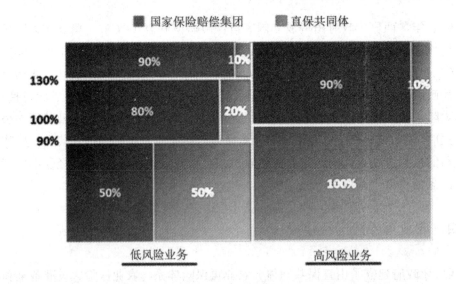

图 7-3　西班牙超赔再保险风险分担情况

（四）紧急预案

当损失超出 CCS 农业保险大灾准备金赔付能力时，由 CCS 动用其所有业务累积的大灾准备金进行赔付。2014 年，CCS 大灾准备金金额为 93.68 亿欧元。当农业保险损失超出 CCS 大灾准备金赔付能力时，启动紧急预案，由政府部门向 CCS 进行注资，为此在农业部每年预算中都会保留一个科目，防范紧急预案的启动。

第四节　日本农业再保险概述

日本国土面积狭小，山地多，农业用地面积仅占国土面积的 16%。2015 年，日本农业产值为 8.4 万亿日元，第一产业国内生产总值（GDP）在全国 GDP 中的占比常年保持在 2% 以下。日本是一个农业比较依赖进口的国家，其玉米、小麦、大豆等粮食作物主要从美国、加拿大、巴西等国家进口。在农场数量上，2005 年，日本农场数有 201 万个，而到 2015 年农场数量增加至 137 万个；在农场规模上，大型农场急剧增多，吸纳合并了大量小农场，5 公顷以上面积的农场数量占比由 2005 年的 5% 增加到 2015 年的 7%。日本全国耕地面积从 1960 年的 600 万公顷下降到 2015 年的 450 万公顷，其中小麦和大米的种植面积降幅最大。同时，专职从事农业生产的农民数量也在持续下降。1990 年前后，日本专职从事农业人口尚有 400 万人，而到了 2016 年初，这一数字已跌破 200 万大关。在不利的农业生产环境下，日本实施的由政府主导的农业保险体系帮助农民有效应对了各类农业风险。

一、农业保险发展历程

日本农业保险历史悠久，立法在先，实施在后，是亚洲最早开展农业保险的国家。1929 年和 1938 年，日本政府相继颁布了《家畜保险法》《农业保险法》，将牛、马、猪等家畜和水稻、小麦、桑树等农作物纳入保险范围，这是日本农业保险制度的开端。1947 年，日本政府修订完善了上述两项法案，并在此基础上颁布了《农业灾害补偿法》。该部新法进一步扩大了日本农业保险保障对象的范围，增加了多项禽畜及农作物险种，政府对农作物类保险的保费补贴比例从原来的 15% 增加至 50%。1952 年，为了应对灾害补偿资金不足的问题，日本颁布了《农业共济基金法》，建立了农业共济基金，进一步完善了农业灾害补偿机制，基本建立了各级农业共济组织具体实施、强制保险与自愿保险相结合的农业巨灾保险体系。1972 年之后，日本提出了水果保险计划，并将旱田作物和园艺作物纳入保障范围。2003 年，为适应农业保险发展需要，日本政府再次修订了农作物保险机制，便于农户选择多样化的保障方式。到 2008 年，日本农作物、畜牧业保险已扩展到死亡与自然灾害等诸多风险。

日本的农业保险是基于农业灾害补偿制度来实施的，该制度被定性为"国家实施的应对农业灾害的一种经济政策性保险"。经过半个多世纪的演变与发展，日本农业保险逐步形成了"农业共济组合-农业共济联合会-政府再保险特别会计处"的三级组织结构，"共济-保险-再保险"的三重保险体系，以及"制度优势，政府主导，农益为上"的运行模式，完善的农险制度和运行机制为日本农业发展构建了一道牢固的安全网。

二、农业保险发展现状

日本农业保险保障范围兼顾产量和收入，投保方式采取强制与自愿保险相结合的方式，其中主要农畜产品的保险是强制性的，其他动物饲养类保险实行自愿投保，农作物生产达到一定规模的农户也必须参加保险，其他农户自愿参加。政府在农业保险的推广中发挥重要作用，首先政府对农业保险补贴约50%的保费，其中麦类保险补贴采取累进制，费率越高，补贴比例越大；其次，政府负担共济组合及农业共济联合会开展农险业务的大部分经营管理费用。2010年，经营管理费用补贴金额约占农业保险财政预算总额的45%；最后，政府承担所有的再保险责任（见表7-2）。

表7-2　日本农业保险险种、承保率及补贴比例一览表

业务种类	保险品种	保险承保率	政府补贴比例
农作物保险	水稻、陆稻、麦类等	水稻：95% 陆稻：5.3% 小麦：97.1%	水稻、陆稻：50% 麦类：基准费率不足3%的部分，承担50%；超过部分承担55%
家畜保险	牛、马、猪等	乳用牛：85.5% 肉用牛：71.7% 马：79.2% 肉猪：24.1%	猪：40% 其他家畜：50%
果树保险	蜜橘、苹果、葡萄、柿子、梅、栗子及猕猴桃等	果实：25.6% 树体：3.1%	50%
园艺设施保险	特定园艺设施、附属设施以及设施内的农作物等	54.1%	50%
旱田作物保险	马铃薯、大豆、小豆等	桑蚕：64.6% 其他：71.6%	55%

三、农业保险体系构成

日本农业保险体系主要由共济组织和联合会、农林水产省构成。

（一）共济组织和联合会

从组织实施来看，日本农业保险采用相互制保险模式，以农民合作社为载体，共济组织与联合会之间没有任何隶属关系，在经营上相互独立，只存在业务上的指导及保险关系。农业保险经营完全由农业共济组合、联合会中的农民组织来承担。政府的农业灾害补偿以共济组合、联合会这样的农民组织为载体，通过农业保险的方式落实

到农民身上。

（二）农林水产省

日本农业保险的主管部门是农林水产省，农林水产省经营局内设保险课，下设保险数理室和保险监理官。保险数理室承担农业保险的技术支持工作，如保险统计数据汇总、保险费率厘定、保险品种及保险业务软件开发等；保险监理官则主要负责对保险业务的指导和监督。

四、农业再保险运行模式

日本农业保险是带有一定社会性的保险体系，风险分散机制由农业共济协会（NOSAI）负责管理，农业共济协会下设三个层级——农业共济组合、农业共济联合会和国家农业共济再保险。在这三个层级之外，农业共济基金和国库还会提供紧急预案负责风险兜底。

（一）农业共济组合

作为农业保险的直接承保机构，主要承担低层风险。具体而言，共济组合作为建立在市、町、村范围内的基层保险组织，主要负责签订各种保险业务合同，向农户收取保险费，为支付赔偿进行损失调查，为受灾农户提供理赔等。农户向共济组合上交保险费，形成共济关系。由于共济组合负责向农户支付赔款，因此为了分散可能面临的大灾风险，共济组合收取农户的保险费后以一定的比例上交到联合会，形成再保险关系。

（二）农业共济联合会

由都道府县（相当于中国的省级单位）设立农业共济联合会为农业共济组合提供农业再保险支持，农业共济组合依法向农业共济联合会办理分保。联合会是都道府县一级的保险组织，主要经营本级的农业保险业务，其成员为辖区内的全体共济组合。联合会以都道府县为区域，与共济组合相比具有较强的风险分散能力，但当巨灾发生时，联合会本身也很难支付巨额赔款。因此，联合会再向政府（农林水产省下设的农业再保险特别会计处）上交一定比例的再保险金，形成再保险关系。

（三）国家农业共济再保险

为进一步提高农业大灾风险的防范能力，由政府为农业共济联合会提供再保险保障，具体的实施机构是农林水产省的农业共济再保险特别会计处。农业共济再保险特别会计处主要负责再保险业务的处理，同时代表中央政府为农户发放保费补贴，对各级农业互助（共济）组织发放经营管理费用的补贴，从这个意义上看，特别会计处类似于美国的FCIC。特别会计处作为日本农业保险的后盾，为农业共济联合会提供再保险。通过再保险机制，赔偿责任可根据损失程度由共济组合、联合会和特别会计处这三级组织共同承担。

一般情况下各级组织承担保险责任的比例为：共济组合承担 10%～20%，联合会承担 10%～30%，政府承担 50%～80%；如遇巨灾，则政府承担 90%～100% 的保险责任，以保证农业保险经营的稳定性。

（四）紧急预案

日本政府和农业共济联合会共同出资建立农业共济基金作为紧急预案，负责在发生大灾导致高额赔付时，向农业共济组合联合会提供贷款。同时，当国家农业共济再保险的资金不足以支付赔款时，可由国库提供紧急基金。

第五节　印度农业再保险概述

印度自独立以来，工农业生产虽然有了较快发展，但仍然是一个以农业为主的发展中国家，农业人口占总人口的近 2/3，农业产值占工农业总产值的 2/3 以上，农业出口占全国出口总值的 1/3 以上。从印度的经济发展史来看，农业在国民经济中具有举足轻重的地位，农业的增长速度在很大程度上决定着整个国民经济的增长速度，这是印度经济发展的一个显著特点。印度拥有世界 1/10 的可耕地，面积约为 1.6 亿公顷，在热带季风气候及适宜农业生产的冲积土和热带黑土等肥沃土壤条件的配合下，大部分土地可供农业利用，农作物一年四季均可生长，有着得天独厚的自然条件。印度是世界上最大的粮食生产国之一，其主要农产品包括稻谷、豆类、花生、棉花、甘蔗、茶叶、芝麻、高粱、黄麻、红麻、油菜、香料等。但是，由于投资乏力、生产技术落后、土地利用不合理、化肥使用不合理等因素，近年来印度农业发展较为缓慢。

一、农业保险发展历程

为保障农户免受异常天气导致的农产品减产带来的损失，在过去 40 余年的时间里，印度政府一直在进行全国性农业保险计划的尝试。

1972 年，印度通用保险公司（GIC）被收归国有，并在之前小范围个体化试点的基础上，于 1979 年正式开展作物保险试点计划（PCIS）。该计划的显著特点是采取大面积化的方式，将保险标的扩大至谷类作物、小米、土豆、棉花等六大类作物。1985年，印度各级政府、银行和 GIC 联手推出了综合作物保险计划（CCIS），该计划强制要求申请季节性贷款的农民投保，由贷款银行在投保人贷出的款项中直接扣除保费上交 GIC。1999 年，印度推行国家农业保险计划（NAIS），该计划取消投保人限制，允许所有农民参保，且将保险标的划分为粮食作物、油料作物、**园艺作物**和经济作物四大类，并按照分类制订保费。虽然印度的农业保险计划一直是由中央政府和地方政府提供补贴，但农户投保率一直不高。2015 年，农业保险投保率仅为 22%。2016 年，莫迪政府推行了新的农业保险计划，即总理农业保险计划（PMFBY）。该计划目标在 3 年内为全国 50%的耕地面积提供保障，在新农险计划推行的第一年，就成功地覆盖了全国 30%的耕地面积。

在印度的农业保险市场上，一些新型的农业保险也相继出现，很好地对政府主导的政策性农业保险起到补充作用，其中比较有影响力的有农业收入保险、牲畜保险和降雨指数保险。

二、农业保险发展现状

印度农业保险采取政府推动的模式，由联邦政府出台保险计划，再由各邦推动落实。2016 年，穆迪政府推出了新一轮农险计划——总理农业保险计划（PMFBY），整合和取代了之前的农险计划。总理农业保险计划修正了此前农险计划的种种弊端，降低了农户参保的门槛，提升了投保率。由于投保率的提升，印度农险保费也实现激增。该计划是保障多作物、多灾害的产量保险，较以往计划大幅提高了保障水平、覆盖区域和补贴水平，保费补贴由中央政府和地方政府各承担一半。目前印度全国 36 个邦中已有 28 个实施该计划。目前印度市场上还有天气指数农业保险计划作为总理农业保险计划的补充，但相比总理农业保险计划，天气指数保险保费量较小，适用区域有限。2016 年，印度农险市场总保费已达到 33.8 亿美元，2017 年进一步增长到 38.4 亿美元，2018 年达到 50 亿美元。印度种植险已成为继车险和健康险之后的第三大非寿险险种，种植险的迅速发展也让印度成为继美国和中国之后的世界第三大农险市场（见表 7-3）。

表 7-3　印度各农业保险计划对比

计划对比	NAIS	WBCIS（天气指数保险）	PMFBY
承保风险	基本上涵括了所有的风险（干旱、洪水、冰雹等）造成的产量损失	天气指数有关的风险（降雨、气温等）所造成的作物损失	因恶劣天气造成的作物损失（播种期、成长期、收获期、收获期后）
基差风险	高（地区平均产量和个别农户产量的差异性）	高（对于降雨）、中等（对于霜冻、气温等）	高（承保风险范围广）
透明度	低	高	高
设计难度	低（需要 10 年产量数据）	高（需要 25 年天气指数和产量损失的数据）	高（同 WBCIS）
损失估定	通过实际考量	部分通过指数计算，还有部分通过实际考量	部分通过指数计算，还有部分通过实际考量
估损费用	高	低	低（利用高科技）
赔偿速度	慢	略快	快
政府补贴	无限制性，并给予津贴	有限制性，并给予津贴	有限制性，并给予津贴

资料来源：王野田，李琼，单言，等.印度农业再保险体系运行模式及其启示[J].保险研究，2019。

三、农业保险体系构成

（一）农险直保的运作模式

1. 农险市场的经营主体

目前，印度农险市场份额最大的经营者为国家农业保险公司（AIC），农险市场也向商业保险公司开放。1999 年是印度开放农险市场的分水岭。1999 年之前，印度国有的通用保险公司（GIC）垄断包括农险在内的所有非寿险业务；1999 年，印度成立国家农业保险公司（AIC），由 AIC 代替 GIC 经营国家农业保险计划，GIC 在农险领域转型承担再保责任；同年，印度保险市场引入商业保险公司并允许外资持股，商业保险公司也陆续加入农险市场。近年来，印度进一步放宽农险市场准入，商业保险公司的市场份额已提高至 50%。2017 年 7 月，印度政府允许各邦建立自己的作物保险公司以经营农业保险。

2. "政府主导，市场竞争"的业务分配模式

各邦政府是农险计划的规划者和农险市场的分配者。首先，政府需确定农险规划，在种植季到来之前，实施总理农险计划的各邦需确定参保的农作物、农业区、保额和赔付标准；其次，政府需确定区块划分，各邦根据实际情况，将本邦内的农业种植区域划分成一个或多个区块，目的是分散风险，确保各区块的风险概况大致相同，区块数量以及各区块的农业区组成可以因年而异；最后，政府需组织直保公司竞标，各邦政府就本邦内各个区块的业务分别组织竞标，业务周期从一个种植季到多年不等，主流的业务周期是两季。

直保公司是农险计划的竞争者和农险市场的参与者：一方面，直保公司通过竞标获取业务，需根据政府提供的 10 年产量数据，参考 GIC 制订的价格确定报价，一般是每个区块报价最低的公司中标，由于采用激烈的竞价机制，最终的费率往往与精算费率偏离较大；另一方面，直保公司在竞标前需做好再保安排，以提高承保能力和风险分散能力。

（二）农业再保险运作模式

1. 国有再保人在农险再保市场发挥主导作用

（1）GIC 享受法定分保。印度保险法规定，境内所有财险公司必须将其承保的所有业务按 5% 的比例逐单向印度再保人分保。由于 GIC 是唯一正式运营的本土再保人，事实上它在印度市场独享法定分保特权。

（2）GIC 拥有再保业务的优先选择权。根据印度保险监管局发布的再保险规则，所有再保合约必须先提交 GIC，经其同意的农险再保合约才能在市场上排分。GIC 还可优先选择承保业务。目前，GIC 是绝大多数农险再保合约的首席再保人，成数合约

的平均接受份额近 50%。

（3）GIC 对直保经营有很大影响。一方面，GIC 代表联邦政府持有国家农业保险公司（AIC）35% 的股份，是最大股东和实际控制人，对直保经营有很大影响；另一方面，GIC 利用 AIC 的经营数据，负责为各邦制订直保基础费率，对直保定价有很大影响。

2. 政府针对外资再保人制订了新的审批标准

除法定分保外，印度保险管理发展局在再保险相关制度中还规定，境内所有保险公司必须按照以下顺位确定的优先权进行再保排分：首先要排分给拥有评级的印度本土再保人；其次是在印度设立分公司并保证至少将 50% 保费收入留在印度国内的境外再保人；再次是在印度设立分公司并保证至少将 30% 保费收入留在印度国内的境外再保人；而后是在印度经济特区设立分支机构的境外再保人；最后是印度保险公司和其他海外再保人。

由于印度的再保规则倾向于让业务留在境内，且印度近年来进一步放宽境内公司的外资持股比例，针对外资再保人制订了新的审批标准，海外再保人纷纷到印度设立分支机构。截至 2017 年 10 月，劳合社、安盛再保险、美国再保险、慕尼黑再保险、瑞士再保险、汉诺威再保险等外资再保人均在印度设立分支机构。

3. 政府和再保市场分层分担再保责任

中层风险由再保市场承担。市场上普遍采用成数合约+赔付率超赔的再保合约模式，成数合约中，各公司自留份额一般为 25%，GIC 依法获得 5% 的法定分保份额，剩余的 70% 以成数合约方式在国内及海外市场排分；超赔合约的起赔点一般高于 110%，合同限额一般设置在 250%。2016 年是总理农险计划推广的第一年，为防范不确定性，GIC 又向国际再保市场购买了再保保障。

高层责任由政府承担。根据最新的再保规则，联邦政府和各邦政府应承担赔付率超过 350% 的损失。

四、农业再保险运行模式

印度农业保险大灾风险分散机制总体框架为直保公司、再保险体系以及为农业风险最后兜底的国家财政。

（一）直保公司

2017 年，印度市场共有 17 家直保公司获批经营总理农业保险计划，包括 1 家国营农险业务专业公司（AIC）、4 家国营直保公司和 12 家合资保险公司；各邦中经营农险的直保公司数量为 1～5 个。直保公司主要承担中低层风险，自留比例约为 30%。

（二）再保险体系

按照印度监管要求，所有保险公司必须将每一笔保单的 5%分给 GIC。在此基础上，直保公司将剩余部分以成数分保的方式分出给 GIC 及国外的再保险公司，手续费率根据经营情况，最高 18%，最低 10%；对于自留部分，安排赔付率超赔再保险。再保险体系主要承担农业保险经营中的中高层风险。

（三）政府财政兜底

当农作物保险的赔付率高于 350%时，由政府承担超过部分的全部损失。

【本章小结】

通过学习上述典型国家的实践经验，可以发现，这些国家都在农业保险的发展实践中不断完善以再保险为核心环节的农业保险大灾风险分散机制，而且这些机制都为所在国的农业生产和农业大灾风险分散发挥了重要作用。归纳起来，主要呈现以下几个特征。

一是建立了分层结构的农业保险大灾风险分散机制。农业大灾往往导致巨大的经济损失，任何单一主体都难以独立承担。上述国家的经验表明，建立包括直接保险、再保险、大灾基金及紧急预案在内的分层保障制度是比较成熟的做法。在分层保障模式下，直接保险主要承担常规风险，同时销售农业保险产品，为农户提供承保、理赔、防灾防损等服务；再保险主要承担中高层风险，为农业保险提供稳定的再保险支持和风险管理服务，并与大灾基金实现有效对接；大灾基金主要提供再保险体系之上的高层风险保障；紧急预案主要是针对极端情况所做的应急准备。不同风险保障层级各司其职、相互衔接、相互补充，通过一套有效的运行机制实现风险从低到高的逐级分散。

二是建立了财政支持的农业保险大灾风险分散机制。上述主要农业大国都将农业保险作为保障国计民生、维护粮食安全和社会基础稳定的公共保险制度，通过立法建立财政支持的农业保险大灾风险分散机制，确保本国农业保险体系的持续稳定运行。这些国家的政府对农业直接保险、再保险、大灾基金等都给予财政资金支持。据统计，全球约有 90 多个国家和地区开办了农业保险，其中三分之二的国家和地区政府给予保费补贴等政策支持。美国 2014 年新农业法案实施后，农业保险已成为联邦财政第二大支农补贴项目。各国政府对本国农业再保险的支持主要为直接划拨财政资金予以支持，或政府直接参与农业再保险的运营管理。

三是建立了具有政策导向的农业再保险体系。农业再保险体系是农业保险大灾风险分散机制中承上启下的重要环节，是稳定农业保险体系运行的基石。上述国家经验表明，一些农业保险发展较成熟的国家一般通过国家再保险机构或专事农业再保险的专项基金来提供农业再保险供给，并通过不同程度的政策导向和约束机制赋予国家再保险机构更多的管理职能，有效避免了商业市场的道德风险和逆选择问题，确保国家农业再保险供给渠道的稳定，这样有利于避免商业再保险市场短期性、逐利性和波动性对农业保险长期性、政策性和稳定性造成的不利影响。

四是建立了完善的大灾风险保障基金制度。大灾风险保障基金是农业风险分散体系的重要组成部分，世界主要国家均建立了比较完善的大灾风险基金制度。从资金来源看，大灾风险保障基金主要来自财政拨款、农业保险部分保费或部分利润的积累；从管理模式看，主要由政府直接管理或通过国家再保险公司、国家专门经营农业再保险的公司或实际履行国家农业再保险职能的机构管理。大灾风险保障基金通过全国统筹、逐年滚存的积累方式，对农业再保险体系之上的更高风险提供保障，是确保再保险体系稳定运行的有效保障。

【重点概念】

农业再保险　国际经验　美国模式　政府主导　再保险协议　国有再保人

【思考与练习】

1. 本章中的五个国家均采用哪种再保险模式？
2. 简述美国、加拿大、西班牙、日本和印度的农业再保险体系。
3. 概述美国《标准再保险协议》中利润共享与损失共担机制的主要内容。
4. 概述加拿大和日本农业保险的大灾风险分散机制。
5. 简述西班牙和印度的国家再保人在农业再保体系中发挥的作用。

【主要参考文献】

[1] Office of Inspector General. Information On The Federal Crop Insurance Corporation's 1983 Standard Reinsurance Agreement, 1983.

[2] Office of Inspector General. Federal Crop Insurance Corporation's Financial Statements for 1989 and 1988, 1990.

[3] Antón J, S Kimura, R Martini. Risk Management in Agriculture in Canada, OECD Food, Agriculture and Fisheries Working Papers, No. 40, OECD Publishing, 2011.

[4] RMS. Harvesting Opportunity: Exploring Crop (Re)insurance Risk in India, Emerging Risk Report 2018, 2018.

[5] 陈文辉，等. 中国农业保险发展改革理论与实践[M]. 北京：中国金融出版社，2015: 132-139.

[6] 李琼，单言，王铭，等. 美国农业再保险体系运行模式及启示[J]. 保险理论与实践，2018.

[7] 王野田，李琼，单言，等. 印度农业再保险体系运行模式及其启示[J]. 保险研究，2019.

[8] 中国保监会财产保险监管部，等. 美国农业安全网对我国农业保险的启示[R]. 保监会简报，2016-09-02.

第八章 我国农业再保险发展概述

【学习目标】

了解我国农业再保险体系发展的历程和当前现状，了解中国农业保险再保险共同体运行机制和特点，了解我国农业再保险发展存在的问题，了解我国农业再保险未来发展趋势。

【知识结构图】

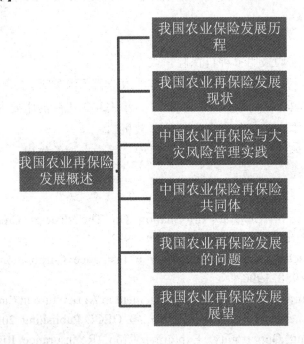

第一节 我国农业再保险市场概况

一、我国农业保险发展历程

我国是世界上较早开展农业保险的国家之一。我国农业保险发展主要经历了四个阶段：初步探索阶段（20 世纪 30 年代至 40 年代）、起步试点阶段（20 世纪 50 年代）、恢复发展阶段（1982—2006 年）和全面快速发展阶段（2007 年至今）。

在初步探索阶段（1933—1949 年），我国在湖北、安徽、江苏、重庆等地试办生猪保险、耕牛保险等牲畜保险，涌现了乌江耕牛保险会、重庆北碚家畜保险社以及国民政府组建的中国农业保险股份有限公司等保险经营组织，对开展农业保险进行了初步探索，但由于该时期经济落后，保险事业很不发达，且缺乏政府支持和实际操作经验，保费规模很小，不足以抵御农业赔付风险，农业保险收效甚微，但却成为我国探索农业保险的先河。

在起步试点阶段（20 世纪 50 年代），1949 年，我国成立了中国人民保险公司，开始在北京、山东、江西、陕西、新疆、四川等省市开展牲畜保险和种植业保险，总体规模都不大。该时期主要是学习苏联国家农业保险模式，尽管实践中农业保险规模较小，很不成熟且不够完善和规范，但政府明确提出要对农业保险给予政策支持，开始有意识将农业保险作为支持农业稳定发展的政策工具，对当时农户和农业发展产生了一定的积极作用。1958 年，随着"一大二公"的公有制改造，农业保险停办。

在恢复发展阶段（1982—2006 年），20 世纪 70 年代末，中国实行了改革开放政策，改革最先从农村开始。中国人民保险公司于 1982 年恢复了农业保险业务，逐步试办了包括粮、棉、油、牛、猪等 100 多个险种，保险区域涉及除西藏自治区外的全国各省，保费收入从 1982 年的 23 万元增加到 2003 年的 2.36 亿元。1986 年，新疆生产建设兵团成立了"新疆生产建设兵团农牧业保险公司"，开展养殖业和种植业保险。1993 年，黑龙江农垦也建立了农垦局风险互助保险局。2003 年，党的十六届三中全会提出建立政策性农业保险制度，2004 年中央一号文件明确提出要加快建立政策性农业保险制度，选择部分产品和部分地区率先试点。自 2004 年启动农业保险试点以来，原中国保监会先后批准成立了安信农业保险公司、安华农业保险公司、阳光农业相互保险公司和国元农业保险公司 4 家专业农险公司。这一时期的农业保险从中国人保独家试办转变成各级政府支持、有关职能部门协作试办，农业保险进入多种经营模式探索阶段。

在全面快速发展阶段（2007 年至今），中央财政将农业保险保费补贴纳入财政预算范围，有效刺激了农业保险的全面快速发展，全国经营农业保险的公司有 27 家，农业保险保费规模从 2006 年的 8.48 亿元迅速增长到 2017 年的 479 亿元，年均增速达 44%，2017 年为 2.13 亿户次农户提供风险保障（金额达 2.79 万亿元），玉米、水稻、小麦三大口粮作物承保覆盖率已超过 70%；农业保险开办区域覆盖全国所有省份，承保农作物品种超过 210 大类；农业保险是近 10 年来发展最快的险种，我国已成为亚洲第一、全球第二大的农业保险市场。2007 年以来，我国农业保险快速发展，体制机制不断成熟和完善，为农业再保险发展奠定了基础。

二、我国农业再保险发展历程

我国农业再保险市场起步较晚，主要依托我国农业保险市场和再保险市场的形成和发展。我国再保险市场主要经历了三个阶段：业务恢复阶段（1980—1995 年）、法定分保阶段（1996—2005 年）、全面开放阶段（2016 年至今）。我国再保险市场起步较晚，农业再保险市场起步更晚，直到 2004 年我国探索建立政策性农业保险制度，农业再保险市场才开始酝酿发展。

2004 年，中国再保险集团与安信农业保险公司开展战略合作，探索符合中国国情、具有中国特色的农业再保险模式，正式开启了我国农业再保险市场。随着保险市场对外资全面放开，2005 年安信农业保险公司与怡安再保险公司签订再保险合同，开启了国内农业保险与国际再保险的首次合作，我国农业再保险市场一开始就呈现完全商业化、国际化的市场形态。

2005 年，中国保监会发布《再保险业务管理规定》，这是我国首个再保险行业规则制度，也是首个农业再保险业务管理制度，对促进和规范农业再保险业务管理具有里程碑意义。2015 年，中国保监会对《再保险业务管理规定》进行了修订完善。

2006 年 6 月，《国务院关于保险业改革发展的若干意见》（国发〔2006〕23 号）明确提出，要完善多层次的农业巨灾风险转移分担机制，探索建立中央、地方财政支持的农业再保险体系。

2007 年，浙江和海南等地政府与当地私营农险公司签订了农业再保险协议，政府的积极探索取得了一定的实质性进展。

2012 年 11 月，国务院发布《农业保险条例》，这是我国农业保险首个行政法规。《农业保险条例》提出，保险机构经营农业保险必须有稳健的农业再保险和大灾风险安排以及风险应对预案；国家建立财政支持的农业保险大灾风险分散机制，国家鼓励地方人民政府建立地方财政支持的农业保险大灾风险分散机制。

2013 年 12 月，财政部正式颁布实施了《农业保险大灾风险准备金管理办法》（财金〔2013〕129 号），旨在进一步完善农业保险大灾风险分散机制，规范农业保险大灾风险准备金管理，促进农业保险持续健康发展。

2014 年 8 月，《国务院关于加快发展现代保险服务业的若干意见》（国发〔2014〕29 号）提出，完善对农业保险的财政补贴政策，建立财政支持的农业保险大灾风险分散机制。

2014 年 11 月，我国 23 家具有农险经营资质的保险公司与中国财产再保险有限责任公司共同发起组建了中国农业保险再保险共同体（以下简称"农共体"），初步建立了我国农业再保险专项机制，初步形成了农共体与外资再保险公司齐头并进的发展格局。

2019 年 1 月，中国人民银行、银保监会、证监会、财政部、农业农村部联合印发

《关于金融服务乡村振兴的指导意见》，明确提出要落实农业保险大灾风险准备金制度，组建中国农业再保险公司，完善农业再保险体系，推动我国农业再保险制度改革实现新的突破。

三、我国农业再保险市场现状

目前，我国经营农业再保险的市场主体主要由中资再保险机构、境内外资再保险机构和境外外资再保险机构构成（见表 8-1），其中中资再保险机构包括中国财产再保险有限责任公司、太平再保险（中国）有限公司、太平再保险有限公司、前海再保险股份有限公司、人保再保险股份有限公司；境内外资再保险机构主要包括瑞士再保险股份有限公司北京分公司、慕尼黑再保险公司北京分公司、法国再保险公司北京分公司、汉诺威再保险股份公司上海分公司和劳合社保险（中国）有限公司等。还有一部分农业再保险业务是由部分保险中介机构委托其他国际再保险机构来完成的。

表 8-1　我国农业再保险主要市场主体

机构名称	类别	设立时间
中国财产再保险有限责任公司	中资	2003-12-15
瑞士再保险股份有限公司北京分公司	外资	2003-09-27
慕尼黑再保险公司北京分公司	外资	2003-09-05
劳合社保险（中国）有限公司	外资	2007-03-15
法国再保险公司北京分公司	外资	2008-02-03
汉诺威再保险股份公司上海分公司	外资	2008-05-15
太平再保险有限公司	中资	2008-11-12
太平再保险（中国）有限公司	中资	2015-11-18
前海再保险股份有限公司	中资	2016-12-01
人保再保险股份有限公司	中资	2017-02-20
其他外资再保险机构	外资离岸	

近年来，我国农业保险的再保险分出率[①]保持在 20%左右，与财产险中的非车险整体平均分出率基本持平，低于企财险、工程险、船货险、特殊风险等险种，高于责任险、意外险、健康险、信用保证险等险种（见图 8-1）。随着我国农业保险快速发展，农业保险保障范围和保障水平进一步提升，行业风险快速积累，对农业再保险的需求不断增强，尤其是随着我国农业保险从保成本向保产量、保价格和保收入的趋势转变，我国农业再保险需求将更为迫切，同时对多样化、个性化的农业再保险提出更高要求。

---

① 即行业分出保费占保费的比例。

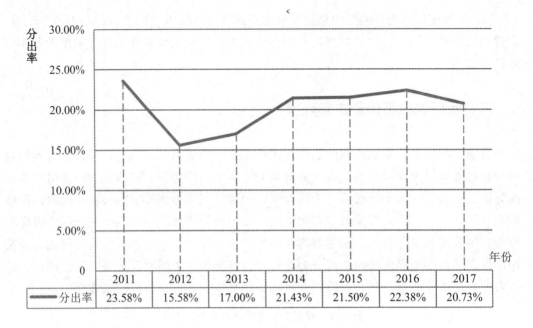

年份	2011	2012	2013	2014	2015	2016	2017
分出率	23.58%	15.58%	17.00%	21.43%	21.50%	22.38%	20.73%

图 8-2　2011—2017 年我国农业保险分出率

中国农共体的成立和运行，对我国农业再保险市场产生了深远影响，不仅提高了我国境内农业再保险市场的话语权，而且稳定了农业再保险渠道，逐渐形成了多元化竞争格局。从市场份额来看①，2017 年中资再保险机构的业务市场份额为 57%，其中中国农共体为 50%，境内其他中资再保险机构为 7%；外资再保险机构的业务市场份额为 43%左右，其中境内外资再保险机构为 12%，其他离岸再保险机构为 31%。从分保渠道来看，2017 年我国农业保险经营机构通过再保险直接渠道分保的业务占比为62%，继续保持上升势头；通过再保险经纪人等间接渠道分保的业务占比为 38%。

四、我国农业再保险与大灾风险分散机制实践

近年来，党中央、国务院高度重视我国农业再保险与农业保险大灾风险分散制度建设，连续 9 年中央一号文件、"新国十条"等中央文件都明确提出要健全农业再保险体系、建立财政支持的农业保险大灾风险分散机制，银保监会、财政部等国家部委也相继出台系列政策举措，推动保险业围绕农业保险大灾风险分散机制建设开展了积极的探索和创新，主要包括以下几方面。

（一）保险公司提取农业保险大灾风险准备金

2013 年 12 月，财政部印发《农业保险大灾风险准备金管理办法》，要求经营政策性农业保险的保险机构建立"大灾风险准备金"，以解决大灾风险准备金积累面临的会

---

① 根据 2017 年中国银保监会统计数据。

计处理问题和保险机构在低风险年度获取"超额承保利润"被作为利润分配的问题。截至 2016 年底,我国在保险公司层面提取的农业保险大灾风险准备金已积累 73 亿元。

（二）农业大灾风险的地方政府分担机制

地方政府分担机制的探索主要有两种方式：一种是直接分担方式,地方政府通过财政托底、使用大灾准备金等方式,承担农业保险赔款超过保费收入一定比例的赔付责任的全部或部分；另一种是再保险介入方式,由地方政府财政出资直接向商业再保险公司购买再保险保障,由再保险公司承担约定部分的赔偿责任。目前我国共有 11 个省、市建立了农业保险大灾风险分担机制,北京市、浙江省等一些地方政府通过直接购买再保险、补贴再保险费用等手段,发挥保险风险管理功能,初步探索建立了地方财政支持的农业保险大灾风险分散机制。

【案例分析 8-1】再保险分散大灾风险的"北京模式"

为分散北京农业风险,提高农业保险保障水平和保险机构的持续经营能力,北京市财政出资为保险公司购买农业再保险。北京市政府作为投保人,直接承保北京市农业保险业务的直保公司作为受益人,北京地区农业保险赔付率为 160%～300% 的风险由再保险公司承担。北京市政策性农业再保险机制开创了政府主导、市场运作的政策性农业再保险模式,有效分散转移了北京地区农业巨灾超赔风险。按照协议约定,再保险公司采用赔付率超赔再保险合约方式,直接承保政策性农业保险业务的直保公司分别核算赔付率,任一直保公司赔付率超过 160% 后,可直接向再保险公司索赔,赔付最高限额为赔付率 300%,再保险公司对应承担赔付金额。依据北京市自新中国成立以来的历史气象数据和近 30 年的农业灾害损失数据,针对种植业和养殖业的保险赔付率为 160%～300% 的风险,启动再保险赔付。按照这一个风险区间购买再保险,基本可满足 50 年一遇的农业巨灾风险防范需求,财政资金支出效率最优。此外,当年农业保险赔付率在 160% 以下的风险将由保险公司承担,赔付率在 300% 以上的风险由政府每年按照农业增加值的 1% 提取农业巨灾风险准备金。2009—2016 年,北京市政府支出再保险保费 2.1 亿元,不仅有效分散了农业大灾风险,也使现有费率降低了 31 个百分点。如果没有系统的再保险机制,这一期间的保费要增加 6 亿多元,通过再保险杠杆效应,政府和农户少支出保费 6 亿多元,大大减轻了财政和农户的负担。

【案例分析 8-2】黑龙江农业财政巨灾指数保险试点

2016 年,黑龙江省政府启动农业财政巨灾指数保险试点,由黑龙江省财政厅出资向保险公司购买巨灾指数保险产品,当合同约定的巨灾风险发生后,保险公司按照合同约定给予贫困地区财政救灾资金赔偿。投保主体为黑龙江省财政厅,保险区域为黑龙江省 28 个贫困县,保险险种包括干旱指数保险、低温指数保险、降水过多指数保险、洪水淹没范围指数保险,总保费为 1 亿元,保障程度达 23.24 亿元。其中,干旱指数保险、低温指数保险、降水过多指数保险费率为 4%，洪水淹没范围指数保险费率为 6.16%。在保险期间，当保险区域超过设定的干旱、低温、降水过多、流域洪水阈值后，保险人按保险合同约定，计算保险赔付金额，赔付到投保人指定账户。

【案例分析 8-3】上海市农业保险大灾风险分散机制

2014 年，上海市印发了《上海市农业保险大灾（巨灾）风险分散机制暂行办法》，将政府参与农业保险大灾风险管理纳入制度性安排。主要内容包括：①农业大灾风险主要界定为由于遭受台风、特大暴雨、重大病虫害（疫病）等不可抗拒灾害，导致财政补贴的农业保险业务赔付率超过 90%的农业灾害风险。②对于赔付率在 90%以下的农业灾害损失，由直保公司自己承担；对于赔付率为 90%～150%的灾害损失，由直保公司通过购买农业再保险的方式分散风险；对于赔付率在 150%以上的灾害损失，则由再保险赔款摊回部分和大灾准备金承担，不足部分由市、区（县）财政通过一事一议方式解决。③政府对再保险和巨灾风险给予财政支持，对于赔付率为 90%～150%的损失部分的再保险给予报废补贴，补贴比例为上年度直保公司购买相关再保险保费支出的 60%，最高不超过 800 万元，补贴资金列入预算。对于赔付率超过 150%的，由上海市政府给予直保公司巨灾风险补偿金补助。

第二节　中国农业保险再保险共同体

2014 年 11 月，在原中国保监会（现中国银保监会）的指导下，中国财产再保险有限责任公司（以下简称"中再产险"）与我国境内具有农业保险经营资质的 23 家非寿险公司共同发起成立了中国农业保险再保险共同体（以下简称"农共体"），初步建立以农共体为主体的农业再保险体系，为下一步建立国家财政支持的农业保险大灾风险分散机制奠定了基础。截至 2018 年底，农共体拥有 35 家成员公司。

一、运行机制

经过两年多的探索，农共体按照国家完善农业再保险体系的要求，不断完善运行机制，加强制度管理，初步搭建起比较完整的运行框架。

（一）基本原则

根据《中国农共体章程》规定，农共体坚持以下基本原则：

（1）市场运作，政策引导。农共体遵循市场化运作原则，保险监管部门和相关政府部门通过政策引导，为我国农业保险提供稳定的再保险保障，确保农业保险体系稳健运行。

（2）风险共担，合作共赢。充分整合国内保险业资源，调动各方面积极因素，形成全行业共同应对农业风险的合力，实现各参与主体的合作共赢。

（3）稳定运行，逐步完善。农共体在组织架构、运行机制等方面要建立长效机制，持续优化、逐步完善，确保体制机制设计科学合理、保障能力长期稳定。

（二）组织架构

农共体的最高权力机构是成员大会，由全体成员公司构成，设轮值主席一名，负责定期召集并主持成员大会，共同商讨农共体的重要事项并形成成员大会决议。成员大会下设管理机构，委托中再产险管理，负责农共体日常运行管理，执行成员大会相关决议，并完成银保监会和相关部委交办的有关任务。此外，农共体设有专家委员会和费用监督委员会，分别提供研究、咨询服务和负责费用审批、监督。

（三）业务规则

农共体的业务范围是成员公司的种植险、养殖险、森林险的再保险业务。成员公司既向农共体分出农险业务，又从农共体分入农险业务，并遵守相应的业务规则。

业务分出规则主要包括：①成员公司自行确定分出需求，通过再保险市场确定再保条件和定价；②成员公司将其每一笔分出的业务按不低于50%的份额分给农共体；③每一业务年度该公司的所有分出业务使用同一比例，首席份额和起赔点按照相应业务管理办法执行。

业务分入规则主要包括：①成员公司只能从农共体分入农业再保险业务，且不能回分自身业务；②成员公司自行申报承保能力，且一个业务周期（3年）内不能下调，一个业务周期期满后，成员公司可重新申报承保能力；③成员公司申报的承保能力调整幅度不超过上一年度的50%。

管理机构的业务管理职能包括：监督成员公司遵守业务规则；经成员公司授权代表成员公司做好承保、理赔、账务结算工作；审核承保能力，确定成员公司的接受份额。

二、发展成效

农共体起步稳健，发展迅速，在扩大再保险保障、稳定再保险渠道、支持行业发展创新、促进行业交流合作等方面，发挥了积极作用，基本实现了制度设计初衷。

（一）稳步扩大承保能力，提供稳定的再保险保障

农共体有效整合成员公司承保能力，持续扩大保障范围，提升保障程度，在我国农业再保险市场发挥了主渠道作用。

1. 提供充足稳定的承保能力供给

目前，农共体具备为行业提供 3 600 亿元的再保险承保能力，较成立之初提高了 40%，可基本满足行业再保险保障需求。2016 年，实际提供风险保障 2 080 亿元，占市场份额 57%，农共体担任首席再保人的业务占市场份额 71%，继续发挥我国农业再保险市场的主导作用。

2. 保险保障水平大幅提升

2015 年以来，农共体按照保监会、财政部、农业部联合开展"扩责任、提保障、简理赔"的农险产品条款改革要求，在全年风险暴露提高的情况下，坚持国际市场再保合约条件不变，为农险产品改革顺利完成提供了有力支撑。

3. 保障市场体系平稳运行

2015—2016 年，农共体为行业累计赔付支出 98 亿元，有效支持了前端农业保险市场，尤其是在化解区域性、流域性大灾风险中发挥了重要作用。2015 年，农共体为东北干旱、"灿鸿"台风、"彩虹"台风等重大灾害支付赔款 6 亿元，占当地农险赔付 40%以上；2016 年为东北特大干旱、南方特大洪涝等极端天气灾害支付赔款近 20 亿元，占当地农险赔付的 35%以上，有效发挥了农业保险市场稳定器的作用。

4. 支持成员公司扶贫基层网点建设

农共体认真落实银保监会和国务院扶贫办的工作要求，举办农共体支持农业保险扶贫工作座谈会，联合成员公司在河北康保县、内蒙古太仆寺旗、河南汝南县等 10 个国家级重点贫困县打造保险扶贫基层共建网点，进一步加大对贫困地区农业保险的再保险支持和技术服务力度。

5. 完善农业风险分散机制

通过 3 年来的实践，农业保险市场已经初步形成了直保公司提供基础风险保障、农共体承担中高层风险保障的农业风险分层分散机制，为下一步配合国家完善农业再保险体系、探索建立财政支持的农业保险大灾风险分散机制奠定了基础。

（二）推动农业保险产品创新，服务行业创新发展

农共体严格落实银保监会要求，通过产品研发、再保险保障、技术支持等手段，支持成员公司在国家鼓励发展的创新领域扩大承保能力，为农作物互联网指数保险、新型生猪价格保险、新疆棉花温度指数保险、北京温室蔬菜寡照指数保险、广西罗非鱼温度指数保险、安徽玉米收入保险等 100 多款创新型农险产品提供再保险支持和相关技术服务。同时积极配合成员公司探索"保险+期货"模式，在标的选取、模式设计、费率厘定等方面提供技术支持服务，为提升农户保障和服务国家农产品价格体制改革提供有效支持。

（三）发挥行业风险管理平台作用，国内定价权明显提升

农共体积极发挥国内农险风险管理平台作用，努力提升国内再保险市场定价能力，农共体作为首席再保人定价的农业再保险业务始终保持主导地位，改变了以往过度依赖外资再保人的不利局面，避免出现大灾后国内市场再保险价格大幅上涨的现象。特别是近年来为应对行业风险快速增长势头，农共体从大局出发，维持再保险承保条件稳定，按照风险责任调整后的农业再保险成本下降了 10%～15%。尤其是 2017 年业务续转，在主要外资再保公司部分撤出农险再保险市场的情况下，农共体继续为行业提供稳定的再保险供给，克服了国际市场波动性、短期性和逐利性对国内保险市场的不利影响，有效维护了市场良性竞争秩序。

（四）完善工作联系机制，发挥专业平台的作用

农共体把建立有效的工作联系机制作为完善农共体运行机制的重要抓手，主动联系监管机构、政府部门和成员公司，基本形成了以成员大会、保险标的现场活动、业务研讨、专题讲座、课题研究以及业务培训等为载体的行业交流活动。

1. 组织开展农险标的现场活动

目前已组织开展了江西油菜种植和生猪养殖、福建林业、锡林浩特奶牛养殖、崇明蔬菜价格指数保险等保险标的现场交流活动，促进行业经验和先进技术的推广和应用。

2. 与国内专业机构开展深度合作

目前已与中国气象局国家气象中心签署战略合作协议，围绕气象灾害定量指数、气象灾害风险评估模型以及推进气象科学技术在农业风险管理中的应用联合开展研究，同时也与国家林业局、中国农科院、农业部经济研究中心等机构加强合作。近年来，农共体邀请了国家林业局、国家气象中心等机构的相关专家分别围绕林业政策改革及林业风险管理、我国中长期气候趋势分析等主题进行专题讲座，为行业把握政策趋势、强化风险管理、提升技术能力提供服务。

3. 加强国际交流与合作

农共体成立以来，农共体与西班牙保险赔偿联盟、美国 AIR 模型公司、土耳其农共体等国外政府机构和行业组织进行了农业保险风险管理技术的交流。同时，与加拿大联邦政府农业部、日本全国农业共济会、法国中央再保险公司等国外机构建立了联系。

三、存在的问题与发展趋势

农共体作为我国农业再保险专项机制，是贯彻落实党中央国务院关于完善农业再保险体系、建立农业保险大灾风险分散机制的重要探索。但是，农共体作为新的制度创新，在实际运行中也存在一些突出的问题。

（一）农共体运行持续三年亏损

根据农共体数据测算显示，2015—2018 年，农共体累计实现保费收入约为 187.3 亿元，市场份额为 48.2%，支付行业赔款约 198 亿元，累计承担风险责任 7 500 多亿元。导致农共体亏损的原因是多方面的：近年来东北干旱、南方洪涝等区域性、流域性大灾频发导致行业赔付水平大幅提升；2015 年启动的农业保险产品条款改革扩大保险责任、提高保障水平、降低保险费率和提高赔付标准，导致行业赔付率大幅提升；部分成员公司业务分保逆选择和道德风险问题突出，不恰当利用农共体承保能力，加大了农共体业务风险敞口。随着行业赔付率持续上升和风险敞口的快速累积，农共体持续稳定运行面临较大压力。

（二）农共体业务机制亟待完善

目前农共体的业务机制既确保了市场运行的效率，也体现了农业保险的制度设计的政策意图，但在实践中存在严重的逆向选择和道德风险问题。农共体分出公司倾向于将高风险区域和高风险险种的业务大量分出，而将低风险区域和低风险险种的业务不分或少量分出，导致行业风险分散不均衡，风险敞口加快向农共体集中，加大了农共体运行压力。针对这种情形，中国农共体于 2017 年推动业务机制改革，通过调整亏损业务的首席再保人业务份额以及持续亏损业务的分入比例等手段来加强农共体业务风险管控，在一定程度上降低了逆选择风险，改善了农共体运行结果。

（三）农共体的政策支持不足

一方面，农共体缺乏国家财政对大灾风险的兜底机制，也缺乏统一的对外风险转移机制，所有风险全部由成员公司承担，目前仅部分区域性大灾就导致农共体大幅亏损，一旦发生全国性或百年一遇的农业大灾，将为农共体带来巨大冲击；另一方面，农共体作为一个松散的再保险机制，对成员公司约束力不强，容易受成员公司市场短期逐利的冲击影响，不利于农共体持续稳定的高效率运行。

针对上述问题，财政部和银保监会正在积极研究推动农共体实体化，探索研究设立中国农业再保险公司，进一步完善农业再保险体系，建立财政支持的农业保险大灾风险分散机制。

第三节　我国农业再保险的主要问题

农业高风险、高赔付率的行业特点时刻威胁农业保险的稳定发展。农业再保险作为农业保险的"安全阀"和农业保险市场的"调控器"，是支撑农业保险健康发展的重要保障。但是在实践中，我国农业再保险机制应用严重不足，农业再保险还面临一些突出的问题。

一、农业再保险缺乏完善的法律制度保障

目前，我国《农业保险条例》对直接保险公司经营农业保险必须购买再保险提出了要求，中国银保监会颁布的《再保险业务管理规定》对一般再保险业务进行了规定，但是均未对我国农业再保险的合同管理和业务经营规则进行规范。中国农共体是基于《中国农共体章程》组建的松散性行业组织，难以构建具有约束力的行业规范。对于建立财政支持的农业再保险体系一直未出台任何政策文件。这些既不利于建立公平、规范、有序的市场秩序，也不利于政府财政支农资金的安全、合规、高效使用。

二、农业保险市场发育不完善

我国农业保险仍处于初级阶段，农业保险意识还比较薄弱，保险保障水平比较有限，服务能力也不强，大灾风险分散机制尚不健全，农业保险经营也不够规范，风险数据积累和研究不足，经营数据的透明度和真实性仍有待提升，外部市场短期性、波动性对我国农业保险持续稳定发展存在较大的影响。目前我国仍有部分地区、保险公司和险种面临巨大的农业大灾风险敞口，亟须农业再保险制度安排。

三、农业基础数据信息建设落后

我国农业生产领域的基础数据信息积累还比较滞后，很多农业数据要么无法获得，要么使用成本高昂。农业数据横跨财政、国土资源、农业、水利、渔业、气象、民政等诸多领域，数据采集和整合难度非常大，数据的不完整直接影响了农业保险再保险的科学定价和政策决策效率，主要表现在以下方面：一是基础数据不完备，有的农作物产量缺乏基础统计数据，有的农作物缺乏准确的承保面积和方位等；二是基础数据质量差，一些农业、气象、水文、病虫等观测点密度不大，所反映的数据难以满足准确预测农业损失程度的需要；三是缺乏基础信息平台，尤其是缺乏区县一级涉农信息如保费补贴、农户投保、土地确权以及气象灾害等信息的公开和共享。

四、农业再保险发展基础薄弱

我国农业再保险市场起步晚、基础弱，功能和作用发挥还不充分，不能适应我国农业保险市场快速发展的需要。农业再保险市场面临的问题主要包括：国际再保险公司在我国农业再保险市场占据了接近一半的市场份额，保费外流现象严重；农业再保

险保障程度偏低，相比国外保产量、保价格、保收入，在保障程度和保障范围上都有较大差距；直接保险公司风险意识薄弱，再保险在风险管理和改善偿付能力方面的作用没有得到充分发挥；财政支持的农业再保险体系尚未建立，制约了农业再保险发展；农业再保险监管工作刚起步，监管体系有待完善；农业再保险基础建设薄弱，再保险统计制度和会计核算不规范；农业再保险信息化建设滞后，管理手段落后。

五、农业再保险缺乏国家政策的支持

农业再保险是农业大灾风险分散机制的核心。保险公司将农业风险集于一身，风险积累相当严重，在农业风险频繁发生的情况下，必须通过再保险方式，在更大范围内分散风险、分摊损失。农业再保险发展完全依赖于商业市场，是不可行的，会导致农业再保险供给不断减少，市场不断萎缩。根据国际经验，政府可以通过以下几种方式支持农业再保险：政府建立国家农业再保险机构运营管理农业再保险；政府为直保公司购买农业再保险；实施再保险产品保费补贴与税收优惠；通过投资参股或者信用担保的形式支持类似"农共体"等再保险机构的设立和运营等。虽然我国建立了以农共体为基础的农业再保险体系，但是在缺乏国家政策的支持下，农共体通过商业化运行模式难以发挥农业再保险机制效果，导致我国农业再保险的覆盖面和保障程度仍然偏低，难以应对行业快速累积的大灾风险，严重制约再保险在促进农业和农业保险健康、稳定发展方面的作用。

第四节　我国农业再保险发展趋势与展望

党中央、国务院多次提出建立我国财政支持下的农业保险大灾风险分散机制的要求，要完善农业再保险体系，以持续稳健的农业保险助力现代农业发展。目前，我国已经初步建立了以农共体为基础的农业再保险体系，且正在探索组建中国农业再保险公司，为我国下一步构建财政支持的农业再保险体系和农业保险大灾风险分散机制奠定了基础。

一、完善农业再保险法律制度

一个高效稳定的农业再保险体系需要一个完善的法律环境，而目前我国在这方面还有很多空白。我国可以通过修订《农业保险条例》增加农业再保险立法内容，或出台《农业再保险管理条例》等法规制度，明确财政支持下的农业再保险与大灾风险分散制度；明确农业再保险的经营主体、农业再保险方式、保障范围、保障水平、费率

厘定、赔付标准以及相关资金的运用准则等技术层面问题；明确财政、农业、林业、气象等有关部门的职能以及各级政府在农业再保险开展过程中的职能作用；完善农业再保险监管规则，建立农业再保险市场的基本规则和运营规范，促进农业再保险的健康发展。

二、建立财政支持的农业再保险体系

目前我国中央政府和地方政府对农业保险的财政补贴主要集中在直接保险公司层面，对于农业再保险却没有涉及。随着我国农业保险保障水平的提高和保障范围的扩大，政府有必要对农业再保险体系给予财政支持，以降低再保险运营成本，激发再保险机构的参与热情，为直接保险公司经营农业保险提供持续稳定的大灾风险保障。政府可以加大以下几个方面的探索：一是探索建立国家农业再保险公司，中国银保监会在 2018 年全国保险监管工作会议上明确提出要研究设立中国农业再保险公司，中国人民银行等五部委在 2019 年明确提出要组建中国农业再保险公司，这是积极探索政府通过国家农业再保险公司参与农业再保险管理的有效方式；二是政府对农业保险经营机构的再保险业务和经营管理费用给予财政补贴以及一定的税收优惠政策；三是政府为直接保险公司购买农业再保险或向购买农业再保险的直接保险公司提供补贴，以降低财政压力，扩大农业再保险的发展空间。

三、完善农业再保险体系的配套制度

国际经验表明，建立包括直接保险、再保险、大灾基金及紧急预案在内的农业保险风险分层分散制度是比较成熟的做法。借鉴国际经验，结合我国发展实际，我国可探索推动建立以直保公司、再保险公司、农业大灾基金和紧急预案四位一体的财政支持的农业保险大灾风险分散机制。农业大灾基金是农业风险分散体系的重要组成部分，世界主要国家均建立了比较完善的大灾风险基金制度。我国应建立全国统筹的农业保险大灾基金，基金来源可以是财政拨款、农业保险部分保费或部分利润的积累，承担农业再保险体系难以承担的更大风险保障，是确保再保险体系稳定运行的有效保障。紧急预案主要是政府对极端农业大灾情况下所做的应急准备。

四、加强农业再保险的基础设施建设

农业再保险的科学发展需要较完善的基础设施条件，需要对农业保险标的风险情况进行科学分析、评估和定价，只有科学地评估农业风险，农业保险、再保险才能实现稳定经营。这就需要：一是加强农业基础数据和信息的积累与整合，推动建立财政、保险、国土、农林、气象、水利、民政等部门涉农数据信息的共享机制，把农户生产、财政补贴、土地信息、灾害损失、保险赔偿以及民政救济等信息整合起来，为农业风险评估奠定数据基础；二是开展农业风险评估和风险费率区划研究，科学厘定农业风险和再保险的费率，测算农业保险与再保险的风险承担能力和分担比例，减少农业保险再保险经营中的道德风险和逆选择风险，为建立和完善农业大灾风险分散机制提供依据，也为政策科学决策提供支持。

【本章小结】

我国农业保险发展主要经历了初步探索（20 世纪 30 年代至 40 年代）、学习试点（20 世纪 50 年代）、恢复发展（1982—2006 年）和全面快速发展（2007 年至今）四个阶段。我国农业再保险市场起步更晚，直到 2004 年我国初步建立政策性农业保险制度，农业再保险市场才开始酝酿发展。目前我国农业再保险市场主体主要由中资再保险机构、境内外资再保险机构和境外外资再保险机构构成，2017 年三者的市场份额分别为 57%、12% 和 31%；再保险直接渠道和再保险经纪人间接渠道的业务份额分别为 60% 和 40%；农业保险的再保险分出率平均保持在 20% 左右。随着我国农业保险快速发展，农业再保险迎来广阔发展空间。

近年来，我国高度重视农业再保险与农业保险大灾风险分散制度建设，政府明确提出要健全农业再保险体系、建立财政支持的农业保险大灾风险分散机制，目前北京、黑龙江等地方政府通过直接购买农业再保险等方式，初步探索建立了地方财政支持的农业保险大灾风险分散制度。

2014 年，我国境内具有农业保险经营资质的 24 家保险公司共同发起成立了中国农业保险再保险共同体，初步建立以农共体为基础的农业再保险体系，为下一步建立国家财政支持的农业保险大灾风险分散机制奠定了基础。农共体成立以来，起步稳健，发展迅速，在扩大再保险保障、稳定再保险渠道、支持行业发展创新、促进行业交流合作等方面，发挥了积极作用，基本实现了制度设计初衷。

农业再保险作为农业保险的"安全阀"和"调控器"，是支撑农业保险健康发展的重要保障，但在实践中，我国农业再保险发展还存在一些突出的问题，如缺乏完善的法律制度保障、市场发育不健全、农业基础数据信息建设落后、农业再保险发展基础薄弱以及农业再保险缺乏国家政策的支持等。下一步，我国应该着力完善农业再保险法律制度，探索建立财政支持的农业再保险体系，进一步完善农业再保险体系的配套制度，并进一步加强农业再保险的基础设施建设，为农业保险及再保险持续健康发展创造有利条件。

【重点概念】

中国农共体

【思考与练习】

1. 简要概述我国农业再保险的发展过程。

2. 简要评价中国农共体的运行机制及效果。

3. 我国农业再保险发展存在哪些问题？

4. 如何进一步完善我国的农业再保险体系？

【主要参考文献】

[1] 李丹，庹国柱，龙文军[M]．农业风险与农业保险．北京：高等教育出版社，2017：204-219.

[2] 龙文军．健全农业保险制度研究[M]．北京：中国农业出版社，2016：54-61.

[3] 袁纯清．让保险走进农民[M]．北京：人民出版社，2017：265-269.

后　记

全书共八章，由中国财产再保险有限责任公司张仁江总经理牵头组织编撰完成，参与编写人员主要来自中再产险农险业务部、农共体管理机构、精算部、理赔与代理业务部以及财务与资产管理部，主要编写人员包括：王铭、帅嘉冰（第一章）；付磊、刘鹏涛、韩硕（第二章）；单言、王硕（第三章）；江姗（第四章）；陶茜、徐啸、孙泽炎（第五章）；王婷婷、史华芬（第六章）、单言、王铭（第七章）；李琼（第八章）。王野田、李琼负责统稿，张仁江负责审改并定稿。

由于本教材编写时间紧、任务重，许多编写任务是编者在繁重的续转工作之余加班加点完成，再加上编者自身水平有限，书稿难免存在错漏之处，恳请各位读者批评指正！此外，教材参考引用了大量行业专家的研究成果，谨在此一并致谢。

编者

2019 年 5 月